KB153217

정정 가능성의 철학

정정 가능성의 철학   아즈마 히로키 지음   김경원 옮김

정 성
정 능 철
가 의 학

메디치

옮
긴
이 서
문

정정 가능성이라는
희망의 철학

포스트모더니즘 담론을 이끄는 일본의 신예 사상가이자
평론가로서 저자 아즈마 히로키는 1998년 《존재론적, 우편적》
이라는 참신한 데뷔작을 들고 지성계가 들썩거릴 만큼 요란하
게 등장했다. 사반세기도 지난 일이지만 나는 그의 명성을 또
렷하게 기억한다. 그렇지만 나는 열광하기보다는 좀 삐딱하게
보는 쪽이었기 때문에 《정정 가능성의 철학》의 번역 의뢰가 왔
을 때는 과연 저자의 취지에 공감할 수 있을지, 솔직히 기대 반
우려 반이었다.

다행스럽게도 지금 이 순간 흔쾌하게 옮긴이의 글을 쓰고
있을 만큼 이 책은 매우 흥미로웠다. 마감 일정이 촉박하다는
사정도 있었으나 그보다는 번역하는 내내 아침에 눈을 뜨면 어
서 다음 대목을 읽고 싶은 마음뿐이었다.

이 책이 재미있는 이유를 죄다 밝히고 싶은 마음은 굴뚝
같으나 훗날을 도모하기로 하고, 여기서는 독자의 심정으로 간
략하게 몇 가지만 소개해보려고 한다.

우선, '정정 가능성'이라는 희망 또는 필연성의 구호가 흥

미룹다. 정정 가능성은 말 그대로 정정할 수 있다는 말이다. 다시 말해 난공불락으로 보이는 어떠한 사회 규율이나 조직도 반드시 정정해야 한다는 요구에 부딪힐 수밖에 없고, 정정해나감으로써 자신을 지속할 수 있다. 정정을 요구하는 자는 엉뚱한 회의론자다. 멀쩡하게 더하기를 더하기답게 실행해오던 집단에 어느 날 홀연히 요상한 인간이 나타나서는 '곱하기'를 설파한다. 그러나 그가 불러일으킨 위기와 균열 덕분에 오히려 규칙과 조직은 정정에 의한 지속성을 확보한다. 이것이 내가 엉성하게 해석한 솔 크립키의 논리다. 낯설기 짝이 없는 솔 크립키라는 이름을 옆으로 밀어두고 페이지를 넘긴다면 반드시 재미있는 그림이 눈앞에 그려질 것이다.

'지금 여기'에 대한 저자의 진지한 고민과 모색도 흥미롭다. 일본인 독자를 상정하고 일본어로 집필했기에 이 책은 당연히 일본 리버럴의 행보와 당면 문제를 다루지만, 한국 리버럴도 별반 다를 바 없기 때문에 충분히 동시대성을 느낄 수 있다. 특히 음모론, 포퓰리즘, 가짜 뉴스가 판치는 '정치가 흘러넘치는 시대'의 민주주의가 직면한 심각한 위기를 다루고 있다는 점이 인상적이다. 이제 민주주의를 더는 신뢰하지 못하겠다는 외침도 새삼스럽지 않으니 말이다.

특히 작금 횡행하는 '인공지능 민주주의'라는 거대 담론도 흥미롭지 않을 수 없다. 법관 대신 인공지능을 재판석에 앉히자는 여론이 괜히 나온다고는 볼 수 없다. 기술과 미디어가 최고로 발전한 이 시대에 인간 능력에 대한 가장 심각한 불신과 회의가 만연하고 있다는 현실이야말로 최고의 아이러니인데,

저자는 이것을 '지금 여기의 우리' 문제로 정립하고 있다.

이 책을 통해 루소의 '일반의지' 개념도 새롭게 알 수 있었다. 인터넷과 SNS의 범람 속에 사회구조와 인간관계가 극적으로 변화하는 현실을 직시하기 위해 저자는 일반의지 개념을 끌고 들어온다. 이는 인공지능 민주주의와 포퓰리즘을 염두에 두면 한결 쉽게 이해할 수 있다.

특히 빅데이터를 통한 통치는 개인 주체를 소거한다는 경고는 일반의지가 결코 전체의지가 될 수 없다는 원칙을 확인해준다. 그래서 저자는 일반의지가 정정 가능성이라는 역동성에 열려 있어야만 민주주의는 민주주의 본연의 취지에 충실할 수 있다고 주장한다. 오늘날 곳곳에서 민주주의는 폭력으로 치닫기도 한다. 이 현상이 민주주의를 이탈한 것인지, 본래 민주주의의 한계 때문인지는 논의할 일이겠지만, 저자의 말대로 정정을 지속하지 않는다면 사회의 유지는 불투명해진다. 과문함을 무릅쓰고 한마디 덧붙이자면, 누군가 '자연으로 돌아가라'든지 《에밀》로 알려진 루소에게 관심이 있다면, 루소에 대해 이 책만큼 재미있고도 알찬 소개 글을 찾아보기는 어려울 것이라고 단언한다.

이 책의 1부는 《관광객의 철학》의 후속작이고, 2부는 《일반의지 2.0》에 맞닿아 있다. 전작을 읽은 독자라면 훨씬 깊이 있게 이 책을 즐길 수 있겠으나, 설령 전작을 읽지 않은 독자라도 이 책의 내용을 따라가는 데는 무리가 없다. 개중에는 플라톤, 칼 포퍼, 비트겐슈타인, 한나 아렌트 등등 이름만 들어도 쉽지 않다는 인상이 그득한 철학 이야기에 지레 거리감을 느끼는 독자가 있을지도 모르겠지만, 일단 손에 쥐고 읽기 시작한다면 누구라도 이 책을 충분히 만족스럽게 즐길 수 있다.

마지막으로 '소행(溯行, 흐름을 거슬러 올라가다)'이라는 번역어 때문에 고충을 겪었다는 점을 밝혀두고자 한다. 개인적으로는 예전에 가라타니 고진의 글을 읽으면서 이미 이 개념어를 익숙하게 받아들이고 있었으나, 옮긴이의 처지에서 마주하고 보니 아무래도 이질적인 어감을 제어하기 어려웠다. 물론 표준국어대사전에도 표제어로 올라 있는 만큼 사용해도 무난할 터이지만, 그래도 좀 더 나은 대체어가 없을까 고민을 거듭했다. 그리하여 앞쪽 글에서는 문맥에 어울리게 '거슬러 오르다'를 구사하고, 뒤쪽 글에서는 문맥상 더는 풀어쓸 수 없다는 판단 아래 '소행'이라는 단어를 그대로 사용했다.

나는 이 책을 읽으면서 원숙한 중년을 맞이한 저자가 철학자로서 인류의 보편 과제를 붙들고 분투한다는 소명을 자각하고 실천하고 있다고 느꼈다. 철학자라면 마땅히 갖추어야 할 자세를 오랜만에 다시 바라본 듯하다. 비록 세월이 흘러 상상하지도 못한 일을 당연시하는 세상이 되어버렸지만, 지금도 지적 호기심을 해소하고 불안을 헤쳐나갈 힘을 얻고 싶은 사람이 있다면 당장 이 책의 독자로 나서기를 진심으로 권한다.

2024년 8월
김경원

1부

가족과 정정 가능성

2부

일반의지 다시 생각하기

일러두기

1. 본문의 인용문 중 '[ ]' 표시는 원저자가 독자의 이해를 돕기 위해 임의로 추가한 내용이다.
2. 본문의 각주는 원저자의 주석이다. 단, '*' 표시는 옮긴이의 주석이다.
3. 원저자의 주석 중 옮긴이의 부연 설명은 '〔 〕' 표시로 구분하였다.
4. 본문 1부와 2부에서는 다양하게 소개된 다른 저작물들과 구분하기 위해 《정정 가능성의 철학》을 일컬을 때는 '본서'라고 표기했다.

1부

가족과 정정 가능성

1장

가족적인 것과 그 적

1부에서는 보수와 진보의 대립을 넘어 좀 더 유연하게 공동체의 구성 원리를 논의하기 위해서 '가족'과 '정정(訂正) 가능성'이라는 개념을 새롭게 규정하는 일이 얼마나 중요한지에 대해 말할 것이다. 이 글은 따로 읽어도 무방하겠으나 내가 2017년에 출간한 《관광객의 철학》에서 제기한 문제 설정을 이어받고 있음을 밝힌다.[1]

《관광객의 철학》은 호평과 더불어 상도 받았다. 그렇지만 결함도 있었다. 1부는 '관광객의 철학', 2부는 '가족의 철학'이라

1 　東浩紀(아즈마 히로키), 《観光客の哲学(관광객의 철학)》 증보판, ゲンロン, 2023. 초판은 《ゲンロン0 観光客の哲学(겐론 제로 관광객의 철학)》이라는 제목으로 2017년 출간되었다. 초판과 증보판은 장 번호가 다른데, 여기서는 증보판을 참조했다. 〔한국어판은 《관광객의 철학》(안천 옮김, 리시올, 2020)으로 출간되었다. ─옮긴이〕

이름 붙였는데, 이 둘이 밀접한 연관성을 맺지 못했다.

오늘날의 정치는 세계적으로나 국내적으로나, 고전적인 정치나 인터넷에서 벌어지는 다툼이나 '친구'와 '적'이라는 대립에 관념적으로 지배당하고 있다고 생각한다. 따라서 그 대립에서 빠져나오는 일이 결정적으로 중요하다. 이러한 인식을 바탕으로 《관광객의 철학》에서는 '관광객의 연대'야말로 그러한 대립 탈출의 열쇠이고, 새로운 연대 모델을 '가족'에서 찾을 수 있다고 주장했다.

관광객과 가족은 일상적 의미로 볼 때 꽤 거리가 있어 보인다. 관광객이라는 단어에는 호기심에 이끌려 여기저기 기웃거리는 무책임한 소비자라는 인상이 풍긴다. 그렇기 때문에 《관광객의 철학》에서는 관광객을 친구나 적이 아닌 제3의 존재에 비유했다. 한편, 가족이라는 단어는 이와 대조적인 인상을 풍긴다. 가족이라는 말에서는 인생과 운명의 무거움이 느껴진다. 가족은 마음대로 바꿀 수도 없으려니와 성인이 되면 새로운 가족을 꾸리는 책임도 져야 한다. 그런데도 가족과 관광객이 손을 잡고 연대의 모델이 되어야 한다는 말은 어떤 의미인가? 《관광객의 철학》에서는 이 점을 명확하게 이론화하지 못했다.

그리하여 나는 전통적인 철학을 참조하여 이 둘의 연관성을 또렷한 언어로 기술하고자 한다. 관광객도 가족도 기존 철학이나 정치사상이 사유 대상으로 다루는 개념이 아니다. 그렇지만 《관광객의 철학》을 읽어본 독자라면 양자의 관계를 주목하는 일이 현재 공공성과 정의에 대한 사유에 대단히 풍부한 시사점을 던져준다는 것을 충분히 이해하리라고 생각한다.

관광객과 가족이라는 개념은 본서를 출판한 2023년에 이르면 새로운 현실성(actuality)을 띠고 다가온다.

2017년《관광객의 철학》을 출판한 시점에는 이 두 단어가 철학이 다루는 주제로 아직 떠오르지 않았다. 관광객의 증가가 경제 분야에서 주목은 받았어도 사회의 양상을 바꾸는 현상이라고는 짐작하지 못했다. 반대로 가족의 역할에 주목해야 한다는 주장은 단지 보수적인 시대착오에 불과하다고 여겨졌다. 당시 관광객은 사회의 지속성과 별로 관계없는 가벼운 주제라고 받아들여졌고, 반대로 가족은 사회의 지속성과 깊은 관련이 있는 무거운 주제라고 받아들여졌다.

그런데 2020년 시작된 코로나19 팬데믹 현상이 이 둘을 둘러싼 환경을 극적으로 바꾸어버렸다. 코로나19 사태 이전에 관광객은 스스럼없이 환영받는 존재였다. 일본뿐 아니라 전 세계가 관광산업의 성장에 기대를 걸었다. 그런데 긴급하지도 않은 이동으로 감염을 확산시키고 시민의 안전을 위협하는 민폐 존재라는 이유로 돌연히 경계의 대상이 되어버렸다. 코로나19 사태 초기에는 유학생과 외국인 노동자도 거의 반강제적으로 귀국해야만 했다.

가족을 바라보는 시선도 매우 달라졌다. 코로나19 이전에는 가족 또는 '집' 같은 말은 진보적 지식인에게 별로 긍정적인 언급 대상이 아니었다. 그들은 교육이든 돌봄이든 가정에서 공공 영역으로 책임 소관이 옮겨가야 한다고 주장했다.

그러나 코로나19가 시작되자 갑자기 '집'을 긍정적으로 이야기하기 시작했다. 다들 가능하면 자택에 콕 틀어박혀 교육이든 돌봄이든 자기 힘으로 해결하고 일은 원격 근무로 처리하는 등 대면 접촉은 가족에 한정해야 한다는 주장이 널리 퍼졌다. 그때까지 진보주의의 논조라면 세대 간 빈부 격차로 인한 교육과 돌봄의 격차를 문제 삼고, 가족이 없는 사람은 고독을 강요당하는 셈이라고 비판했을 터였다. 하지만 그러한 논쟁은 거의 일어나지 않았다. 2020년부터 2021년에 걸쳐 일본에서는 '스테이 홈'이나 '집밥' 같은 신조어가 자주 들려왔는데, 사실 '홈'이든 '집'이든 본래는 배타와 차별을 함의하고 있었다. 그런데 이러한 논조가 내던져지고 이토록 긍정의 대상이 될 줄이야, 코로나19의 급습 이전에 누가 상상이라도 해보았겠는가.

2023년 현재 팬데믹이 초래한 정치와 경제의 혼란은 겨우 수습 국면에 접어들고 있다. 앞으로 여러 대책 중 효과적인 것은 무엇이고 혼란을 초래한 것은 무엇인지, 각국이 검증해나갈 것이다.

최근 3년 동안 일본을 비롯한 세계 각국은 관광객이 상징하는 가벼움=개방성을 부정하고 가족이 상징하는 무거움=폐쇄성으로 회귀함으로써 '감염증에 강한' 사회를 구축하고자 시도해왔다. 이는 불가피한 선택지인 듯 보인다. 그렇지만 개방성을 버리고 폐쇄성으로 돌아간다는 논리는 지나치게 단순하지 않을까? 관광객과 가족이 그렇게 확연하게 대립하는 개념일까? 아니, 애초에 열린 것은 위험하고 닫힌 것은 안심할 수 있다는 이분법은 얼마나 철학적으로 타당했던 것일까? 이와 같은 문제의식을 통해 1부에서는 코로나19 사태의 이데올로기를 원리적으로 재검증하는 논의를 진행한다.

1

나는 앞서 코로나19 팬데믹 이전에는 가족의 역할을 긍정적으로 바라보지 않았다고 서술했는데, 그때 머릿속으로 현대 일본의 진보주의를 대표하는 사회학자 우에노 지즈코의 '홀로 살기' 긍정론을 떠올리고 있었다.

2000년대 중반 우에노 지즈코는 일본의 기혼 여성에게 제안하기를 노후에는 이혼을 통해 남편과 자식에게 지나치게 얽매인 삶에서 벗어나 독거노인='나홀로 삶'을 선택하고, 공적 서비스가 필요해진 그들의 삶을 지원하기 위해서는 사회의 행정이 바뀌어야 한다고 주장함으로써 엄청난 화제를 불러일으켰다.[2] 이 주장은 대체로 페미니즘의 맥락에서 통용되고 있으나 본질적으로는 남성에게도 적용할 수 있다. 우에노 지즈코는 가족이 개인의 자유를 빼앗고 사회의 개혁도 저해하는 존재라고 생각한다. 가족이라는 작은 단위에 집착하기 때문에 공공의 실현이 가로막힌다는 말이다.

이러한 주장을 들으면 일반 사람들은 흠칫한다. 실제로 우에노 지즈코는 '가족의 파괴'를 꾀하는 과격한 논자라고 비판

2　上野千鶴子(우에노 지즈코), 《おひとりさまの老後(독신의 노후)》, 法研, 2007.

받기 일쑤지만, 가족과 공공을 대립시키는 발상 자체는 그의 독창적 의견도 아니고 일본 진보주의의 고유한 견해도 아니다. 오히려 그것은 진보주의를 넘어서 줄곧 특정한 사회사상의 전제였다고 할 수 있다.

건축사학자 혼다 아키코가 소련 시절 주택 건축사를 다룬《혁명과 주택》에는 흥미로운 지적이 나온다.[3] 그에 따르면 혁명 후 소련은 노동자를 가정에서 해방하고 가사와 육아 등을 국가의 서비스로 치환하기 위해 근본적으로 주거 설계를 재고했다. 예를 들어 1925년 모스크바에서 열린 어느 집합주택의 설계 경연대회에서는 공동식당과 공동욕실, 보육원, 오락실을 갖추어야 한다는 요건을 내건 한편, 1인당 거주 면적을 6제곱미터까지 더욱 줄이라고 요구했다. 한마디로 이러한 요구사항을 통해 발주자는 "주민이 수면 시간 이외에 기본적으로 공유 공간에서 지낸다고 상정"하고 있음을 읽어낼 수 있다.[4] 혁명 후 소련에서는 최근의 신조어인 '스테이 홈'과 정반대 방향, 즉 가능하면 홈에 머물지 않는 생활양식을 권장했다. 이는 우에노 지즈코의 '홀로 살기' 긍정론과 맥락을 같이한다.

혼다 아키코의 논고는 "혁명은 '집'을 부정한다"는 구절로 시작한다. 공산주의는 사적 소유를 부정한다. 가족은 본질적으로 사적 소유의 공간이다. 가족이란 서로를 '우리 아버지', '우리

---

3   이 논고는 이북 매거진《겐론 β》에 연재했고, 2023년 10월 겐론출판사에서 단행본으로 출간했다. 본문은 연재물을 참고했다.

4   本田晃子(혼다 아키코), 〈革命と住宅(혁명과 주택)〉 제1회, 《ゲンロン β 57(겐론 β 57호)》, 2021.

어머니', '우리 아이'처럼 사적 관계의 호칭으로 부르는 장소이기 때문이다. 가족을 해체하고 개인과 공공을 매개 없이 직접 연결하려는 공산주의의 시도는 논리적 필연이기도 하다.

혼다 아키코는 이상적인 집합주택의 기원을 19세기 사회주의자 니콜라이 체르니솁스키의 장편소설 《무엇을 할 것인가》에서 찾는다. 1863년에 출간된 이 소설은 혁명 전 러시아에서 널리 읽혔다. 젊은 여성이 마음을 굳게 먹고 재봉공장 경영에 적극적으로 나선다는 내용인데, 노동자가 남녀 구분 없이 생활하며 공동으로 공장을 운영하는 모습을 매우 이상적으로 그려냈다. 개혁 과정에서 전통적인 결혼관과 가정관에 의심을 품는 여성 주인공을 묘사한 서사인 만큼, 페미니즘 역사에서도 꽤 주목받는 작품이다.

가족을 부정하는 역사는 사회주의와 공산주의를 넘어 고대까지 거슬러 올라갈 수 있는데, 철학사에서는 플라톤까지 소급할 수 있다. 플라톤은 《국가》라는 유명한 저작을 남겼는데, '정의에 대하여'라는 부제를 붙인 이 책에서 이상적인 국가상과 인간상을 논하고 있다. 2,400년도 전에 쓰인 이 글은 오늘날의 사상에도 무시할 수 없는 영향력을 미치고 있다. 플라톤은 이 글에서 이미 사적 소유와 집단생활 문제에 관련해 가족의 존재를 부정적으로 논의한다.

플라톤에 따르면 이러하다. 인간은 다양하고 능력도 천차만별이다. 그래서 집단으로 생활하고 생산물을 교환하고 상호 결점을 보완하는 것이 바람직하다. 이런 식으로 국가는 탄생했다. 그러나 국가의 규모가 커지면 국가를 운영하는 전문가, 플라톤의 용어로는 '수호자'가 필요해진다. 그들을 어떻게 선발하고 육성하느냐가 국가의 운명을 결정한다.

이러한 전제 위에 플라톤은 수호자에게 공덕심을 부여하는 방법을 논의한다. 플라톤의 말을 인용하자면 "국가의 이익이라고 여겨지는 바는 온 힘을 다해 실행하려는 열의를 보이고 그렇지 않은 것은 결단코 손대려고 하지 않는 마음이 보이는 자들"을 키워내려면 어떻게 해야 하느냐는 문제다.[5] 그는 《국가》 제3권부터 제5권에 걸쳐 이 점을 논하고 나서 수호자들은 모든 것을 공공에 바쳐야 한다고 제안했다. 즉, 그들은 자기 소유와 국가 소유를 구별하지 않는 환경에서 생활해야 한다. 구체적으로는 고유 재산과 고유 주거를 소유하지 않아야 하고 식사도 혼자 해서는 안 된다는 몇몇 금지 사항을 제시한다.

금지 대상에는 가족도 들어 있다. 수호자는 세습해서는 안 되고 모든 시민 중 계급과 성별에 상관없이 자질 하나만으로 선발해야 한다고 플라톤은 생각했다. 현대인의 관점으로 보더라도 상당히 앞서나가는 제안이다. 또한 수호자 중에는 남성도 있고 여성도 있다는 말이다. 그러면 그들은 성관계를 맺고 아이를 낳아도 될까? 물론 된다. 그렇지만 가족을 꾸려서는 안 된다. 수호자는 특정한 아이의 부모가 되어서는 안 된다. 수호

---

5   412E, 藤沢令夫(후지사와 노리오) 옮김, 《プラトン全集(플라톤 전집)》 제11권, 岩波書店, 1976, 246쪽. 전집에서 같은 권이라도 수록 작품에 따라 번역자가 다를 때가 있다. 따라서 앞으로 전집을 인용할 경우 참조한 작품의 역자 이름만 처음 나올 때 책 제목 앞에 기재하기로 한다.

자의 아이는 국가 전체의 아이로 길러져야 한다. 다시 플라톤의 말을 인용하자면, "모든 여성은 모든 남성이 공유한다. 누구라도 여성 한 명이 남성 한 명과 사적으로 동거해서는 안 된다. 나아가 아이들도 공유해야 한다. 부모가 자기 자식을 알아서도, 아이가 부모를 알아서도 안 된다"고 명확하게 혼인과 가족을 부정하고 있다.[6] 수호자는 재산을 소유해서는 안 되듯 가족도 소유해서는 안 된다.

만일을 위해 덧붙이자면, 이러한 내용은 어디까지나 지배층에 해당하는 모습이다. 플라톤은 모든 가족을 해체해야 한다고 주장하는 것이 아니다. 그렇다면 인류는 절멸하고 만다.

하지만 플라톤의 철학에서는 수호자야말로 욕망과 쾌락을 극복하고 정의를 체현하는 사람으로 간주된다. 《국가》는 일반 시민의 생활에 대해 거의 언급하지 않는다. 따라서 여기에 기술한 가족의 부정과 사적 소유의 부정에 대해 플라톤은 특정 직업인에 국한하지 않고 인간 일반이 구현해야 할 이상이라고 생각한 것은 틀림없다.

공공성을 지니기 위해서는 가족을 부정해야 한다. 한마디로 플라톤은 그렇게 생각했다.

플라톤의 제안은 무척 과격한 나머지 상식적으로 결코 실현할 수 없을 듯하다. 하지만 그런 만큼 그의 이상은 후세의 사상을 규정해왔다.

---

6   457D, 위의 책, 354쪽.

근대 이상사회론의 기원이라고 일컬어지는 토머스 모어의《유토피아》를 살펴보자. 16세기에 쓰인 이 책은 상상 속 '유토피아섬' 방문기라는 형식을 빌려 온당한 사회상을 논의하고 있다.

토머스 모어의 유토피아섬에는 가족이 있고 결혼은 신성하다. 일견 플라톤이 논한 사회상과 달라 보이지만, 가족을 소박하게 긍정하고 있느냐 하면 그렇다고 할 수도 없다. 가톨릭 신도인 그는 플라톤처럼 혼인을 정면으로 부정할 수 없었다. 당시 영국이 지닌 역사적 한계 안에서 그는 전통적 가족관을 달리 해석하고 세속적 공공성에 봉사하는 새로운 가족상을 제시하고자 했다. 이렇게 보면《유토피아》의 기술은 또 다른 모습을 띠고 다가온다.

예를 들어 유토피아섬의 가족은 플라톤의 수호자와 마찬가지로 재산의 소유를 인정하지 않는다. 주거도 소유할 수 없고 식사도 다른 가족과 함께 해야 한다. 가족끼리 오붓한 생활은 허용되지 않는다.

그러면 무엇을 허용할까? 가족의 의의는 무엇보다 직업의 계승에 있다. 자식은 부모의 직업을 물려받는다. 가족은 직업 교육의 단위가 된다. 직업을 물려받고 싶지 않은 아이는 어릴 때 가족을 떠나 다른 직업이 있는 다른 가족의 양자로 들어가야 한다. 인원수도 정해져 있다. 유토피아섬의 가정은 소수 인원의 친밀한 공간이 아니다. 도시에서는 성인이 10명 이상 16명 이하이고, 농촌에서는 좀 더 다수로 정했다가 정원이 그보다 늘어나면 강제로 분산시킨다. 토머스 모어가 상정한 이상적인 가족은 확실히 결혼과 혈연으로 맺어진 관계이기는 해도 우리가 아는 가족과는 기능이 전혀 다르다.

후대에 들어 기독교의 압력이 약해지면 가족은 또다시 확연하게 부정당한다. 18세기 중반 루소는 《인간 불평등 기원론》에서 자연 상태의 인간은 특정한 배우자나 정해진 가족이 없었을 것이라고 기술한다.[7] 루소는 사회 상태가 인간에게 불행을 초래했다고 주장한 사상가였는데, 그가 말한 부정해야 할 사회에는 가족도 포함되었다.

19세기에 들어오면 니콜라이 체르니셉스키에게도 영향을 미친 공상적 사회주의자 샤를 푸리에가 나타난다. 독특한 몽상적 세계사를 구상했다고 알려진 그는 인류의 혼인이 단혼(單婚, monogamy)에서 복혼(複婚, 일부다처제 혹은 일처다부제, polygamy), 그리고 '전혼(全婚, 다부다처제, omnigamy)'으로 진화한다고 주장했다.[8] 단혼이란 이른바 일부일처제이고, 전혼이란

---

7 "이 원초적 상태에서는 집이나 오두막, 어떤 소유물도 없고 각자 단 하룻밤을 위해 우연히 거처를 정할 뿐이다. 남자와 여자는 만남과 기회가 있을 때마다 욕망에 따라 우연히 결합한다." 原好男(하라 요시오) 옮김. 《ルソー全集(루소 전집)》 제4권, 白水社, 1978, 215쪽.

루소가 가족을 부정하는 철학자였다는 서술에 거부감을 느끼는 독자가 많을지도 모른다. 실제로 그는 《신엘로이즈》나 《에밀》 같은 저서에서 가족의 가치를 높이 평가하고 있다. 하지만 루소는 복잡다단한 인물이기에 문제는 그리 단순하지 않다. 일단 본서는 위의 인용문처럼 자연 상태에서는 가족과 사유재산이 없었을 것이라고 한 루소의 기술을 중시했다. 이 사상가에 대해서는 2부의 주제로 삼아 다루기로 한다.

8 石井洋二郎(이시이 요지로), 《科学から空想へ(과학에서 공상으로)》, 藤原書店, 2009, 170쪽 이하.

남녀 쌍방이 복수의 배우자를 맞이하는 혼인 형식을 의미한다. 말하자면 가족 관계의 구속 없이 성적으로 자유롭게 결합하고, 태어난 아이는 사회의 공유물로 삼는다. 이는 플라톤이 《국가》에서 이상적으로 여긴 성관계와 가족 형태에 가깝다.

루소와 푸리에가 언급한 가족의 부정은 어디까지나 추상적인 문제 제기였으나, 19세기 중엽 마르크스가 나타나자 가족의 기피는 현실의 정책론에도 그림자를 드리운다. 프리드리히 엥겔스는 주택 부족 문제를 다룬 1870년대 논문에서 노동자 한 사람 한 사람에게 개별 주거를 제공하는 일은 '반동적'일 따름이고, '집과 부뚜막에서 노동자를 몰아내는 일'이야말로 '노동자의 정신적 해방을 위한 제1조건'이라고 선언했다.[9] 노동자는 '집과 부뚜막'을 잃어야만 공공의 사명을 깨닫는다는 것이다. 엥겔스의 이러한 주장을 통해 혼다 아키코가 지적한 혁명후 집단 주택 정책이 필연적으로 등장할 수밖에 없는 맥락을 짐작할 수 있다.

바야흐로 20세기에 이르면 앞에 나온 '가족 부정=이상국가론'을 반격하는 이상국가 비판, 이른바 디스토피아 소설이 등장하기 시작한다.

20세기 디스토피아 소설의 대표작으로 대개 올더스 헉슬리가 1932년 펴낸 《멋진 신세계》와 조지 오웰이 1949년에 발

---

9   フリードリヒ·エンゲルス(프리드리히 엥겔스), 《住宅問題(주택문제)》, 村田陽一(무라타 요이치) 옮김, 国民文庫, 1974, 36쪽. 〔한국어판은 《주택문제와 토지국유화》(김대웅 옮김, 노마드, 2019)의 1장으로 수록되어 있다. ─옮긴이〕

표한《1984》를 꼽는다.

올더스 헉슬리의《멋진 신세계》는 오늘날의 용어로 SF에 속한다. 이 작품의 무대는 인간을 공장에서 생산하고 정신 상태를 약물로 관리할 수 있는 먼 미래 세계다. 그곳에서는 성적 쾌락의 추구를 긍정하고 장려하기도 하지만 성관계는 출산과 완전히 동떨어져 있다. 인간관계는 모든 사회 전체의 이익을 해치지 않도록 합리적으로 배분하고 '아버지'나 '어머니' 같은 사적이고 가족적인 관계를 도착(倒錯) 상태로 간주한다. 한편, 조지 오웰의 소설《1984》의 작풍은 주류문학에 가깝다. 이 작품의 무대는 가까운 미래이고(1984년!),《멋진 신세계》처럼 몽상적 기술이 등장하지 않는다. 인간은 인간에게서 태어나고 가족도 남아 있다. 그렇지만 전체주의적 감시 체계에 사적 영역이 완전히 종속당해 있다. 집에 카메라를 설치하고 가정 안의 행동을 모조리 국가에 보고한다. 그리하여《1984》는 가족의 사랑과 신뢰가 깡그리 무너진 세계를 묘사한다.

이 두 소설은 일반적으로 대조적인 미래상을 그려낸 작품으로 평가받는다. 실제로 독후감도 꽤 상이하다. 그러나 방금 요약한 대로 두 작품은 공적 영역이 사적 영역을 완전히 삼켜버린 결과 가족의 친밀성이 부정당하는 세계를 무대로 설정한다. 두 작가는 근대 사상의 종말에는 가족의 부정이 도사리고 있다고 생각했기에 남녀의 사적이고 비밀스럽고 공공적이지 않은 연애를 중심으로 디스토피아가 동요하는 서사를 엮어냈다.[10]

---

10 이 두 작품에서 성애 또는 연애가 디스토피아를 동요시킨다는 구도는 공

2

이상과 같이 가족의 부정은 현대 일본의 고유한 특징도

통적이다. 좀 더 자세히 소개하겠다. 우선《멋진 신세계》의 세계에서는 성적 파트너가 다수일 것을 권장한다. 소설 전반의 남자 주인공 버나드와 여자 주인공 레니나는 둘 다 이에 거부감을 느끼는데(결국에는 받아들이지만), 이 감각이 후반의 서사를 움직이는 중요 인물 '야만인 존'을 불러들이는 원동력이 된다. 한편《1984》의 세계에서는 더욱 명확하게 연애를 서사적 축으로 삼는다. 반체제적인 사상을 품은 남자 주인공 윈스턴은 젊은 여성 줄리아를 만나면서 지향성이 한결 첨예해진다. 전체주의적 권력은 두 사람을 구속하고 서로 배신하도록 부추기고 사랑을 깨뜨림으로써 다시 정신을 지배하려고 한다. 이 작품에서 권력자는 "이제까지 우리는 부모 자식, 개인, 남녀의 끈을 끊어왔고 … 앞으로는 아내나 친구도 존재하지 않을 것"이라고 이야기한다. ジョージ・オーウェル(조지 오웰),《1984年》新訳版, 高橋和久(다카하시 가즈히사) 옮김, ハヤカワepi文庫, 2009, 414쪽.

덧붙여 20세기 전반의 중요한 디스토피아 소설이라고 할 만한 에브게니 이바노비치 자먀찐의《우리들》이 두 작품보다 앞선 시기인 1920년부터 1921년에 걸쳐 공산주의 체제 아래 나왔다. 이 소설은 소련에서 발표하지 못하고 처음에는 영역본으로 출판되었다. 흥미롭게도 이 작품의 구조도 비슷하다. 가정과 성을 완전히 관리하는 존재로 전체주의 국가를 그려낸 것이다. 남자 주인공 'D-503'은 어떤 여성과 만남을 통해 체제의 지배를 벗어나면서 서사는 움직인다. 한마디로 올더스 헉슬리와 에브게니 이바노비치 자먀찐은 둘 다 성애를 디스토피아에 대한 회의와 저항의 거점으로 묘사했다.

21세기 관점으로 다시 읽으면 이러한 특징은 남성 소설가가 품을 법한 주관적인 여성 환상으로 보이기도 한다. 본서 1부는 공공(폴리스polis)과 가족(오이코스oikos)의 분리를 의심하는 주제를 논하고 있다. 본문에서는 거의 언급하지 않으나 양자의 분리는 두말할 나위 없이 성차별과 관련이 있다. 서양의 지적 전통은 오랫동안 여성을 폴리스의 외부로 배제했고 여성은 오이코스에 갇혀 있었다. 그렇기에 올더스 헉슬리와 에브게니 이바노비치 자먀찐은 여성 등장인물을 국가에 저항하는 거점으로 선뜻 설정했을 것이다.

아니고 근년에 발명한 것도 아니다. 도리어 고대부터 오랜 세월 이어져 내려온 강력한 사상이다.

본서는 추후 한나 아렌트의 저작인 《인간의 조건》을 다루고자 한다. 그의 주장을 한마디로 요약하면 사적 욕망을 채우고 사적으로 행동하기만 해서는 인간은 인간일 수 없다는 것이다. 인간은 공적 영역에 관여하기 때문에 인간으로 존재할 수 있다. 사적 영역에 갇혀 있어서는 동물과 다를 바 없다. 따라서 철학자는 공공에 대해 생각해야 한다. 나는 이와 다른 독해 가능성을 제시할 예정이지만, 일단 일반적으로는 그가 이렇게 사고했다고 이해하고 있다. 한나 아렌트 이외에도 비슷한 주장을 펼친 철학자는 다수 있다.

가족과 공공을 대립시키는 사상은 확실히 이해하기 쉽다. 상식에 비추어볼 때 가족이란 '나'라는 에고로 가득 찬 폐쇄적이고 배타적인 인간관계의 대명사다. 철학이란 실로 에고를 벗어나 인간을 해방하려는 사유 행위다. 따라서 철학자가 가족을 부정하는 일은 당연한 듯 보인다.

그러나 진정으로 가족이란 폐쇄적이고 배타적인 인간관계일 따름일까. 아니, 그 이전에 폐쇄적이고 배타적인 인간관계란 무엇을 의미하고, 개방적이고 포용적인 인간관계와 어떤 점이 다를까. 나는 재차 이 점부터 원리적으로 다시 생각해보고 싶다. 그렇게 하면 가족이라는 말과 이미지 안에는 미처 섣부른 요약이 포괄해내지 못한 더욱 복잡하고 까다롭고 뒤틀린 성질이 깃들어 있음을 알아챌 수 있기 때문이다.

다시 한번《국가》로 돌아가자. 나는 앞서 플라톤의 국가론이 후대 사상에 지대한 영향을 미쳤다고 썼다.

비판이 없었던 것은 아니다. 플라톤 비판은 여러 갈래인데 가장 유명한 20세기의 비판은 1945년 출판된 칼 포퍼의《열린사회와 그 적들》이다. 오스트리아 출신 철학자인 칼 포퍼는 일반적으로 과학철학의 업적으로 잘 알려져 있다. 그의 책은 2부 구성으로 1부의 제목은 무려 '플라톤의 주문(呪文)'이다.

칼 포퍼의 플라톤 비판은 기본적으로 단순하다. 그의 비판은 '닫힌사회'와 '열린사회'의 대립 구조에서 이루어진다.

닫힌사회란 '주술적, 부족적, 집단주의적 사회'를 가리킨다. 그곳에서 개인은 사회의 일부에 지나지 않고 전체를 통일성 있는 '유기체'로 바라본다. 이와 반대로 열린사회는 사회 전체의 유기적 통일성을 결여한 까닭에 '개인들이 개인적 결정에 직면하는 사회'를 가리킨다. 오늘날 용어로는 '자유주의적'이고 '개인주의적'인 사회일 텐데, 반드시 근대에 탄생한 것은 아니다. 칼 포퍼의 생각으로 열린사회의 기원은 기원전 5세기 아테네로 거슬러 올라간다. 바로 소크라테스가 열린사회의 탄생을 체현한 인물이다. 그는 "닫힌사회에서 열린사회로 나아가는 이행은 인류가 통과해온 가장 심원한 혁명"이라고 썼다.

플라톤은 실로 그 심원한 혁명을 부정한 철학자였다. 이것이 칼 포퍼의 핵심 견해다. 소크라테스의 언행은 주로 플라톤의 기록으로 알려졌으나 그 밖의 기록도 있는데, 두 기록을 대조해 살펴보면 플라톤이 스승의 정신을 '배신'했음이 분명하다고 칼 포퍼는 주장한다. 플라톤은《국가》에서 소크라테스의 사상을 비딱하게 왜곡해 기록하고 고대의 부족사회를 모델로 전체주의적 국가상을 재구축하고자 했다. 따라서 플라톤은 열린사회의 도래를 거부하고 닫힌사회로 돌아가려고 한 반동적 철학자라고 말이다.[11]

이 비판은 과연 고개를 끄덕일 만하다. 플라톤이 소크라테스의 진의를 왜곡했는지 아닌지는 알 수 없다고 해도,《국가》의 국가론은 확실히 전체주의적이다. 앞서 소개한 바와 같이 수호자는 사적 의지와 욕망을 인정받지 못한다. 다만 공공을 위한 봉사만 요구받는다. 이를 보통 전체주의적이라고 한다.

또한 확실히 복고주의적이기도 하다. 앞에서 소개할 때는 생략했으나 플라톤은 실로《국가》를 저술한 다음 만년에《티마이오스》와《크리티아스》라는 짧은 대화편을 남겼다.

이 두 편에 담긴 대화는《국가》의 속편으로 설정되어 있다(전문가 사이에서는 속편이 아니라는 논란도 있는 듯하나 일단 두 대화편은 속편으로 읽을 수 있다). 소크라테스가《국가》가 제시한 과격한 제안이 현실 불가능한 꿈이 아니라는 증거로《국가》의 대화가 오고 간 다음날 티마이오스, 크리티아스, 헤르모크라테스라는 세 인물에게 고대 아틀란티스와 고대 아테네 이야기를 해달라고 부탁한다.

원래 대화편은 3부작 구성으로 상당한 장편이 될 예정이

11　カール・R・ポパー(칼 R. 포퍼),《開かれた社会とその敵 第1部 プラトンの呪文(열린사회와 그 적들 제1부 플라톤의 주문)》, 内田詔夫(우치다 노리오)·小河原誠(고가와라 마코토) 옮김, 未來社, 1980, 172·174·191쪽. 〔한국어판은《열린사회와 그 적들 1(개정판)》(이한구 옮김, 민음사, 2006)로 출간되었다. ─옮긴이〕

었던 듯하다. 《티마이오스》와 《크리티아스》는 미완의 3부작 중 2부작이라고 여겨진다. 따라서 우리에게 남겨진 논의는 단편적이다. 첫 번째 작품 《티마이오스》는 우주 생성을 둘러싼 신화 논의가 대부분일 뿐 사회 이야기는 별로 나오지 않는다. 두 번째 작품 《크리티아스》가 드디어 아틀란티스의 정치 체제를 이야기하기 시작하는데 도중에 흐지부지 끝난다. 그런데 세 번째 작품 《헤르모크라테스》가 쓰이지 않았다. 따라서 플라톤이 구상한 바의 전모를 알 도리는 없다. 그렇지만 남겨진 부분만 읽는다 해도 플라톤이 《국가》에서 이야기한 가족과 사유재산의 금지가 자신의 독자적 제안이 아니라 과거에 존재한 이상적인 상태로 회귀하는 것을 염두에 두었음은 분명하다.

플라톤의 국가론은 전체주의적이고 복고주의적이고 위험하다. 이에 대한 칼 포퍼의 비판은 현실 정치와 밀접한 관계가 있다. 실은 제2차 세계대전 이전 독일어권에서는 나치 지지자들이 플라톤의 저작을 적극적으로 읽었다.[12] 실제로 《국가》에는 나치 정책에 가까운 주장이 담겨 있다. 이를테면 플라톤은 '종족'의 우월성을 보존하기 위해 수호자의 자식 가운데 능력이 열등한 아이는 선별해 파기해야 한다고 기술했다.[13] 이는 우생학의 주장 자체일 뿐 아니라 나치의 아리아인 신화 및 인종주의와 비슷하다. 나치의 상상력과 플라톤의 접근성은 하이데

12　佐々木毅(사사키 다케시), 《プラトンの呪縛(플라톤의 주박)》, 講談社学術文庫, 2000, 137쪽 이하.

13　459A 이하, 《プラトン全集》 제11권, 357쪽 이하.

거 같은 고명한 철학자의 텍스트에도 드러난다. 1933년 〈독일 대학의 자기주장〉이라는 하이데거의 강연이 유명한데, 연구자 중에는 하이데거가 나치에 접근했다고 평가하는 사람이 적지 않다. 이 강연은 실로 《국가》의 인용으로 끝맺고 있다.

칼 포퍼의 조부모는 유대인이었다. 그는 박해를 두려워한 나머지 나치에 병합되기 이전인 1937년에 오스트리아를 탈출했다. 《열린사회와 그 적들》은 바로 나치의 세력 확대를 지켜보면서 남반구로 떠나 저술하고, 제2차 세계대전 종전 직후에 출판한 책이다. 칼 포퍼의 플라톤 비판은 이러한 시대 상황의 요청이기도 하다.

칼 포퍼는 우선 개방성과 폐쇄성을 대치시키고 개방성을 선이라고 전제한 뒤 플라톤의 국가관은 폐쇄적이므로 악이라고 비판했다고 요약할 수 있다. 이렇게 보면 그의 입론은 매우 단순하지만, 현실적으로 플라톤의 저작이 전체주의를 편드는 방향으로 읽힌 역사적 경위를 고려하면 결코 가벼이 치부할 것은 아니다.

그렇지만 여기에서는 시대적 배경을 떠나 칼 포퍼의 이론 자체를 추상적으로 검토해보자. 그러면 그의 논의에 잠재한 가족 또는 '부족'의 이미지를 둘러싼 뒤틀림이 마음에 걸린다.

그는 《국가》가 그려낸 이상국가의 모습을 반복해서 '부족적'이라고 묘사하고, 부족적이기 때문에 안 된다고 비판한다. 부족은 가족에 가까운 말이다. 칼 포퍼 자신도 부족과 가족을 구별 없이 사용하고 부족적인 국가상을 '일대가족(一大家族)'이라고도 표현한다.[14] 그러나 실제로는 이제까지 살펴본 대로 플라톤은 가족적 조직 원리를 부정했다고 파악해야 한다.《국가》에서는 수호자에게 가족을 꾸리지 말라고 금지한다. 즉, 칼 포퍼는 가족을 버린 사람들이 건설하는 국가의 구상을 부족적＝가족적이라고 비판하는 셈이다. 과연 어떻게 된 일일까.

전문가도 이러한 뒤틀림의 존재를 지적한 바 있다. 그리스 철학의 연구자인 노토미 노부루는 플라톤을 탐구한 저서의 한 장(章)을 내어 칼 포퍼가 플라톤을 비판한 대목을 검토한다. 그는 플라톤의 이상이 고대 부족국가였다는 것, 부족이 일반적으로 혈연집단이라는 점을 인정하면서도 "플라톤의 폴리스론은 반대로 혈연이나 가족의 역할을 철저하게 없애자고 제안하고", 그 속에서 "집단보다 오히려 개인의 소질과 능력을 중시할 터"이므로 칼 포퍼의 비판은 온당치 않다고 반론을 펼친다.[15] 어김없이 타당한 반론이다.

참고로 노토미 노부루가 방증으로 인용한 곳이《국가》의 제10권에 등장하는 윤회론이다. 인간의 영혼은 불멸하고 신체가 죽은 다음에는 다른 인간이나 동물로 환생한다고 플라톤은 생각했다. 환생은 전생의 혈연이나 사회계층과 전혀 무관하게 각자가 쌓아 올린 덕과 환생 시 우연만으로 정해진다. 이 세계관에 나타나 있듯 플라톤의 철학은 본질적으로 개인주의적인

---

14   《開かれた社会とその敵 第1部 プラトンの呪文》, 64쪽.
15   納富信留(노토미 노부루),《プラトン 理想国の現在(플라톤 이상국의 현재)》, 慶應義塾大学出版会, 2012, 35쪽.

데도 칼 포퍼가 그러한 특질을 미처 파악하지 못했다는 것이 노토미 노부루의 견해다. 그렇다면《국가》에 드러난 이상국가론도 혈연에 따른 고대 부족으로 회귀하는 것이 아니라 오히려 개인과 개인의 관계 위에 재구축하는 '새로운 부족'의 제안이었다고 이해해야 올바를지도 모른다. 이때 칼 포퍼의 견해는 빗나간 비판이라고 해야 할 것이다.

그러나 여기서는 칼 포퍼의 빗나감 자체에 좀 더 천착해 보고 싶다. 이 점이야말로 어떤 관계를 '열린 것'으로 보고 다른 관계를 '닫힌 것'으로 보는 구별 자체의 어려움을 드러내는 듯하기 때문이다.

개방성과 폐쇄성은 두부 자르듯 구별할 수 없다. 따라서 칼 포퍼의 비판은 빗나가고 만다. 나는 그렇게 생각하고 싶다. 《열린사회와 그 적들》에서 예를 하나 들어보자.

앞에서도 언급했는데 포퍼의 책은 2부 구성으로, 제1부는 플라톤 비판, 제2부는 헤겔과 마르크스 비판이다. 특히 힘주어 비판하는 대상은 헤겔이다.

헤겔 비판은 플라톤 비판에 비해 훨씬 격하다. 포파의 책에 따르면 헤겔 철학은 케케묵은 유기적 국가관을 "호언장담하는 언어의 마술과 은어의 힘으로" 무리하게 정당화한 '부족주의 르네상스'에 지나지 않고 건질 내용이 전혀 없다. 그런데도 그것이 19세기부터 20세기 사이에 유럽의 지적 세계에서 성공을 거두었다는 사실은 "문명의 적에 대한 우리 문명의 항쟁 역사상 최대의 속임수"로서 '도덕적 무책임 시대'의 막을 열고 파시즘을 준비했다고 칼 포퍼는 온갖 말로 힐난했다.[16] 하나를 보면 열을 알 수 있듯 시종일관 이런 기세로 밀고 나간다.

이러한 표현은 과도하게 강렬한 탓에 철학적 비판이라기보다 선전 활동인가 싶다. 그래도 전면적으로 수긍하지 못할 바도 아니다. 헤겔의 저작이 추상 개념의 행렬과 동어반복으로 점철하고 있음은 잘 알려져 있다.

전체주의를 준비했다고 한 비판도 타당하다. 이를테면 1821년에 출간된 헤겔의 주요 저서 《법철학》에는 "어떤 사람도 국가 안에 있다는 것은 절대적인 필연"이고 "국가의 존재는 세계를 통해서 이루어지는 신의 행진"이라는 강렬한 표현이 나온다.[17] 헤겔은 사람이 국가의 일원이 되지 않으면 '주체'로서 완성되지 않는다고 생각했다. 그래서 그는 처음에 따로따로 존재하던 개인이 집단을 이루고 상호 안전을 확보하기 위해 계약을 맺어 국가를 설립했다는 이른바 사회계약론을 인정하지 않았다. 인간이 주체이기 위해서는 국가에 소속되어야 한다. 국가에 소속되지 않은 개인은 애초부터 주체가 될 수 없고 책임 있는 인간이 될 수 없다. 그러니 계약도 맺을 수 없다. 헤겔 철

16　カール・R・ポパー(칼 R. 포퍼), 《開かれた社會とその敵 第二部 予言の大潮(열린사회와 그 적들 제2부 예언의 대조)》, 内田詔夫·小河原誠 옮김, 未來社, 1980, 34·36·78쪽.

17　제75절, 제258절, ヘーゲル(헤겔), 《法の哲学(법철학)》, 藤野渉(후지노 와타리)·赤沢正敏(아카자와 마사토시) 옮김, 中公クラシックス, 2001, 제I권, 231쪽, 제II권, 223쪽. 〔본서에서는 《법철학》(임석진 옮김, 한길사, 2008)에 준하여 책명을 표기했다. ─ 옮긴이〕

학에서 국가는 개인보다 앞서 존재한다.

하지만 약간이라도 《법철학》을 읽어보면 알 수 있듯 헤겔의 국가론을 '부족주의의 르네상스'라고 파악하기는 어렵다. 칼 포퍼의 논의는 여기에서도 어긋나 있다.

헤겔은 다음과 같은 이론 위에 국가론을 정립해놓았다. 그는 인간과 인간의 관계를 '인륜'이라고 부른다. 그것은 '가족', '시민사회', '국가'라는 세 단계를 통해 발전한다. '가족'은 사랑으로 맺어진 관계로 자기와 타자가 일체를 이룬다. 다음으로 등장하는 '시민사회'에서는 자기와 타자의 일체성이 부서지고 타자는 자신의 목적을 실현하기 위한 수단에 지나지 않는다.

헤겔은 여기에서 친밀한 '가족'과 개인주의적 '시민사회'를 확실하게 대립시킨다. 나아가 《법철학》은 기존의 철학이 양자의 대립을 뛰어넘지 못했다는 인식 위에서 이 대립을 넘어서는 존재인 '국가'를 재도입한다. 헤겔 자신의 말을 빌리면 그 과정은 "개인의 자립성과 보편적 실체성의 어마어마한 합일이 일어나는 정신"이 되는데,[18] 여기에서 그의 난해한 표현을 일일이 따라갈 필요는 없다. 헤겔 철학은 가족과 시민사회의 대립, 칼

18　제33절, 《法の哲学》 제1권, 137쪽. 그런데 여기에서는 잠깐 언급하고 지나가겠으나 흥미롭게도 헤겔 자신도 실은 플라톤의 《국가》에 대해 사적 소유의 폐지를 조건으로 하는 국가상은 가족적인 것('형제적 단결')으로 후퇴하는 데 지나지 않고 "정신의 자유와 법 또는 권리의 본성을 간과"하고 있으므로 넘어서야 한다고 기술한다(제46절, 제1권, 164쪽). 한마디로 플라톤이 가족을 비판하고 열린 국가상을 이야기했고, 헤겔이 그 국가상을 가족적이라고 비판하고 다른 열린 국가상을 이야기했고, 포퍼가 또 그 국가상이 가족적이라고 비판하고 다른 열린 국가상을 이야기하는 연쇄가 일어나고 있다.

포퍼가 말하는 '닫힌사회'와 '열린사회'의 대립을 지양하는 존재를 국가라고 여긴다는 점이 중요하다. 그런데 칼 포퍼는 그것을 닫힌사회의 회귀라고 비판하는 것이다.[19]

19 본문에서는 칼 포퍼의 《열린사회와 그 적들》밖에 참조할 수 없었기 때문에 이 철학자에게 부정적인 역할을 부여할 수밖에 없었다. 그러나 이는 사실 공평하지 않다. 왜냐하면 그는 《열린사회와 그 적들》에 앞선 업적을 통해 본서에 매우 시사적인 '반증 가능성'이라는 개념을 내놓았기 때문이다. 이 점을 여기에 덧붙여둔다.
　반증 가능성은 칼 포퍼가 과학철학의 작업을 통해 제안한 개념이다. 20세기 초 유럽에서는 상대성 원리와 양자 역학, 집합론의 출현 같은 혁명이 잇따라 일어났고, 철학자들의 관심은 진리와 과학성을 어떻게 재정의하느냐는 문제에 쏠려 있었다. 아직 30대 젊은이였던 칼 포퍼도 같은 문제에 몰두한 결과 1934년 《과학적 발견의 논리》라는 저작을 발표했다.
　이 책의 주장을 한마디로 요약하면 다음과 같다. 어떤 이론이 과학적이라고 불리기 위해서는 논리적 체계성이나 경험에 근거한 실증성만으로는 불충분하다. 과학이 과학이기 위해서는 테스트를 통해 이론 전체의 옳음을 검증할 수 있도록 어떤 구체적인 예측을 도출하는 일이 필요 불가결하다. 이를테면 아인슈타인의 상대성이론에서는 중력이 빛을 구부리기 때문에 태양 가까이에 보이는 별은 본래의 위치와 어긋나 보일 것이라는 예측이 나온다. 이 예측은 실제로 1919년 개기일식을 이용한 관찰을 통해 옳다고 확인되었다. 만약 그때 다른 관찰 결과가 나왔다면, 즉 '반증'이 이루어졌다면, 그 시점에 상대성이론은 폐기되었을 것이다. 이러한 '테스트 가능성=반증 가능성'이야말로 과학의 과학성을 뒷받침한다고 칼 포퍼는 생각했다.
　이는 얼핏 당연한 말을 하는 듯 보이지만, 철학적으로 상당히 급진주의적인 귀결을 끌어오고 만다. 왜냐하면 정의상 반증 가능성에 따른 판단은 이론의 '오류'밖에 가르쳐주지 않기 때문이다. 반증이 실패했다고 해서 이론 전체의 옳음이 증명되었다고 볼 수 없다. 앞선 사례를 다시 보자면 확실히 별이 보이는 위치가 예측과 달리 어긋나 보이지 않았다면 상대성이론은 폐기될 수밖에 없다. 그러나 반대로 예측한 대로 별이 어긋나 보였다 해도 그것은 예측의 옳음을 확인하는 개별 사례를 의미할 뿐이다. 언젠가 새로운 사례의 반증으로 이론이 오

3

이 두 가지 예는 열린사회와 닫힌사회, 시민사회와 가족, 공적 영역과 사적 영역 같은 대립 자체가 철학적으로 생각하면 퍽 단순하다는 점을 시사한다고 볼 수 있다.

앞서 나는 철학은 공공에 대해 사유하는 행위이기 때문에 가족을 부정하는 것은 당연할지도 모른다고 썼다. 그것은 칼 포퍼의 언어로 표현하면 다음과 같다. 철학은 열린사회에 대해 사유하는 행위다. 사회를 닫으려는 것을 비판해야 한다. 집은 닫혀 있다. 따라서 집은 비판하고 해체해야 한다.

실제로 그러한 비판은 기능하지 못한다. 칼 포퍼는 닫힌사회를 비판하려고 했다. 그것은 분명히 성공했다. 그렇지만 그

류라고 밝혀질 가능성은 계속 남는다.

결국 반증 가능성을 통해 과학의 과학성을 정의한다는 것은 이론 자체의 옳음을 결코 증명할 수 없다는 원리적 불가능성의 수용을 의미한다. 칼 포퍼에 의하면 경험과학, 즉 수학이나 논리학과 달리 세계의 관찰이 필요한 물리학 같은 학문의 옳음은 애초에 구체적인 예측으로 확인할 수 있을 뿐(전문용어로 말하면 단칭명제의 형태로 증명할 수 있을 뿐), 이를 통해 이론 전체의 옳음을 확인할 수 있는 것은 아니다(귀납에 의한 일반화는 기능하지 않는다). 간단히 말하면 과학의 옳음은 언제나 잠정적인 것에 지나지 않는다. 아무리 반석으로 보일지라도 언제 뒤엎어질지 모르기 때문이다.

본문을 읽어나가면 알 수 있듯 '옳음'을 둘러싼 인식은 2장에서 밝히려고 하는 비트겐슈타인과 솔 크립키의 언어철학과 지극히 비슷하다. 원래 본서의 열쇠가 되는 '정정 가능성'은 반증 가능성의 어감과 꽤 닮아 있다. 그래서 1부 마지막에서는 또다시 칼 포퍼로 돌아가야 했으나 논의 전개상 그럴 수 없었다. 내가 본서에서 말하고 싶었던 바는 이것이다. 자연과학을 반증 가능성으로 정의할 수 있다면 인문학은 정정 가능성으로 정의할 수 있다.

는 같은 논리로 닫힌사회의 바깥으로 나가려고 한 플라톤뿐만 아니라 닫힌사회와 열린사회의 대립 자체를 넘어서려고 한 헤겔도 닫힌 사상이라고 비판하지 않을 수 없었다.

이 사태는 다음과 같이 표현할 수 있다. 플라톤은 가족의 바깥으로 나가려고 했다. 헤겔도 가족의 바깥으로 나가려고 했다. 그러나 결과적으로 그들이 구상한 사회는 칼 포퍼에게 가족적인 것으로만 보였다. 가족의 바깥에도 가족밖에 없었다. 이 역설은 도대체 무엇을 의미할까.

철학과 다른 관점도 도입해두자. 나는 이제까지 플라톤과 헤겔, 러시아 공산주의자와 일본 진보주의자가 모두 '가족'을 이야기해온 듯 논의를 전개했다.

하지만 실제로 가족의 형태는 시대와 지역에 따라 다르다. 가족이라는 단어는 단순하나 고대 그리스, 근대 유럽, 일본의 가족은 각기 형태가 상당히 다르다. 또한 주지하다시피 가족의 다양성은 사회구조와 사상에도 무시할 수 없는 영향을 미친다.

가족의 다양성을 생각할 때 에마뉘엘 토드를 반드시 참조해야 한다. 그는 철학자가 아니라 인류학자이자 역사학자다. 그러나 그의 작업은 포스트모더니즘이 영향력을 상실한 뒤 가장 주목할 만한 사회사상이라고 여겨진다. 에마뉘엘 토드에 따르면 인류의 가족은 셋으로 분류할 수 있다. '핵가족', '직계가족', '공동체 가족'이 그것이다.

핵가족이란 일본의 도시에서 일반적으로 볼 수 있듯 부부와 자식이 있을 뿐인 작은 가족을 말한다. 이 형태에서는 아이가 성인이 되어 결혼하면 다른 세대를 꾸려 집을 떠나야 한다. 따라서 한 집에 늘 두 세대(부모와 자식)밖에 살지 않는다.

직계가족이란 자식 한 명이 대를 이어 결혼 후에도 같은 세대에 머무르는 가족을 말한다. 따라서 한 집에 3세대가 동거할 때가 있다. 제2차 세계대전 이전의 일본 구(舊)민법이 이 형태를 제도화했기에 에마뉘엘 토드의 저작은 직계가족이 지배적인 지역으로 일본을 분류했다.

공동체 가족은 남녀의 역할이 다르고 여자가 결혼하면 남편의 세대로 들어가는 한편, 남자 형제는 다 결혼 후 같은 세대에 남는 가족을 말한다. 이 형태에서는 부부 한 쌍이 슬하에 둔 여러 자식의 처자가 한 지붕 아래 살아간다. 이른바 대가족을 상상하면 된다.

이 분류 자체는 19세기까지 거슬러 올라가는 것으로 새롭지 않다. 다만 예전에는 공동체 가족이 가장 원시적이고, 산업혁명과 근대화가 진행되면서 사회의 유동성이 높아진 결과 지금은 핵가족이 일반화되었다고 믿었다. 이러한 관념은 수렵민의 대가족으로 고대 사회를 묘사한 오락작품에도 이어지고 있다. 그러나 에마뉘엘 토드의 연구는 상식을 깨고 핵가족이야말로 가장 유구하고 보편적인 형태임을 분명히 밝혀냈다. 공동체 가족은 역사상 어느 시점에 유라시아 대륙 중앙 지역에서 탄생해 급속하게 퍼져나간 새로운 형태인 듯하다. 일본이 직계가족의 지역인 까닭은 지리적으로 변경이어서 가족 형태의 혁신이 미치지 않았기 때문이라고 여겨진다. 마찬가지로 유라시아 대류 이외의 주변부에도 핵가족과 직계가족의 지역이 곳곳에 남아 있다. 유럽을 조사하면 잉글랜드에서는 핵가족, 독일에서는 직계가족이 지배적이었음을 알 수 있다.

공동체 가족이 언제 생겨났는지는 알 수 없다. 다만 에마뉘엘 토드는 기원 전후로 수 세기, 즉 진한(秦漢)제국의 성립과 거의 같은 시기에 중국 북부가 직계가족 지역에서 공동체 가족 지역으로 이행했다는 가설을 제시한다.

그에 따르면 '장자 상속의 폐지'와 '형제간 평등'을 원리로 삼은 한(漢)의 봉건제도는 공동체 가족의 특성을 반영하고 있다. 한편 진한 이전의 은(殷)이나 주(周)의 제도는 직계가족의 특성을 반영하고 있는데, 그 성격은 그 시대의 법과 문서를 통해 읽어낼 수 있다고 한다. 일본의 역사교육은 일반적으로 중국의 은주(殷周) 시대를 공동체 가족에 가까운 '씨족'이 통치하는 도시국가 시대라고 하고 춘추전국 시대에 씨족제도가 무너지면서 봉건제도로 이행했다고 가르친다. 그래서 나로서는 은주 시대야말로 직계가족의 시대라는 가설이 역사학적으로 얼마나 타당한지 판단할 길이 없다.

하지만 가족 형태와 사회제도를 비교해 검토하는 에마뉘엘 토드의 관점은 중국사의 다양한 문제에 새로운 빛을 던져주었다고 생각한다. 그것은 사상을 읽어내는 방법도 바꿀 수 있다. 예를 들어 그는 "주(周) 시대에 체계화하여 최초로 성공을 거둔 유교는 전형적인 직계가족 이데올로기"라고 지적한다.[20]

---

20   エマニュエル・トッド(에마뉘엘 토드), 《家族システムの起源I ユーラシア

공자는 직계가족의 사상가였다. 만약 이 정의가 올바르다면 이후 유교의 형해화, 의례화, 관료국가의 도구화는 사상적인 옳고 그름을 따지기 이전에 단순히 사람들이 직계가족의 시대를 잊었기 때문이라고 설명할 수도 있을 것이다. 가족의 변화는 사회를 인식하는 사람들의 시선 자체를 바꾸어버린다.

에마뉘엘 토드는 이제까지 논의한 바에 관해 다음과 같이 지적하기도 한다.

앞서 서술했듯 가족에는 세 가지 유형이 있다. 그 가운데 공동체 가족이 가장 새롭다. 나아가 그중에서도 '외혼제'라는 특수한 가족 형태의 분포를 조사하면 흥미로운 사실을 알 수 있다. 토드에 따르면 외혼제 지역은 20세기 공산주의 국가가 성립했거나 공산주의가 정치적으로 강력한 지역의 분포와 딱 겹친다. 구체적으로는 러시아, 중국, 구(舊)유고슬라비아, 불가리아, 헝가리, 몽골, 베트남 같은 나라와 핀란드 북부, 이탈리아 중부 같은 지역이다.

이러한 일치는 다음과 같은 원인으로 일어났다고 그는 생각한다. 공동체 가족은 특정한 후계자를 지정하지 않은 채 한 아버지 아래 형제가 평등하게 살아가는 가족이다. 그러므로 정치적인 권위주의와 경제적 평등주의가 받아들여지기 쉽다. 넓은 의미로 말하면 '위대한 아버지'의 비호 아래 모두 평등한 조

(가족시스템의 기원 I 유라시아》 상권, 石崎晴己(이시자키 하루미) 옮김, 藤原書店, 2016, 185쪽.

건으로 살아가는 사회라는 이상을 공유하기 쉽다. 따라서 공산주의가 뿌리내렸다는 말이다.

공산주의의 분포가 특정한 가족 형태의 분포와 일치한다는 발견은 일견 단순해 보여도 그것만으로도 충격적이다. 왜냐하면 그것은 공산주의의 가족 부정 자체가 공동체 가족이라는 특정 가족이 탄생한 이데올로기에 지나지 않았을 가능성을 암시하기 때문이다.[21]

혁명의 시작은 집의 부정이다. 혁명 후 소련에서는 노동자가 가정에 머무르는 시간을 최소한으로 줄이고 공동생활의 장소로 끌어내는 주택 개혁을 시도했다. 그러나 집의 부정이 그 자체로 특정한 가족 형태에 기반한 가치관에 지나지 않았다고 한다면 도대체 어떻게 해석해야 좋을까. 그렇다면 플라톤이나 헤겔이 말한 가족의 부정도 다른 가족 형태에 기반한 것이었을지 모른다. 만약 그렇다면 그들의 사고방식을 칼 포퍼가 '부족주의'라고 칭한 것도 반드시 잘못이 아니었을 수 있는데, 물론 칼 포퍼 자신의 '열린사회' 사상에도 같은 의혹을 품을 수 있다.

실제로 에마뉘엘 토드는 공산주의뿐 아니라 다른 정치사상도 각각 특정한 가족 형태를 기반으로 나타났다고 주장한다. 그는 "20세기 역사를 결정한 이데올로기 분포의 근원에는 가족의 존재가 있다"고 단언했다.[22] 예를 들어 그의 분석에 의하면

---

21   위의 책, 56쪽 참조. 이 책의 옮긴이는 역주에서 저자의 사상을 "공산주의란 공동체 가족이라는 가치관을 근대 이데올로기로 재편하거나 부흥시킨 것일 따름"이라고 요약한다.

22   エマニュエル・トッド(에마뉘엘 토드), 《世界の多様性(세계의 다양성)》, 荻

프랑스혁명의 이념은 파리 분지에 지배적이었던 '평등주의 핵가족'과 뗄 수 없는 관계가 있다. 평등주의 핵가족이란 부모 자식 사이에 구속이 없는 핵가족의 성격을 유지하면서 형제 사이의 재산 평등도 배려한 가족 형태를 말한다. 자유와 평등이라는 이념은 그러한 특징을 이데올로기로 표현했을 따름이다. 또 그는 독일과 일본에서 직계가족이 지배적이었던 배경이 근대의 일정 시기에 극단적으로 민족중심주의를 전개한 사실과 관계가 있지 않을까 추론한다. 후계자를 한 사람으로 한정하고 다른 형제는 세대에서 쫓아내는 직계가족은 지배자의 권위를 높이고 시민의 불평등을 받아들이는 토양을 길렀기 때문이다.[23]

그는 칼 포퍼가 '열린사회'의 특징이라고 생각한 개인주의와 자유주의에 대해서도 비슷한 고찰을 펼친다. 자세한 논증은 그의 저작을 참조하길 바란다. 그의 조사에 따르면 잉글랜드는 원래 드물게도 '절대 핵가족'이 지배적인 곳이었다. 절대 핵가족은 부모 자식 사이에 구속이 없을 뿐만 아니라 형제 사이의 재산 평등에도 거의 관심을 두지 않는 이른바 순종 핵가족이다. 이러한 가족 형태를 바탕으로 서로 속박하지도 않고 관심도 옅은 '건조한' 인간관계의 양상이 개인주의와 자유주의를 낳고, 이것이 나중에 산업혁명과 결합하여 세계로 퍼져나갔다. 이것이 그가 생각하는 근대 자유주의(liberalism)의 역사다. 만

野文隆(오기노 후미타카) 옮김, 藤原書店, 2008, 292쪽.

23　프랑스혁명과 평등주의 핵가족의 관계에 대해서는 위의 책 52~53쪽, 463쪽 참조. 직계가족과 민족중심주의의 관계에 대해서는 위의 책 '제3혹성' 제3장 참조. 여기에서 직계가족은 권위주의 가족이라고 부른다.

약 이 가설이 타당하다면 칼 포퍼의 '열린사회'라는 구상도 결국은 특정한 가족 유형의 이데올로기이며 또 다른 '부족주의'에 지나지 않는다는 말이 될 것이다.

따라서 가족의 바깥에도 가족밖에 없다는 것은 단순히 철학적 역설이 아니다. 그것은 에마뉘엘 토드에 따르면 인류학적 진실이다.

플라톤, 공산주의자, 칼 포퍼는 다 가족을 부정하고 자유로운 개인이 모인 열린사회를 구상하려고 했다. 그러나 결국 각기 다른 가족의 이데올로기 안에서만 움직였을 뿐이다. 이렇듯 가족이라는 말에는 강력한 지배력이 있다.[24]

가족은 좁다. 가족은 작다. 그래서 우리는 가족을 넘어 사회를 만든다. 공공을 세운다. 대다수가 그렇게 믿는다.

그렇지만 이제까지 살펴본 바에 따르면, 어쩌면 그런 믿음은 환상일 뿐 어차피 인간은 가족을 모델로 삼은 인간관계밖에 형성하지 못하는 것이 아니냐는 의문이 떠오른다. 다만 가족의 형태가 다를 뿐이다.

---

24   가족의 바깥에도 가족밖에 없기에 가족의 부정이 가족의 또 다른 제시가 되어버린다는 뒤틀림은 개인의 단위로 보면 정신분석의 현상이기도 하다. 논의가 복잡해지는 일을 피하기 위해 본서에서는 정신분석 관련 화제도 꺼내지 않았고 프로이트와 라캉도 참고하지 않았다. 그렇지만 본서는 애초에 가족론인 만큼 실은 여기저기 정신분석의 영향이 드리워져 있다.

2장

정정 가능성의 공동체

4

철학은 가족을 계속 부정해왔다. 한쪽에는 가족적이고 사적이고 닫힌 영역이 있고, 다른 한쪽에는 가족을 넘어선 공공적이고 열린 영역이 있다고 믿어왔다.

그러나 앞선 논의에서 드러났듯 가족적인 것과 가족적이지 않은 것의 구별은 그다지 명확하지 않다. 더구나 이 애매함은 단순히 논리적으로 미비해서가 아니라 인간의 사고 그 자체의 한계를 드러낸 것일 가능성이 있다. 사회는 확실히 가족보다 넓다. 하지만 우리는 사회에 대해 결국 특정한 가족 형태에 기대지 않고서는 상상하거나 논의할 수 없을지도 모른다. 만약 공산주의가 공동체 가족 이데올로기에 지나지 않고 자유주의가 절대 핵가족 이데올로기에 지나지 않는다고 한다면, 20세기를 관통한 기나긴 냉전은 결국 두 가지 형태의 '가족'이 벌인 싸움에 지나지 않았다는 말이 된다. 이 가능성에 관해 철학은 지금까지 아무것도 생각하지 않았다.

따라서 앞으로는 기존과 같은 이분법으로 가족이라는 말을 언급하지 않으려고 한다. 다시 말해 가족이라는 말로 개방적이고 공공적인 영역과 대립하는 '친밀'하고 '폐쇄적'이고 '사적'인 영역을 가리키지 않고, 오히려 닫힌 것과 열린 것, 사적인 것과 공적인 것, 친밀한 것과 친밀하지 않은 것의 대립을 횡단하는 유연한 관계 개념으로 규정하고자 한다.

우리는 가족에 대해서 이야기할 수밖에 없다. 가족의 바깥으로는 나갈 수 없다. 아무리 가족을 벗어나려고 해도 또다시 가족으로 돌아가고 만다. 그렇다면 가족을 넘어서기 위해서는 가족의 개념 자체를 재정의할 필요가 있지 않을까.

자, 다시 가족이란 무엇인가. 2장에서는 플라톤, 헤겔, 칼 포퍼와 다른 유형의 철학을 참고삼아 논의를 전개하고자 한다.

비트겐슈타인은 20세기의 가장 유명한 철학자다. 또한 가장 수수께끼 같은 철학자다.

그는 1922년 30대 초반이라는 젊은 나이에 《논리-철학 논고》*라는 저작을 발표했다(1921년 잡지에 첫 게재되었다). 이 책은 마치 논리학 교과서 같은 양식으로 기술되었다. 그는 이

---

* 본서에서는 《논리-철학 논고》(이영철 옮김, 책세상, 2020)에 준하여 책명을 표기했다.

책에서 자연언어의 문장(명제라고도 한다)의 진위는 시 같은 특수한 것만 제외하고 모두 사상(事象)과 대응하여 정해져야 하고, 철학은 그 대응의 근거를 제시해야 한다는 신념을 밝혔다. 한마디로 언어를 제대로 논리적으로 사용하면 세계의 수수께끼는 거의 해소할 수 있다는 것이 비트겐슈타인의 주장이다. 이 저작은 동시대 철학자에게 절대적인 영향을 미쳤고, 지금도 고전으로 읽힌다.

그의 이름은 《논리-철학 논고》만으로도 충분히 철학사에 남을 것이다. 그런데 그 후 그는 이해할 수 없는 행보를 보인다.

《논리-철학 논고》를 완성한 뒤 비트겐슈타인은 철학을 떠나겠다고 선언해 주위를 놀라움에 빠뜨렸다. 실제로 그는 이 책의 출판을 기다리지도 않고 오스트리아 시골에 틀어박혀 초등학교 교사가 되었다. 그는 유럽의 손꼽히는 자산가 아들로서 막대한 재산을 보유했으나 그것도 다 던져버렸다. 교사 생활이 5년 만에 파국을 맞이하자 그는 1920년대 말 어쩔 수 없이 대학으로 돌아갔다. 그는 소수의 학생을 상대로 강의할 뿐 저작이나 논문을 한 편도 발표하지 않았고, 1951년 62세로 세상을 떠났다. 그가 생전에 발표한 글이라고는 《논리-철학 논고》를 제외하면 교사 시절에 집필한 아동용 소사전과 짧은 논문 하나가 알려져 있을 뿐이다.

그는 왜 이렇게 의아한 행보를 보였을까. 연구자들은 어느 시점에 회의를 품고 자기 사상과 결별한 것이 그가 몇십 년 동안 침묵한 원인이라고 생각한다. 회의로 인한 단절은 지극히 심원한 까닭에 이 철학자를 이야기할 때 보통 《논리-철학 논고》를 집필할 무렵을 전기, 자기 사상을 회의하기 시작한 이후를 후기로 나눈다.

후기의 비트겐슈타인은 전기와 완전히 다른 언어관에 근거하여 전혀 다른 유형의 철학을 모색했다. 그 양상은 학생이 남긴 강의 노트, 구술 형태의 원고, 그리고 1930년대부터 1951년까지 20년 동안 단속적으로 집필한 대량의 초고를 통해 살펴볼 수 있다. 대부분 미완성의 단장(斷章)이었던 그 글들을 비트겐슈타인은 꼭 한 번 간행하려고 시도한 적이 있다. 그때 그는 초고의 일부를 엮고 서문까지 준비해 출판사와 교섭을 벌였다. 결국 실현되지는 못했으나 사후 그의 제자들이《철학적 탐구》*라는 제목으로 출판했다. 이 책 역시 20세기 철학에《논리-철학 논고》만큼, 아니 그보다 훨씬 더 충격을 던져주었다.

비트겐슈타인을 이 자리에 불러낸 까닭은 실로 그의 후기 저작인《철학적 탐구》에 '가족적 유사성(Familienähnlichkeit)'이라는 매우 중요하고도 인상 깊은 표현이 나오기 때문이다.

가족적 유사성 자체는 이해하기 어려운 개념이 아니다. 예를 들어 부친이 있고 모친이 있고 아들이 있고 딸이 있다고 하면, 아버지와 아들은 몸집이 닮았다. 아버지와 딸은 눈매가 닮았다. 어머니와 아들은 입매가 닮았다. 어머니와 딸은 말투가 닮았다. 그들은 각각 닮은 점도 있고 분명히 같은 가족임을 알

---

* 본서에서는《철학적 탐구》(이영철 옮김, 책세상, 2019)에 준하여 책명을 표기했다.

수 있다. 하지만 그들에게서 공통적인 특징을 뽑아내기는 불가능하다. 이런 일은 자주 있다. 이것이 가족적 유사성이다.

왜 이 말이 중요할까. 이를 제대로 이해하기 위해서는 '언어게임(Sprachspiele)'이라는 또 하나의 개념을 알 필요가 있다. 후기 비트겐슈타인을 대표하는 이 개념은 그의 철학에 흥미가 없어도 숱한 철학 입문서에 등장하기 때문에 들어본 적은 있을 것이다.

전기 비트겐슈타인은 언어가 세계를 기술하기 위해 존재한다고 생각했다. 따라서 모든 문장=명제는 구조를 제대로 분석하고 세계와 대응하는 관계를 규정하면 진위가 정해진다고 주장했다.

반면 후기 비트겐슈타인은 인간이 언어를 사용하여 게임을 하고 있을 뿐이라고 생각했다. 이를테면 여러분 앞에 석판이 있다고 하자. 옆에는 말이 전혀 통하지 않는 사람이 있다. 그때 상대가 석판을 가리키며 소리를 질렀다고 하자. 여러분은 그것을 어떻게 해석할까. 들리는 것은 낯선 음성뿐이다. 따라서 해석에는 다양한 가능성이 있다. 상대는 말을 가르쳐주고 있을지도 모른다. 그 음성은 석판이라는 의미의 명사일지도 모른다. 또는 '그것 좀 갖다 줘!' 하는 의미의 명령문일지도 모른다. 아니면 단순히 분노나 기쁨의 발로일지도 모른다. 어느 해석이 옳은지는 음성 자체를 아무리 분석해도 가늠할 수 없다. 여러분이 그 말을 들은 다음 보여준 행동에 상대가 새로운 반응을 보여주고 나서야 어느 해석이 옳은지 알 수 있다. 물론 그렇더라도 아무것도 알 수 없을지 모른다.

발화의 의미는 발화 자체를 아무리 분석해도 명확해지지 않고 발화 이외의 상황에 의해서만 정해진다. 비트겐슈타인은 그러한 상황을 '언어게임'이라고 부르고, 언어게임이야말로 자연언어의 원초적 조건이라고 생각했다. 사람은 사전과 문법책으로 언어를 배우지 않는다. 플레이를 통해 체스나 축구를 배우듯 실제로 발화를 거듭해보고 시행착오를 통해 원칙을 배우는 수밖에 없다.

5

이런 지적 자체는 그리 놀랄 만한 것이 아니다. 그렇지만 언어게임이라는 개념이 계속 철학적으로 주목받는 이유는 비트겐슈타인이 다음과 같은 역설적 의견을 덧붙여놓았기 때문이다.

사람은 언어를 사용해 게임을 하고 있다. 이 말을 들으면 보통 발화자, 즉 '플레이어'는 자신이 어떤 게임을 플레이하는지, 어떤 규칙을 따르고 있는지 정도는 이해하고 있겠지 하고 여긴다. 체스 두는 사람이 눈앞에 놓인 판이 체스판임을 인식하고 체스의 규칙에 맞추어 말을 움직이듯 말이다.

그러나 비트겐슈타인은 그러한 상식을 뒤엎고 언어게임의 플레이어는 스스로 무슨 게임을 하는지 이해할 수 없고 어떤 규칙을 따르고 있는지도 이해할 수 없다고 주장한다. 다시말해 도대체 어떤 게임을 플레이하는지도 모르는 채 다만 플레이만 계속하고 있다는 것이야말로 언어의 본질이라고 주장한 것이다. 이 발견이 다수 철학자에게 놀라움을 던져주었다.

왜 이러한 발견을 끌어낼 수 있었을까. 앞의 예로 돌아가되 이번에는 여러분이 소리를 낸다고 가정해보자.

여러분이 "석판!"이라고 외친다. 여러분은 어떤 의도로 이말을 외쳤을까. 물론 상대에게 석판의 이름을 가르쳐주기 위함일지도 모른다. 하지만 '가져오라'는 의미로 "석판!"을 외쳤을지도 모른다. 깨끗하다든지 커다랗다는 이유로 감탄 섞인 목소리로 "석판…!"이라고 외쳤을 가능성도 있다. 상대가 보기에는 모두 같은 외침이다. 발화가 '가르쳐주기'라는 게임인지, '명령하기'라는 게임인지, 둘 다 아니고 다른 것인지, 그것을 정할 수 있는 것은 여러분뿐이다.

그렇지만 자신이 어떤 게임을 플레이하고 있는지, 어디까지 확실하게 정할 수 있을까. 예컨대 맨 처음 여러분이 "석판!"이라고 외쳤을 때 이름을 가르쳐주려는 의도였다고 하자. 하지만 상대는 석판을 손에 들고 여러분에게 가지고 왔다. 즉 명령으로 기능해버렸다. 여러분은 귀찮은 생각이 들어 얼마 동안정정하지 않고 나중에야 "아까 내가 한 말은 이름을 가르쳐준것이었어" 하고 설명했다고 하자. 상대는 알아들었다. 그러나그때 제3의 인물이 나타나, 사실은 상대는 석판을 가져왔고 너는 그의 행동을 정정하지 않았다, 따라서 최초의 발화는 틀림없이 명령이었다, 이제 와 석판의 이름이라고 말하는 것은 속임수라는 말을 듣는다면, 과연 반론할 수 있을까.

비트겐슈타인이 《철학적 탐구》에서 제시한 바는 실로 이러한 지적에 반론하기는 매우 어렵다는 점이 아니라 **원리적으**

로 불가능하다는 점이다. 우리는 일반적으로 자신의 의도는 자신이 가장 잘 안다고 생각한다. 그러나 그 의도는 현실적으로 볼 수도 없고 만질 수도 없다. 그래서 타자는 얼마든지 거슬러 올라가 재해석할 수 있다.

근대 유럽의 철학은 자기가 자기 생각을 가장 잘 안다고 전제한다. 17세기 데카르트의 "나는 생각한다, 고로 존재한다"부터 20세기 초월론적 현상학이라는 후설의 구상까지 그 전제의 자명성은 의심받지 않는다. 비트겐슈타인의 주장은 그 전제에 정면으로 도전하고 있다. 따라서 그토록 놀라움을 산 것이다.

그런데 철학의 세계를 떠나면 역설도 아니고 그 발견은 아무것도 아니고 흔하디흔한 현실의 재발견에 지나지 않는다고도 할 수 있다. 우리는 언어를 말할 때 자신이 무슨 게임을 플레이하는지 알고 있다고 생각한다. 예를 들어 연인을 향해 사랑의 언어를 속삭일 때는 연애 게임 안에 있다고 믿고 있다. 하지만 현실에서는 늘 제3자가 다가와서 사실 너는 지금까지 다른 게임을 플레이하고 있다, 상대는 사실 연인이 아니라 너를 사랑하지 않는 사람이기 때문에 너의 말도 사랑의 언어로 기능하지 않고 너는 줄곧 성희롱을 했을 뿐이라고 지적할 가능성이 도사리고 있다. 그때 내 생각과 의도는 줄곧 연애였다, 성희롱으로 고발한 것은 이상하다고 반론했다고 해도 그것은 벌써 유효한 반론이 되지 못한다. 비트겐슈타인의 발견은 이런 사례를 끌어다 붙이면 이해하기 쉽다.

우리는 모두 언어를 사용해 게임을 하고 있다. 그 자리에는 복수의 게임이 서로 중첩되어 있다. 그래서 어떤 게임을 플레이하려고 작정했던 것이 언젠가 다른 게임 안으로 들어가버릴 때가 있다. 그것이 비트겐슈타인이 생각한 언어게임의 세계다.

그러면 이 복수의 게임들은 서로 어떤 관계를 맺고 있을까. 바꾸어 말하면 언어게임에는 얼마나 많은 유형이 있고, 공통된 본질은 대체 무엇일까. 그 본질을 해명하면 사랑 게임과 성희롱 게임은 어떻게 다른가, 왜 한쪽에서 다른 쪽으로 이행해버릴까와 같은 질문에 대해 답이 나올지도 모른다.

그런데 비트겐슈타인 자신은 결코 이를 탐구하지 않았다. 그는 오히려 언어게임에는 애초에 공통하는 본질이 없고 공통 본질의 결여야말로 중요하다고 주장했다.

앞에서 언급한 가족적 유사성이라는 말은 바로 이 대목에서 등장한다. 비트겐슈타인은 《철학적 탐구》에서 다음과 같은 논의를 전개한다(제66절부터 제67절). 처음부터 게임은 종류가 다양하다. 보드게임도 있고 카드게임도 있다. 체스도 있고 테니스 같은 스포츠도 있다. 아이들의 놀이도 있다. 우리는 이런 것들을 통틀어 게임이라고 부른다. 그러면 그것들로부터 공통의 본질을 끄집어낼 수 있을까? 특정한 게임 두 가지만 꼽는다면 공을 사용한다, 둘이서 플레이한다, 승부가 정해진다…와 같은 공통의 특징을 지정할 수 있을지 모른다. 그러나 분명히 공통된 특징은 없다.

그는 계속 서술한다. "나는 이러한 유사성의 특징을 '가족적 유사성'이라는 말보다 더 낫게 표현할 수 없다. 왜냐하면 한 가족의 구성원 사이에 성립하는 다양한 유사성, 성격, 용모, 눈의 색, 걸음걸이, 기질 등도 마찬가지로 서로 중첩하고 교차하고 있기 때문이다. — 그러므로 나는 '게임'은 하나의 가족을 형성하고 있다고 말하겠다."[25]

이상과 같이 《철학적 탐구》에서는 '가족'이라는 말이 핵심적 장소에 얼굴을 내민다. 그 말은 언어게임의 까다로운 성질을 포괄적으로 기술하기 위한 거의 유일한 비유로 등장한다.

여기에서 비트겐슈타인이 사용한 가족이라는 비유가 1장에서 검토한 철학자들이 사용한 가족의 함의와 대조적이라는 점에 주목하기 바란다.

플라톤과 헤겔과 칼 포퍼에게 가족이란 우선 공동체의 폐쇄성을 의미했다. 비트겐슈타인이 좋아하는 말로 바꾸어 표현하자면 어느 공동체에 속한다는 것은 그곳의 '규칙'을 따르고 그곳의 고유한 '게임'에 참가한다는 뜻이다. 플라톤 같은 철학자는 가족이라는 공동체의 게임은 공고하게 닫혀 있다고 생각했다. 가족에는 각기 고유한 관습(규칙)이 있다. 우리 집과 너희 집도 다르고 너희 집과 너희 동무들의 집도 다르다. 사람은 태어난 집에 머무르는 동안은 특정한 게임 바깥으로 나갈 수 없다. 그러니까 그들은 열린사회를 만들기 위해 우선 사람들이 집을 떠나도록 해야 한다고 생각했다.

25　제67절, 藤本隆志(후지모토 다카시) 옮김, 《ウィトゲンシュタイン全集(비트겐슈타인 전집)》 제8권, 大修館書店, 1976, 70쪽. 번역문은 원문을 참조하여 일부 변경했다.

그러나 비트겐슈타인의 '가족'은 이와 전혀 다른 양상을 의미한다. 게임에는 본질이 없기 때문에 발화자는 한 게임에서 다른 게임으로 어느새 이동해버린다. 이것이 언어게임론의 핵심 주장이다. 비트겐슈타인은 이동의 불가피성에 관한 근거를 마련하기 위해 '가족적 유사성'이라는 말을 제안했다. 한마디로 그는 공동체가 닫혀 있는 모습이 아니라 닫힐 수 없는 모습으로서 가족의 비유를 끌고 들어왔다.

나는 앞에서 가족을 개방성과 폐쇄성을 횡단하여 규정하는 유연한 관계 개념으로 파악하고 싶다고 서술했다. 여기에 비트겐슈타인이 제안한 '가족' 개념 용법이 좋은 출발점이 되어준다.

그리하여 앞으로는 비트겐슈타인이 제시한 '가족' 개념의 가능성을 최대한 펼쳐보이고 새로운 개념으로 키워나가고 싶은데, 그러기 위해서는 어느 정도 비트겐슈타인의 말 자체를 떠날 필요가 있다.

왜냐하면 후기 비트겐슈타인의 철학은 매우 파격적인 스타일로 쓰여 있어서 요약하거나 응용하기가 어렵기 때문이다. 솔직히 이제까지 설명한 바에도 꽤 무리가 있었다.

전문가들은 종종 이 철학자에 대해 특정한 이론이나 체계를 끌어내는 일 자체가 오류라고 지적한다. 예를 들어 후루타 데쓰야는 《처음 만나는 비트겐슈타인》에서 "비트겐슈타인 자신의 논의는 하나의 이론만으로 다양한 일을 엮어내려는 경직된 사고를 풀어내려는 의도에서 비롯한" 만큼, 특정한 이론을 구축하려는 논의가 아니었다는 점을 주의하라고 촉구한다.[26] 이 경고에 따르면 '가족적 유사성'의 '가족'에 주목해 새로운 가족론의 기반으로 삼으려는 본서의 의도는 실로 비트겐슈타인의 의도를 잘못 읽어낸 '경직된 사고'가 된다.

나는 이미 그러한 비판의 가능성을 알고 있다. 그렇기에 본서의 목적은 비트겐슈타인의 충실한 독해가 아니라 가족 개념의 재검토이고, 이렇게 읽어내도 괜찮다고 딱 잘라 결론을 냈다. 앞으로는 솔 크립키라는 또 다른 철학자를 실마리 삼아 논의를 전개하고자 한다.

6

솔 크립키는 1940년에 태어났다. 일본의 사상가에 견주면 가라타니 고진과 같은 세대의 철학자인데, 젊은 나이에 전설적인 논문을 쓰고 미국 철학계에 대단한 영향력을 미쳤다. 그러나 오랫동안 저작은 단 두 권밖에 쓰지 않았다(70세를 넘기고 나서야 논문집과 강연집을 한 권씩 출판했다). 영향력에 비하면 저작이 적다는 점은 비트겐슈타인과 비슷하다.

그의 저작 중 한 권이 1976년 강연을 바탕으로 1982년 단행본으로 출간된 《비트겐슈타인 규칙과 사적 언어》다. 후기 비트겐슈타인의 언어게임론을 재검토한 그는 이 책에서 매우 흥

26　古田徹也(후루타 데쓰야), 《はじめてのウィトゲンシュタイン(처음 만나는 비트겐슈타인)》, NHKブックス, 2020, 230쪽.

미로운 공동체론을 이끌어냈다. 나는 그의 공동체론이야말로 새로운 가족 개념의 기초라고 생각한다.

비트겐슈타인은 인간의 언어 커뮤니케이션 안에서 "도대체 어떤 게임을 플레이하는지도 모르는 채 다만 플레이만 계속하고 있다"는 골치 아픈 성격을 발견했다. 솔 크립키는 모든 커뮤니케이션 안에서 이와 똑같은 성격을 발견했다. 한마디로 말해 그는 비트겐슈타인의 직감적인 통찰을 논리적인 치밀한 이론으로 바꾸어냈다.

구체적으로 소개해보겠다. 솔 크립키는 자신의 저작에서 대단히 인상 깊은 사고실험을 전개한다. 이를테면 더하기라는 기초 산수를 생각해보자. 여러분은 지금까지 '+'라는 기호를 사용해 문제없이 산수를 해왔다.

지금 '68+57'이라는 수식이 주어졌다 하자. 이 수식을 당신은 마주친 적이 없었다. 물론 이대로 일이 일어날 리는 없겠으나 지금까지 당신이 수행한 계산은 유한할 터이므로 처음 보는 수식은 반드시 존재한다. 그 수식으로 대체하면 이 가공의 상황은 성립한다. 여하튼 '처음 해본 계산'이라도 당신은 답을 낼 수 있다. 그것이 덧셈의 '규칙'을 알고 있다는 뜻이다.

그래서 당신은 '125'라는 답을 낸다. 그런데 여기에서 솔 크립키는 다음과 같은 회의론자를 데리고 온다.

회의론자는 당신에게 '125'가 아니라 '5'라고 대답해야 한다고 주장한다. 당신은 왜냐고 물을 것이다. 그러면 상대는 다음과 같이 대꾸한다.

아무래도 당신은 지금까지 어떤 규칙을 따랐는지 알지 못하는 듯하다. 당신은 '+'라는 기호가 더하기를 의미한다고 믿어왔고, 그에 따라 실제로 정답을 내왔다. 그렇지만 '+'라는 기호는 사실 '더하기(플러스plus)'가 아니라 똑같이 닮은 '겹하기(콰스quus)'라는 다른 연산을 의미했다. 겹하기의 답은 어떤 지점까지는 더하기와 같으나 '125'가 넘으면 '5'가 된다. 당신은 지금까지 '+'를 사용하여 '125'보다 작은 결과가 나오는 계산밖에 한 적이 없다. 따라서 당신은 더하기와 겹하기의 차이를 깨닫지 못했다. 그래도 사실은 스스로 깨닫지 못했을 뿐 지금까지도 계속 겹하기를 해왔다. 따라서 이번에도 더하기가 아니라 겹하기에 따라 '5'라고 대답해야 한다.

직감적으로 이 주장은 바보 같아 보인다. 그렇지만 솔 크립키의 검증에 따르면 이 주장에 반론하기는 원리적으로 불가능하다. 반론하기 위해서는 당신이 '+'라는 기호로 줄곧 겹하기가 아니라 더하기를 의미했다는 것을 증명해야 한다. 이는 불가능하다.

더하기가 무엇인지 다른 방법으로 설명하면 된다고 생각할지도 모른다. 예컨대 나에게 '+'라는 기호는 손가락을 접으면서 1부터 그 수가 될 때까지 세고(즉 68까지 세고), 이어 또 하나의 수를 더하는 형태로 마지막까지 세어(즉 69에서 시작해 125까지 세어) 마지막에 도달한 수를 답으로 내는 것을 의미한다. 나는 이제까지 그렇게 답을 내왔고 지금도 똑같은 규칙에 따랐더니 결과가 '125'였다. 그래서 이 답이 옳다고 설명하려 들지도 모른다. 그런데 솔 크립키에 따르면 회의론자는 이 반론에 대해서도 앞서와는 정반대 논리로 재반론을 펼칠 수 있다. 말하자면 당신이 이제까지 해온 것은 사실 '카운트(count, 세다)'가 아니라 그것과 똑같이 닮은 '콰운트(quount)'라는 다른 작업이었다. 그것은 어느 지점까지는 카운트와 같은 결과를 내지만 '125'가 넘으면 모두 '5'가 된다. 당신은 스스로 손가락을 접었으나 자신이 카운트가 아니라 콰운트 작업을 하고 있다는 점을 깨닫지 못했다. 따라서 이번에 낸 답은 역시 '5'가 되어야 한다.

이렇게 하여 솔 크립키의 회의론자는 거의 모든 반론을 재반론으로 논파할 수 있다. 그래서 우리는 원리적으로 자신이 지금 더하기를 수행한다는 것을 증명할 수 없다. 다만 기껏해야 '+'라는 기호를 사용해 계산 비슷한 일을 하고 있다는 사실을 보여줄 수 있을 뿐이다.

되풀이하지만 이러한 회의론자의 주장은 바보 같은 전형적인 억지 강변이다. 솔 크립키도 이 점을 잘 알고 있다.

그렇지만 이 사고실험은 비트겐슈타인이 발견한 "도대체 어떤 게임을 플레이하는지도 모르는 채 다만 플레이만 계속하고 있다"는 성격이 결코 자연언어의 모호함에서 기인하는 것이 아니라 수학이나 논리학을 포함한 과학적 앎 일반의 조건이라는 것이 밝혀졌기 때문에 중요하다. 여기에서 나는 설명을 무척 단순화했으므로 이해하기 힘든 사람은 솔 크립키의 저작을 직접 읽어보고 엄밀한 논증을 좇아가보기 바란다. 우리는 스스로 어떤 언어나 기호가 무엇을 의미하는지 사실 알지 못한다. 이러한 무지는 일상 언어뿐만 아니라 자연과학도 뒤덮고 있다.

솔 크립키는 다음과 같이 기술한다. "어떤 언어가 무언가를 의미한다는 것은 있을 수 없다. 새로운 언어의 적용 하나하나가 어둠 속에서의 도약이고, 현재의 어떠한 의도도 앞으로 선택할지 모르는 어떠한 행위와 조화를 이루도록 해석할 수 있다."[27]

이 주장은 틀림없이 파괴적이다. 왜냐하면 이는 규칙과 의미가 실은 실재하지 않는다는 것, 현재의 행위를 뒷받침하는 규칙이나 의미는 본래의 행위에 비추어 얼마든지 논리적으로 거슬러 올라가 바꾸어 쓸 수 있다는 것을 의미하기 때문이다. 기존과 똑같은 규칙에 따라 행동하고 있다거나 기존과 똑같은 의미로 발화하고 있다는 주장에는 어떤 실질적인 의미도 없다. 그것은 미래의 "어떠한 행위와 조화를 이루도록 해석될 수 있다". 이것이 솔 크립키가 말하는 '비트겐슈타인의 패러독스'다.

7

그렇지만 현실에는 규칙과 의미는 견실하게 실재한다. 겹하기를 주장하는 회의론자가 나타날 일도 없고, 나타난다 해도

---

27   Saul A. Kripke, *Wittgenstein on Rules and Private Language*, Harvard University Press, 1982, p. 55; ソール・A・クリプキ(솔 크립키), 《ウィトゲンシュタインのパラドックス(비트겐슈타인의 패러독스)》, 黒崎宏(구로사키 히로시) 옮김, 産業図書, 1983, 108쪽. 〔본서에서는 《비트겐슈타인 규칙과 사적 언어》(남기창 옮김, 필로소픽, 2018)에 준하여 책명을 표기했다. ─옮긴이〕

배제당한다. 적어도 우리는 그렇게 믿고 언어와 수식을 사용하고 있다.

그렇기 때문에 솔 크립키는 이 발견을 '패러독스'라고 불렀다. 회의론자의 문제 제기는 논리적으로 보면 옳다. 그에 따르면 규칙도 의미도 성립할 리 없다. 그러나 실제로 이 역설은 일상적으로 깡그리 회피되고 있다. 도대체 어째서 이런 일이 가능할까.

이는 아주 중요한 물음이다. 솔 크립키는 바로 이 수수께끼를 풀기 위해 공동체를 둘러싼 논의로 나아갔다.

그는 우선 특정한 행위가 성공했는지 실패했는지, 그 여부를 판정하는 타자가 없으면 규칙이나 의미라는 개념이 애당초 성립하지 않는 것이 아니냐는 회의를 제기한다.

이를테면 당신이 "나는 지금 '+'로 더하기를 의미한다"고 생각하고, 실제로 그렇게 계산했다고 하자. 하지만 이 명제는 당신이 혼자 생각하고 혼자 더하기를 수행한다면 실질적 의미가 전혀 없지 않을까. 그것은 공허한 명제이기에 진위를 정할 수 없고, 따라서 회의론자를 물리칠 수 없다. 그렇게 이해하면 '패러독스'는 회피할 수 있다. "나는 지금 '+'로 더하기를 의미한다" 같은 명제가 의미를 획득하고 진위 판정이 가능해지려면 당신이 더하기 결과를 타자와 공유하고 당신의 '+'와 타자의 '+'가 정말로 똑같은지를 비교해서 확인한 다음이어야 한다. 솔 크립키는 다음과 같이 서술한다. "어떤 사람의 현재가 과거의 의도와 조화를 이루는지 아닌지, 이것을 결정할 수 있는 진리 조건이나 사실은 존재하지 않는다." 그러므로 "만약 혼자만의 생각은 어떤 실질적 내용도 지니지 못한다".[28]

규칙과 의미가 성립하려면 원리적으로 타자가 필요하다. 우리는 타자가 있어야 비로소 규칙과 의미에 관해 의미 있는 이야기를 할 수 있다.

이는 당연한 주장으로 들릴지 모른다. 그러나 몇 번이나 반복하듯 솔 크립키의 작업은 더하기 같은 산수조차 근본적인 타자 의존성을 배제할 수 없음을 논증했다는 점에서 중요하다.

우리는 일반적으로 더하기쯤이야 보편적인 수학 원리에 따라 고독하게 수행 가능하리라고 믿는다. 그러나 솔 크립키에 따르면 가능하지 않다. 인간은 더하기조차 원리에 기댈 수 없다. 인간은 현실적으로 기껏해야 이놈은 더하기를 이해하고 있고 저놈은 더하기를 이해하지 못하고 있다는 개개 사례에 대한 **구체적인 성패 여부 판단**밖에 하지 못한다.

모든 규칙, 모든 의미의 일관성은 규칙과 의미가 산출한 행위에 의존해 미래 타자의 판단이 소급하여 산출해낸 것에 지나지 않는다. 솔 크립키는 비트겐슈타인의 언어론을 읽는 동안 이와 같은 인식에 도달했다. 이를 다른 관점으로 바꾸어 말하면, 규칙과 의미의 일관성이란 사람이 누구를 한패로 생각하고 누구를 한패로 생각하지 않는지, 각각 공동체의 경계를 정하는 판단과 불가분하게 연관되어 있음을 의미한다.

냉정하게 생각해보면 실로 이것이야말로 앞에서 말한 '패

---

28 ibid., p. 89; 위의 책, 173~174쪽.

러독스'를 회피하기 위해 사람들이 일상적으로 늘 하는 행위다. 우리는 모두 더하기를 하고 있다. 다르게 말하면 더하기 공동체에 속해 있다. 그런데 그곳에 '+'란 더하기가 아니라 겹하기를 의미하는 기호이고, '68＋57'의 답이 '5'여야 한다고 주장하는 이상한 인물이 찾아온다. 바로 솔 크립키의 회의론자다.

솔 크립키는 철학자로서 회의론자의 주장에 결코 완전히 반론할 수 없다는 것을 제시했다. 그의 결론은 학계에 충격을 던져주었다. 그러나 현실에서 우리는 그런 억지 논리에 결코 귀를 기울이지 않는다. 단지 "너는 '+'의 의미도 모르는 거냐? 그러면 나가달라" 하고 게임에서 퇴장하기를 종용할 뿐이다. 말하자면 그런 인물을 '+'라는 가치를 공유하는 한패로 여기지 않고 플레이어의 공동체에서 쫓아낸다는 말이다. 다시 솔 크립키를 인용하자면 "만약 문제적 개인이 특정한 상황에서 공동체가 수행하는 바와 일치하지 않는 일을 한다면, 공동체는 그 인물에게 개념(의 이해)을 귀속시킬 수 없을" 뿐이다. 따라서 회의론자에게 반론할 수 없더라도 아무런 문제도 일어나지 않는다.[29]

우리는 모두 게임에 참가하고 있다. 하지만 어떤 게임에 참가하고 있는지는 알지 못한다. 어떤 규칙에 따르고 있는지도 알지 못한다. 다만 플레이를 계속하고 있다. 자신이 어떤 게임에 참가하고 어떤 규칙에 따랐는지 아는 것은 개별 플레이 행위를 둘러싸고 옳다거나 틀렸다고 제3자가 판정해준 다음이다.

---

29   ibid., p. 95; 위의 책, 186쪽.

그러므로 모든 게임은 반드시 플레이의 성패 여부를 판정하는 플레이어나 관객 공동체가 필요하다. 먼저 규칙이 있고 규칙을 이해하는 플레이어가 공동체를 형성하는 것이 아니다. 먼저 공동체가 있고 공동체가 플레이어를 선별함으로써 규칙을 확정하는 것이다. 솔 크립키는 비트겐슈타인이 제시한 역설을 이렇게 뒤집힌 공동체론을 정립함으로써 해결했다.[30]

8

이상으로 성기게 살펴보기는 했으나, 솔 크립키가 규칙을 둘러싼 일반적 이론으로 비트겐슈타인의 역설을 발전시켰고 나아가 흥미로운 공동체론을 제안했다는 것을 확인했다. 그렇다면 이러한 논의는 새로운 가족론의 구상과 어떤 관계가 있을까.

---

30 사실 비트겐슈타인 연구자들은 솔 크립키의 《철학적 탐구》 해석과 그에 따른 '해결'을 정확하지 않다고 여기는 듯하다. 비트겐슈타인은 솔 크립키가 추출한 '패러독스'를 제시하지 않았기에 애당초 해결이 필요하지 않았다는 것이 일반적인 평가인 듯하다. 그렇지만 솔 크립키가 해석한 비트겐슈타인(업계 용어로 '크립켄슈타인Kripkenstein'이라고 부른다)이 단순한 오류의 산물이라는 뜻은 아니다. 철학자 이다 다카시에 따르면 크립켄슈타인은 그것대로 철학적 회의론을 바탕으로 중요한 문제를 제기했다. 그렇지만 비트겐슈타인 자신은 처음부터 철학의 중요성을 믿지 않았기에 문제 제기조차 하지 않았다고 생각해야 할 듯하다. 이다 다카시는 이러한 어긋남을 '스타일의 문제'라고 표현한다. 飯田隆(이다 다카시), 《クリプキ - ことばは意味をもてるか(크립키: 말은 의미를 지니는가)》, NHK出版, 2004, 112쪽 이하. 그렇다면 비트겐슈타인을 이용해 크립켄슈타인을 보완하려는 본서의 시도는 학문적으로 점점 어그러진 길로 미끄러질지도 모른다.

지금까지 솔 크립키를 소개한 대목에서는 가족이라는 단어가 전혀 등장하지 않았다. 이는 우연이 아니다. 처음부터 《비트겐슈타인 규칙과 사적 언어》에는 가족이 나오지 않는다. 후기 비트겐슈타인을 다루고 있음에도 이 저작에는 가족적 유사성을 조금도 언급하지 않는다.

나는 이와 같은 회피가 의도적인지 아닌지 판단할 수 있을 만큼 솔 크립키에 정통하지 않다. 다만 흥미로운 결락이라고는 말할 수는 있다. 왜냐하면 비트겐슈타인의 가족적 유사성이라는 관점에는 여기에서 소개하는 공동체론을 뒤흔들 뿐 아니라 확장할 가능성이 숨어 있다고 보기 때문이다.

솔 크립키는 규칙과 플레이와 공동체의 관계에 대하여 다음과 같이 서술했다. "일정한 테스트에 합격한 개인은 더하기를 수행하는 사람으로서 공동체에 받아들여진다. (…) 일탈한 답을 낸 사람은 정정(訂正)받고 아직 더하기의 개념을 이해하지 못한다고 [보통은 아이에게] 통고받는다. 지나치게 정정 불가능할 만큼 몹시 일탈한 사람은 공동체의 생활과 커뮤니케이션에 참여할 수 없다."[31]

여기에 '정정'이라는 말이 나타난다는 점에 주목하자. '+'를 더하기가 아니라 겹하기를 의미하는 기호로 사용하는 플레이어는 게임의 공동체에서 일단 배제당한다. 그러나 그것은 겹

31   *Wittgenstein on Rules and Private Language*, p. 92; 《ウィトゲンシュタインのパラドックス》, 179~180쪽.

하기가 아니라 더하기를 의미하는 기호이기 때문에 '68+57'의 답은 '5'가 아니라 '125'라고 공동체의 성원이 알려주었을 때, 알아듣고 답을 정정하는 플레이어는 공동체에 받아들여질 가능성이 있다. 반면 '정정 불가능할 만큼 몹시 일탈한 사람'은 무슨 일이 있어도 공동체에 받아들여지지 않는다. 이런 사람이 바로 앞에 나온 회의론자다.

정정이라는 말은 《비트겐슈타인 규칙과 사적 언어》에서 중요한 위상에 놓이지 않는다. 그래도 이 구절은 솔 크립키의 공동체론을 발전시킬 때 빼놓을 수 없는 관점을 내놓는다. 여기에서 '정정'이라고 부르는 바는 바로 공동체의 내부와 외부의 경계를 흔들고 성원을 확대하는 계기를 말한다. 어떠한 공동체라도 내부의 올바름에 갇혀 외부의 참여를 배제하기만 해서는 멸망한다. 솔 크립키는 플레이어의 오류를 '정정하는' 형식으로 외부를 내부로 포섭하는 논리를 이야기하고 있는 것이다.

그렇다면 솔 크립키 자신은 전혀 그럴 가능성을 언급하지 않았지만, 우리로서는 '정정'이란 공동체가 플레이어를 향해 수행하는 것일 뿐 아니라 거꾸로 플레이어가 공동체를 향해 수행할 때도 있다고 생각해야 하지 않을까.

게임의 규칙은 영원하지 않다. 규칙 자체도 변해간다. 시대의 변화에 따라 본래는 배제당해야 할 난폭한 플레이, 규칙 위반, 해킹이 플레이어 공동체의 인정을 받고 정규 플레이로 변할 수도 있다. 우리는 의심할 바 없이 일반적으로 '+'를 겹하기라고 주장하는 엉뚱한 플레이어를 상대하지 않을 것이다. 그러나 때로는 "과연! 네 해석이 재미있긴 하군" 하고 규칙 자체를 거슬러 올라가 바꾸어버린다. 그렇다면 처음부터 '+'를 겹하기라고 정해버리는 일도 있을 수 있지 않을까. 아니, 게임과 공동체의 지속이란 애초부터 이렇듯 거슬러 올라가 정정하는 일의 연속일 따름이 아닐까.

규칙이 먼저 있고 규칙을 이해하는 플레이어가 공동체를 형성하는 것이 아니다. 공동체가 먼저 있고 플레이어를 선별하여 규칙을 확정한다. 솔 크립키는 이렇게 결론을 내렸다.

그렇지만 내 생각에는 그의 결론도 지나치게 정적(靜的)이다. 현실에서는 규칙이 이리저리 변해간다. 공동체도 쉼 없이 변해간다. 게임 자체도 변해간다. 규칙이 공동체를 낳는 것도 아니고 공동체가 규칙을 낳는 것도 아니다. 오히려 플레이어들이 펼치는 플레이에 대한 매번 내려지는 성패 여부 판단과 이에 따른 '정정' 작업이야말로 규칙과 공동체를 함께 낳고 게임의 형태를 동적으로 경신해간다고 생각해야 하지 않을까.

비트겐슈타인이 사용한 '가족'이라는 말은 실로 솔 크립키가 언급하지 않은 동적으로 정정하고 경신하는 공동체를 의미하는 개념으로 딱 어울리는 듯하다. 왜냐하면 일부러 가족이라는 비유를 통해 만들어낸 조어(造語) '가족적 유사성'은 전체를 지배하는 강한 동일성은 없으나 부분과 부분 사이에 소소하게 공유하는 특징이 있고 그것들이 서로 중첩해 폭을 이루는 느슨한 동일성이 있다는 뜻으로 그가 제안한 말이기 때문이다. 여기에서 가족의 이미지는 규칙이 변하고 플레이어가 바뀌고 모든 세부를 정정하더라도 언제까지나 '동일한 게임'이듯 본서에서 지금 논의하는 공동체의 모습에 꼭 들어맞는다.

언어게임론을 전개할 때 《철학적 탐구》는 여러 번 아이들의 놀이를 예로 제시한다. 놀이와 게임은 독일어로 똑같이 'Spiel'이다.

누구나 어릴 적 경험하듯 어린이의 세계에서는 어떤 놀이가 어느새 다른 놀이로 종종 바뀌어버릴 때가 있다. 술래잡기인가 싶더니 도둑잡기이고 그러다가 숨바꼭질이 된다. 확실하게 처음과 끝이 없는 채 계속되는 놀이도 많다. 규칙뿐 아니라 참가자도 모호하다. 아이들은 금세 친해지고, 또 금세 싫증을 낸다. 따라서 계속 똑같은 아이들이 똑같은 장소에서 한 가지 놀이를 계속하는 듯 보이지만 잘 들여다보면 어느새 처음 모인 아이들은 어디론가 사라지고 완전히 새로운 참가자로 바뀌어 있고 놀이의 내용도 달라져 있는 일이 드물지 않다.

내가 앞으로 '가족'이라고 부르는 바는 놀이하는 아이들의 집단을 모델로 삼은 공동체를 가리킨다. 그 안에서 모든 사람은 똑같은 놀이를 계속하리라 생각했으나 모든 것이 유연하고 끊임없이 '정정'하고 있다.

플라톤과 헤겔과 칼 포퍼는 가족을 닫힌 공동체라고 생각했다. 이는 오랜 철학의 역사 가운데 규정된 생각이기도 했다. 그러나 비트겐슈타인과 솔 크립키로부터 도출한 본서의 틀에서 보자면 가족은 닫힌 공동체로 볼 수 없다. 그렇다고 열린 공동체라고 할 수도 없다.

왜 이렇게 말할 수 있을까. 비트겐슈타인이 제시한 의미에 기대어 새로운 '가족'을 언어게임에 참가하는 플레이어의 공동체라고 정의하자. 규칙은 변한다. 전통과 관습과 가치관도 시대에 따라 변한다. 플레이어도 바뀐다. 앞 세대는 죽고 새로운 세대가 태어난다. 그러나 모든 것이 변해가는데도 참가하는 가족=플레이어들은 왠지 모르게 '같은 게임'에 참가하고 있다고 믿는다. 이 모순의 역동성이 가족의 본질이다.

그러므로 가족은 닫혀 있지도 않고 열려 있지도 않다고 말할 수 있다. 가족은 놀이를 공유하는 친밀한 공동체이고, 규칙을 이해하지 못하는 참가자는 솔 크립키의 회의론자처럼 여지없이 배제당한다. 따라서 닫혀 있다. 그러나 앞서 언급했듯 때로 놀이에 참가하는 타자가 나타나 예상치 못한 행동으로 규칙을 거슬러 올라가 '정정'하기도 한다. 따라서 완전히 닫혀 있는 것은 아니다. 그런 점에서는 열려 있다고도 말할 수 있다. 가족과 게임의 개념은 개방성과 폐쇄성의 이항대립보다 상위에 있다. 열려 있는 것과 닫혀 있는 것을 대립시키는 발상은 인간의 존재 양상에 대한 지극히 조잡한 사고방식이다.

나는 《관광객의 철학》에서 미래 시대에 필요한 '관광객의 연대'를 논하고 그것은 '가족적'이기도 하다고 표현했다. 많은 독자가 이 책을 읽고 감상을 들려주었는데, 개중에는 부모 자식이나 형제자매 같은 친밀한 인간관계가 소중하다든가 마지막에 기댈 곳은 혈연이라는 정서적 주장으로 이해하는 경향도 있었다.

그러나 지금까지의 설명에서 밝혔듯이 나는 '가족'이라는 말을 통해 지극히 논리적인 문제를 사유하고자 했다. 명확한 정체성이 있는 것도 아니고 참가자가 정해져 있는 것도 아니지만 새로운 상황에 맞추어 모습을 바꾸면서도 '동일한 무언가'를 지키고 있다고 주장하는 조직이나 단체, 즉 정당이든 기업이든 결사든, 나아가 국민국가든 이 세상에는 흘러넘칠 만큼 많이 존재한다. 그런데 이들 존재의 강함을 떠받치는 원천은 무엇일까. 내가 탐구하고 싶은 주제는 바로 이것이다. 만약 앞으로 새로운 정치적 연대가 있을 수 있다면 그것 역시 이러한 기묘한 유연성을 확보해야 한다고 생각했다. 그리하여 나는 덜 익은 줄 알면서도《관광객의 철학》에 가족을 다루는 장을 넣었던 것이다.

가족적 유사성과 정정 가능성 위에 세워나갈 새로운 연결의 개념! 앞으로 이 철학의 정치적 의미를 고찰하고자 한다.

9

사회사상의 이야기로 돌아가기 전에 조금 더 '정정'이라는 개념을 다져놓고 싶다.

나는 지금 성원과 규칙을 비롯해 모든 것이 변하는데도 참가자들이 다 '같은 게임'을 수행하고 '같은 무언가'를 계속 지킨다고 믿는 공동체를 가족이라고 썼다. 가족의 역동성을 떠맡은 열쇠가 정정의 개념이라는 것이 내 주장인데, 그것은 구체적으로 무슨 의미일까. 이도 저도 다 정정할 수 있다면 아무것도 지키지 않을 뿐 아닌가. 술래잡기가 도둑잡기가 되고 도둑잡기가 숨바꼭질이 된다면 같은 게임이 아니지 않을까.

모든 것을 정정할 수 있음에도 같은 것이 계속 남는다는 역설! 이 구조를 명확하게 파헤치기 위해 솔 크립키의 또 다른 저작 《이름과 필연》을 살펴보자. 이는 1970년의 강의를 바탕으로 1980년대에 단행본으로 출간한 것이다.

이 저작은 비트겐슈타인을 주제로 삼지 않았다. 언어게임 론도 다루지 않는다(가족적 유사성은 딱 한 번 나온다). 그러나 여기에는 공동체와 정정 가능성의 관계를 고찰할 때 대단히 중요한 통찰이 담겨 있다.

솔 크립키는 《이름과 필연》을 통해 고유명에 달라붙은 어떤 수수께끼에 도전했다.

고유명은 사실 철학적으로 상당히 까다로운 성질이 있다. 고유명이 아닌 일반명, 예컨대 '삼각형' 같은 수학적 개념, '중성자' 같은 물리학적 실체는 어느 정도 정의가 분명하다. 적어도 일반적으로는 그렇게 이해하고들 있다.

정의가 분명하다는 말은 다른 말로 바꾸면 특정한 명사에 기대지 않아도 정의를 열거하면 넘침도 모자람도 없이 동일한 대상을 지시할 수 있다는 뜻이다. 이를테면 '삼각형' 대신 '동일 직선 위에 없는 점 세 개와 점 세 개를 잇는 선분 세 개에 둘러싸인 도형'이라고 해도 표현은 장황하겠으나 같은 대상을 가리키므로 별문제가 없다. 논리학의 용어로는 이름과 정의 사이의 치환 가능성에 대해 "일반명은 그것을 포함한 명제의 진리치를 바꾸지 않고 확정 기술의 묶음으로 치환할 수 있다"고 표현한다. 명제란 글을 말하고, 확정 기술이란 정의를 가리키고, 진리치란 글의 옳고 그름을 분석한 결과를 말한다.

일반명은 정의의 묶음으로 치환할 수 있다. 19세기부터 20세기에 걸쳐 논리학을 정비한 결과 이를 알 수 있었다.

여기까지는 그런대로 괜찮았는데, 그렇다면 사람 이름이나 지역 이름 등 고유명도 똑같이 조작할 수 있지 않을까 생각하는 사람들이 나타났다. 풀어서 말하자면 '소크라테스'라는 명사라면 'X는 철학자다', 'X는 남성이다', 'X는 아테네 시민이다', 'X는 책을 쓰지 않았다', 'X는 플라톤의 스승이었다'로 정의할 수 있는 'X'를 지정하고 정의를 충분히 늘려가면 고유명과 X를 완전히 치환할 수 있지 않을까. 전기 비트겐슈타인도 거칠게 말하면 이렇게 생각한 철학자였다.

이러한 구상에는 무시할 수 없는 결함이 있었다. '삼각형'이나 '중성자' 같은 일반명의 의미 또는 지시 대상은[32] 확실히

---

32 언어학에서 '의미'의 뜻은 사실 일상적인 일본어의 어감으로 이해하기 매우 어렵다. 언어철학의 역사를 보면 고틀로프 프레게가 19세기 말에 집필한 〈의의와 의미〉라는 논문이 매우 중요하다고 알려져 있다. 이 논문에서 '의미'라고 번역한 것은 Bedeutung, '의의'라고 번역한 것은 Sinn이라는 독일어다. 고틀로프 프레게는 이 논문에서 '새벽의 샛별'과 '초저녁 금성'이라는 두 낱말을 예로 들어 이 둘이 모두 물리적으로 금성을 가리키기에 Bedeutung(의미)은 동일하나 쓰이는 문맥이 다르기에 Sinn(의의)은 다르다고 논했다. 그렇다면 일본어의 어감으로 보건대 Bedeutung은 '지시 대상'으로 옮기고 Sinn이야말로 '의미'라고 옮겨야 한다고 생각하는데, 무슨 이유인지 위와 같은 번역이 정착했다. 따라서 여기에서는 '의미 또는 지시 대상'으로 등치하여 쓰기로 한다. 또한 고틀로프 프레게의 영어 번역을 보면 Bedeutung은 reference, Sinn은 sense라고 해 놓았는데 딱히 거북하지 않다. 〔한국어판에서는 《뜻과 지시체에 관하여》(김은정 외 옮김, 전기가오리, 2017)로 번역되어 있으나 본서에서는 아즈마 히로키의

정의에 의해 넘침도 모자람도 없이 규정할 수 있다고 생각할 수 있다. 하지만 그렇다면 정의 자체를 부정하는 명제는 진위 이전에 의미를 지닐 수 없다.

예를 들어 '삼각형이 실은 세 변으로 이루어지지 않았다', '중성자에 실은 전하가 있었다' 같은 글을 생각해보자. 여기에서 '삼각형'과 '중성자'를 정의로 치환하면 '세 변으로 이루어진 것이 실은 세 변으로 이루어지지 않았다', '전하가 없는 것이 실은 전하가 있었다' 같은 글이 된다. 이는 내부에 논리적 모순이 있고 애초에 의미 있는 글로 성립하지 않는다. 일반명을 정의의 묶음으로 치환한다는 것은 정의 자체를 부정할 수 없음을 의미한다.

그런데 골치 아프게도 고유명을 주어로 삼을 때는 정의의 부정을 함의한 명제가 문제없이 의미를 띠고 성립해버린다. '소크라테스는 사실 남성이 아니었다', '소크라테스는 사실 책을 썼다' 같은 문장을 생각해보자. 소크라테스라는 이름이 비록 'X는 남성이다', 'X는 책을 쓰지 않았다' 같은 조건을 충족하는 X로 정의되었다고 한다면, 보통은 '남성인 X가 실은 남성이 아니었다', '책을 쓰지 않은 X는 사실 책을 썼다'는 문장과 동등해진다. 이들은 앞에 든 예와 마찬가지로 내부에 논리적 모순이 있기에 애초부터 의미를 지니지 않는다.

그렇지만 실제로 우리는 결코 그렇게 느끼지 않는다. '소크라테스는 사실 남성이 아니었다', '소크라테스는 사실 책을

문제의식을 드러내기 위해 일본어판의 제목을 그대로 사용했다. ─옮긴이〕

썼다' 같은 문장은 일상적으로 완벽하게 의미가 통한다. 이런 문장은 오히려 어떤 역사적 발견으로서 소크라테스에 대한 종래의 인식을 정정할 때 자주 쓰인다. 자연과학이라면 정의 자체의 부정에는 의미가 없다고 확정해도 좋을지 모른다. 그러나 역사학 같은 인문과학이라면 정의 자체를 부정할 수 없으면 연구 자체가 성립하지 않는다. 일반명과 고유명은 이런 점에서 작동의 양상이 전혀 다르다.

　고유명은 정의의 묶음으로 환원할 수 없다.[33] 그렇다면 고유명의 지시 대상은 도대체 어떤 메커니즘으로 정해질까. 이것이 바로 솔 크립키가 도전한 수수께끼였다.

　이 문제 설정은 나중에 그가 《비트겐슈타인 규칙과 사적

33　논의를 쉽게 이해할 수 있도록 이렇게 서술했으나 실은 고유명과 일반명의 경계는 명확하지 않다. 일반명도 본질적으로는 고유명과 성격이 다르지 않다. 한마디로 정의를 정정할 수 있다. 예를 들어 단위의 예를 생각해보자. 미터(길이의 단위)를 18세기 말 지구의 자오선 둘레를 기준으로 정의했다는 사실은 잘 알려져 있다. 하지만 지금은 광속도를 기준으로 정의한다. 따라서 예전의 1미터는 현재의 1미터가 아니다. 마찬가지로 초(시간의 단위)나 킬로그램(질량의 단위)도 처음의 정의는 파기되었고 지금은 물리 정수를 기준으로 정의한다. '1미터 원기(原器)가 실은 1미터가 아니었다'는 것은 논리적으로 있을 수 없는 명제다. 그러나 우리가 그것을 자연스레 받아들이고 있기 때문에 물리학도 진보하고 있다. 또한 일반명과 고유명이 다 똑같은 역설을 품고 있다는 문제는 솔 크립키 자신이 《이름과 필연》의 최종 강의 주제로 삼고 있다. Saul A. Kripke, *Naming and Necessity*, Harvard University Press, 1980, p. 116f; ソール・A・クリプキ, 《名指しと必然性(지명과 필연성)》, 八木沢敬(야기사와 다카시)・野家啓一(노에 게이이치) 옮김, 産業図書, 1985, 137쪽 이하. 〔본서에서는 《이름과 필연》(정대현·김영주 옮김, 필로소픽, 2014)에 준하여 책명을 표기했다. ─ 옮긴이〕

언어》에서 전개한 공동체론과 불가분하게 이어져 있다. 왜냐하면 두 가지는 다 '사실 …였다'는 정의의 동요에 대해 고찰하는 논의였기 때문이다.

솔 크립키가 《이름과 필연》에서 던진 질문의 요점은 이렇다. '소크라테스'라는 기호는 지금까지 줄곧 남성 철학자를 가리킨다고 정의해왔는데 '소크라테스는 사실 남성이 아니었다' 같은 명제가 의미 있게 성립해버리는 까닭은 왜인가 하는 것이다. 이는 《비트겐슈타인 규칙과 사적 언어》에서 논의한 다음과 같은 상황에 해당할 것이다. 어떤 공동체에서 '소크라테스'라는 기호는 줄곧 남성 철학자를 지시하는 데 쓰여왔다. 이 점에 아무도 의문을 품지 않은 채 논의를 계속해왔다. 그런데 어느 날 새로운 참가자가 나타나 이렇게 알려준다. 소크라테스는 사실 여성이었다, 너희들은 지금까지 '소크라테스'가 남성 철학자를 지시한다고 생각해온 듯한데 그것은 잘못이다, 그것이 지시한 인물은 사실 여성이었다.[34] 고유명 정의의 정정은 실로 새로운 참가자의 출현에 의해 가능해지는데, 이는 전술한 겹하기를 둘러싼 물음과 양상이 똑같다. 그러한 제안이 왜 성립하고 받아들여지고 마는가. 이것이 솔 크립키의 일관된 물음이다.

정정이라는 말은 《비트겐슈타인 규칙과 사적 언어》와 마찬가지로 《이름과 필연》에서도 중요하게 제시하지는 않았다. 그래도 나는 정정이야말로 솔 크립키의 두 저작을 관통하는 핵

---

34 여기에서는 이야기를 단순화하기 위해 남성이 아니면 여성이라고 간주한다.

심 개념이라고 생각한다.

겹하기의 역설과 고유명의 역설은 둘 다 기호의 소행적(遡行的) 정정 가능성과 관련하여 발생한다. 우리는 일상적으로 무언가를 의미한다고 믿고 언어나 기호를 사용한다. 하지만 의미를 혼자 확정할 수는 없다. 자신은 어떤 말을 의미한다고 확신하더라도 나중에 '너는 사실 같은 언어로 다른 것을 의미했다'는 소리를 들으면 원리적으로 반론할 수 없다. 겹하기는 같은 문제를 두 가지 이론으로 검토한다.

나는 앞서 회의론자의 겹하기 주장은 억지 강변이라고 기술했다. 그래도 소크라테스 예를 통해 알 수 있듯 소행적인 정정 가능성 자체는 어디에나 차고도 넘친다.

소크라테스는 사실 여성이었다. 이 명제는 사고실험을 위한 예로 가져왔으나 현실에서 이런 발견이 없다고는 할 수 없다. 고대 아테네에는 소크라테스에 해당하는 남성 철학자가 존재하지 않고, 그 대신 소크라테스에게 속한 모든 활동을 펼치고 우연히 소크라테스라는 남성의 이름으로 활약한 여성이 있었다는 고고학적 사실을 앞으로 언젠가 발견할 가능성도 없지 않다. 그러한 발견은 소크라테스에 대한 기존의 이해를 밑바닥부터 뒤엎어버릴 것이고, 수많은 사람이 상상해온 소크라테스의 모습은 어디에도 존재하지 않았다는 결론이 남을 것이다.

그러나 그렇다고 해서 많은 사람이 '소크라테스는 없었다'고 생각하지는 않을 것이다. '소크라테스'라는 이름이 지시해온 대상이 현실에는 존재하지 않았음에도 **변함없이 같은 이름**을 사용하고 단지 '소크라테스는 사실 여성이었다'고만 이야기함으로써 오히려 정의를 정정해버릴 것이다. 우리는 여기에서 야말로 모든 것을 정정할 수 있고 모든 것이 변하는데도 '동일한 무언가'를 지키고 있다고 곡예를 펼치듯 주장하는 가족 구성 원리의 논리적 바탕을 찾아낼 수 있다.

그러므로 본서가 도입한 새로운 '가족' 개념은 특정한 고유명의 재정의를 부단하게 반복함으로써 지속해나가는 일종의 해석 공동체라고 정의할 수 있다. 실제로 국가와 기업도 그렇고, 플라톤도 그렇고, 오랫동안 유지되는 공동체는 다 '우리는 …였다'는 소행적 깨달음의 연속을 통해 지속성을 획득하고 있다.

고유명의 정의는 소행적으로 정정할 수 있다. 그래서 고유명은 일반명과 다른 논리를 통해 작동한다. 고유명의 기묘한 성격이야말로 열린 것도 아니고 닫힌 것도 아닌 '가족'이라는 제3의 공동체를 구성하는 원리다. 이것이 본서 1부의 핵심 주장이다.

그렇지만 고유명에는 왜 이렇게 기묘한 성질이 있는 것일까. 마지막으로 솔 크립키의 답변을 살펴보자.

솔 크립키가 생각하기에 고유명의 지시 대상은 애초에 정의에 따라 결정되지 않는다. 그는 "많은 화자에게 이름의 지시 대상은 기술보다도 커뮤니케이션의 '인과적' 연쇄에 따라 결정된다"고 기술한다.[35] 여기에서 '인과적 연쇄'란 화자가 특정한

---

35   ibid., p. 59; 위의 책, 212쪽. 번역문은 원문을 참조하여 일부 변경했다. 이

고유명의 의미를 누구에게 어떻게 배우고 또 그 누구가 누구에게 어떻게 배웠느냐 하는, 지극히 구체적인 언어 전달의 연쇄를 의미한다.

솔 크립키는 고유명의 지시 대상이 애초에 정의가 아니라 언어 외적 연쇄에 의해 정해지므로, 거꾸로 정의를 얼마든지 정정할 수 있다고 생각했다. 그의 가설에 따르면 우리는 고유명을 사용할 때 비록 무의식적이라고 할지라도 언어 외적 연쇄의 존재를 전제하고 있다. 그 연쇄를 더듬어감으로써 모든 고유명이 기원에 있는 이름으로 거슬러 올라갈 수 있다고 상정한다. 예를 들어 '소크라테스'라는 이름을 사용할 때는 일찍이 약 2,500년 전 누군가 이 이름으로 남성이든 여성이든 특정한 인물을 가리키는 행위가 있었고, 언어의 정의가 이상해질 때는 언제나 그 지점으로 돌아갈 수 있다고 상정하기 때문에 정의의 소행적 정정이 가능해진다는 말이다. 솔 크립키는 이 이름에 대한 신뢰를 '전통'이라는 말로도 표현했다.[36]

이 논의를 향한 비판도 적지 않다. 지나치게 황당무계하게 들리기 때문이다. '소크라테스'라는 이름을 쓸 때마다 너는 사실 20세기 일본에서 기원전 5세기 아테네까지 오랜 언어의 연쇄를 따라 이름의 기원으로 거슬러 올라가고 있다고 한들, 수

하 동일.

36 ibid., p. 106; 위의 책, 128쪽.

* 귀류법은 어떤 명제가 참임을 증명하려 할 때 그 명제의 결론을 부정함으로써 가정(假定) 또는 공리(公理) 등이 모순적임을 보여 간접적으로 그 결론이 성립한다는 것을 증명하는 방법이다.

긍할 사람은 적을 것이다.

그러나 이는 약간 빗나간 비판이다. 솔 크립키는 필시 현실적으로 이름의 기원으로 거슬러 올라갈 수 있다고 주장하고 싶었던 것은 아니다. 또한 사람들이 거슬러 올라갈 수 있다고 믿는다고 주장하고 싶었던 것도 아니다. 단지 고유명의 기묘한 작동을 관찰하면 사람들이 그렇게 믿는다고 가정할 수밖에 없다는 귀류법(歸謬法)*과 비슷한 논리를 전개한 데 지나지 않는다.[37] 기원으로 거슬러 올라가는 일, '전통'은 현실에 존재하지 않을지도 모른다. 그렇지만 우리는 마치 그 존재를 믿는다는 듯 행동한다. 이 점이 중요하다.

고유명의 정의와 게임의 규칙은 얼마든지 바뀌어가는 법이다. 그렇지만 우리는 같은 이름을 계속 사용하고 같은 게임을 계속 플레이한다고 믿고 있다. 적어도 그렇게 믿는 듯 행동한다. 솔 크립키는 커뮤니케이션의 불확정성이라는 현실에서 출발해 최종적으로 환상의 분석에 도달했다. 이렇게 보면《이름과 필연》과《비트겐슈타인 규칙과 사적 언어》는 전문적인 언어철학 분야에 속하는 듯 보이지만 정치사상이나 사회사상에도 지극히 중요한 시사를 던져주는 저작이다.

---

37 솔 크립키는 다음과 같이 기술한다. "우리에게는 이름이 고정적이라는 직접적 직관이 있고, 이 직관은 특정한 문장의 진리 조건을 이해하는 가운데 나타난다는 것이 나의 주요한 주장이다." ibid., p. 14; 위의 책, 15쪽.

3장

가족과 관광객

10

가족이란 닫힌 공동체라고 여겨왔다. 하지만 본서에서는 가족을 닫힌 인간관계가 아니라 정정 가능성을 바탕으로 한 지속적인 공동체를 의미한다고 재정의했다.

이 제안은 결코 철학의 말장난이 아니다. '가족'이라는 말의 일상적 용법으로 돌아가보자. 일본어 사전을 찾아보면 '가족'이란 같은 집에 살고 생활을 함께 영위하는 배우자 및 혈연으로 맺어진 사람들을 의미한다고 풀이한다. 영어나 다른 언어도 비슷한 정의가 쓰여 있다.[38]

---

38 2023년 1월 현재 구글 일본어 사전은 '가족'을 "같은 집에 살고 함께 생활하는 배우자 및 혈연관계의 사람들"이라고 정의한다. 일본의 출판물은 다음

요컨대 '가족'이라는 말은 사전적 풀이로 볼 때 동거와 혈

과 같이 규정한다. 쇼가쿠칸(小学館)의 《일본국어대사전(日本国語大辞典)》 제2판(2001)은 "부부·부모·자식을 중심으로 혈연·혼인에 의해 맺어진 근친자를 포함한 생활공동체"라고 정의한다. 또 쇼가쿠칸의 《일본대백과전서(日本大百科全書)》 제2판(1994)은 "부부·부모·자식을 중심으로 한 근친자로 구성되고, 성원 상호의 감정적 유대에 기초해 일상생활을 공동으로 영위하는 소집단"이라고 정의한다. 모두 혈연과 공동생활이 가족의 조건으로 되어 있다. 헤이본샤(平凡社)의 《세계대백과사전(世界大百科事典)》 개정신판(2007)에는 "근친관계를 중심으로 구성된 최소 주거 집단을 '가족'이나 '세대'라고 일컫는다"고 기술했는데, 여기서는 '가족'과 '세대'를 동일시한다. 다만 같은 항목의 기술에는 "영어의 family(가족)라는 말을 보더라도 기존에 이 말이 의미한 사용인을 포함한 세대, 또는 이 말이 포함하던 재산, 혈통 같은 의미가 탈락하고 한 집에 사는 소수의 친족이라는 오늘날의 의미가 정착한 시기는 겨우 19세기 초에 지나지 않는다. 이 변화의 배후에는 임금노동에 의한 부양 단위로 이 소집단을 단순화한 산업혁명 이후로 새롭게 형성된 강력한 사회관계가 가로놓여 있다"는 내용이 나와 있다. 이는 가족의 개념이 원래는 더욱 넓었음을 가리킨다('가족', 집필자는 무라타케 세이이치村武精一).

일본어 이외에 다른 언어를 보면 다음과 같다. 영어 family는 낡은 용례라고 미리 선을 그으면서도 혈연뿐만 아니라 하인 등도 포함한 말로 정의하고 있다. ("A group of people living as a household, traditionally consisting of parents and their children, and also (chiefly in early use) any servants, boarders, etc.; any household consisting of people who have long-term commitments to each other and are (usually) raising children; such a group as a fundamental social unit or institution.," Oxford English Dictionary, oed.com, last modified in July 2023. URL=https://www.oed.com/dictionary/family_n). 프랑스어 사전은 famille를 "혈연관계로 맺어진 산 사람 또는 죽은 사람의 개인 집합"이라고 정의하고(Larousse, Dictionnaire de français), 독일어 사전은 Familie를 "양부모 또는 외부모, 그리고 적어도 자식 한 명으로 이루어진 (생활) 공동체"라고 정의했다. 러시아어 온라인 사전은 법률용어인 semiya(семья)를 "혼인, 혈연, 인척, 또는 그 밖의 관계(예를 들어 양자)로 성립한 사회적 제도로서 구성원은 공통의 가계와 상호부조로 서로 맺어져 있다"고 정의한다(Большая российская эн

연이 결부돼 있다. 가족의 범위를 이렇게 정의하는 것은 과거 사회구조의 흔적이라고 볼 수 있다.

이 정의는 이미 현실적으로 효력을 잃고 있다. 대다수 사람은 같은 집에 살지 않고 생활도 함께 영위하지 않는다.

예를 들면 나는 도쿄에 살고 있다. 우리 부모님은 100킬로미터 떨어진 이즈(伊豆)에 살고 있다. 그러면 나와 부모님은 가족이 아닌가? 그렇지 않다. 세대(世帶)가 달라도 보통 가족이라고 한다. 나는 딸이 있다. 딸아이는 언젠가 집을 떠난다. 그때 딸아이가 더는 가족이 아니냐 하면 그렇지 않다. 변함없이 가족이라고 많은 사람이 생각할 것이다. '같은 집에 살고 생활을 함께 영위하는' 것은 이제 가족의 필요조건이 아니다.

혈연도 필수가 아닌 쪽으로 바뀌고 있다. 일본은 구미에 비해 양자에 소극적이라고들 한다. 그래도 현재 6,000명을 넘는 아이들이 양부모 가정에서 생활하고 최근 조사에 따르면 양부모 제도에 관심이 있는 부부가 100만 쌍이 넘는다고 한다.[39] 그들의 가족이 진정한 가족이 아니라고는 아무도 말할 수 없으리라. 현대인은 '가족'이란 말을 꽤 유연하게 사용하기 시작했다. 최근에는 애완동물을 가족의 일원으로 여기기도 한다. 가족의 형태는 급속하게 변하고 있고 다양해지고 있다.

치클로페디야 2004-2017, URL=https://old.bigenc.ru/law/text/3547965). '그 밖의 관계'라는 말을 명시하여 '사회적 제도'라고 기술해놓은 점이 흥미롭다.

39 일본재단 저널 편집부, 〈잠재적 양부모 후보자는 100만 세대! 왜 양부모·양자 입양 제도가 일본에 보급되지 않을까?〉, 《일본재단 저널》, 2019년 2월 12일. URL=https://www.nippon-foundation.or.jp/journal/2019/17667

1부의 논의는 이와 같은 현실의 변화에 대한 철학의 응답이기도 하다. 가족이라는 말은 사전에도 철학 논의에서도 처참할 만큼 낡은 채 남아 있다. 따라서 가족에 대해 논의하려고 하면 이 낱말을 적기만 해도 복고주의 울림을 내뱉어 새로운 현실에 대응할 수 없다. 이 덫을 피하기 위해서는 우선 가족이라는 말 자체를 업데이트해야 한다.

서두에 기술한 대로 본서는 《관광객의 철학》에서 설정한 문제를 이어가고 있다. 그 책 6장에서 나는 가족의 구성 원리로 '강제성'과 '우연성'과 '확장성'이라는 세 가지 성격을 인지할 수 있다고 썼다.

그때 전개한 논의는 다음과 같다. 우리는 모두 가족에 속해 있다. 지금 가족에 속하지 않는 사람도 옛날에는 가족에 속해 있었다. 낳아준 부모에게 버림받아 아동보호시설에서 자랐거나 아이들끼리만 거리에서 집단생활을 했다고 해도, 인간은 일정한 나이까지 자라기 위해서는 누군가의 보호가 필요한 만큼 보호자라는 가족이 있었다고 할 수 있다. 인간은 혼자서는 성인이 될 수 없기 때문에 모든 사람에게 가족은 존재한다.

하지만 가족을 선택할 수는 없다. 태어난 가족이든, 길러진 가족이든, 가족의 구성원은 일방적으로 강요당한다(강제성). 또 가족의 선택에는 필연적 이유가 없다(우연성). 아버지와 어머니가 다른 인물이었다면 애당초 나는 현재의 내가 아니다. 따라서 양친의 조합은 필연이라고 할 수 있으나 두 사람이 '현재의 나'를 낳은 일에는 아무런 이유도 없으므로 우연이라고 할 수 있다.

사람은 어른이 된다. 어른이 된다는 것은 자식의 처지에서 부모의 처지로 이행한다는 뜻이다. 비록 생물학적으로 자식을 낳지 못하고 평생 혼자 살았다고 해도 사회인으로 살아간다면 조직을 만들고 후배를 길러내는 등 어떤 가족적 인간관계에 들어가 그 관계를 꾸려가는 입장에 설 수밖에 없다. 그때 우리는 가족의 경계가 실로 유연하다는 점을 깨닫는다(확장성). 자식이 태어나면 가족의 양상은 변한다. 애완동물을 길러도 변한다. 가족은 어떤 관점으로 보면 폐쇄적이고 억압적인 공동체지만 다른 관점으로 보면 개방적으로 자유로운 공동체이기도 하다. 가족의 구성 원리에는 이렇듯 서로 조화를 이루지 않는 세 가지 성격이 공존한다.《관광객의 철학》에서는 이와 같이 기술했다.

그런데 그 책에서는 세 가지 성격을 열거했을 뿐, 그 기묘한 공존이 가능해지는 메커니즘까지는 검토하지 못했다. 하지만 비트겐슈타인과 솔 크립키를 끌어들임으로써 가족이라는 공동체가 강제적이고 우연적인데도 어째서 확장성이 넘친다고 느껴지는지, 웬만큼 설명할 수 있을 듯하다.

가족이란 구성원과 규칙 등 모든 것이 변해가는데도 참가자들이 한결같이 '같은 게임'을 수행하고 '같은 무언가'를 지킨다고 믿는 공동체를 말한다. 우리는 그러한 가족의 게임 안에 어떤 동의도 없이 새로운 플레이어로 태어난다. 게임은 이미 존재하고 있으므로 참가는 강제적이고 어떤 필연성도 없다고 느낀다.

하지만 규칙은 늘 거슬러 올라가 정정할 수 있기에 가족이라는 게임은 확장 가능성을 향해 열려 있다. 가족의 참가자는 '같은 가족'이라는 체제를 유지한 채 얼마든지 내실을 변경할 수 있다. 양자를 들일 수도 있고, 다른 나라로 이주해 다른 가족과 합칠 수도 있고, 또는 가족과 결별해 새로운 집단을 설립할 수도 있다. 그럼에도 자기들은 '같은 가족'이고 전통을 지키고 있다고 주장할 수 있다.

이렇듯 가족의 세 가지 구성 원리가 내포한 성격은 인간 커뮤니케이션의 본질에서 곧장 끌어낸 것이라고 생각할 수 있다. 언어게임은 역설에 의해 성립하기 때문에 가족도 역설에 의해 성립한다. 예컨대 보통은 전통을 지키는 일과 전통을 바꾸는 일이 대립한다고 여긴다. 그러나 가족 안에서는 전통을 지키는 일과 전통을 바꾸는 일이 결국 다르지 않다. 오히려 그 이중성이야말로 '같은 가족'의 지속 가능성을 보증한다.

11

조금 더 《관광객의 철학》 이야기를 밀고 가보자. 나는 그 책의 두 가지 주제인 '관광객'과 '가족'을 연결하기 위해 이 글을 쓰고 있다.

나는 《관광객의 철학》에서 다음과 같이 서술했다. 20세기 전반 독일의 법학자 카를 슈미트는 정치란 본질적으로 '친구'와 '적'이라는 대립 위에서 적을 섬멸하는 행위라고 주장했다. 친구와 적의 대립은 공동체 안팎의 대립이라고 바꿀 수 있다.

한마디로 카를 슈미트는 정치란 공동체의 경계를 정하고 외부를 배제하는 행위라고 규정했다.

한편 나는 그의 정치를 비판하고 친구도 적도 아닌 제3의 입장을 고려하는 것이 중요하다고 주장했다. 관광객은 제3의 입장에 속한다. 이를테면 오래된 작은 마을을 생각해보자. 카를 슈미트에 따르면 주민은 '친구'이고 다른 동네 주민은 '적'이다. 보통은 이렇게 구분하면 충분하다. 그러나 마을이 관광지로 변모하여 매년 주민보다 몇 배 많은 관광객이 찾아온다고 하자. 관광객은 마을을 스쳐 지나갈 뿐이므로 친구라고 할 수 없다. 마을의 미래를 함께 열어나가지 않는 사람들이고, 쓰레기 같은 피해를 줄 때도 있다. 그래도 적은 아니다. 경제적으로 이익을 안겨주고 새로운 주민을 데려올지도 모른다. 기존의 정치사상은 이러한 '어중간한' 참가의 의미를 별로 고찰하지 않았다는 것이 내가 품은 문제의식이다.

코로나19 팬데믹 이전, 일본뿐 아니라 전 세계는 시민의 국경을 넘은 이동이 급증하여 사회적, 정치적 참가에 영향을 미치기 시작하는 조짐이 보였다. 그뿐만이 아니다.

현대는 정치가 흘러넘치는 시대다. 지구적 규모의 환경 문제를 비롯해 국가적 분쟁, 개인의 학대에 이르기까지 하루가 멀다 하고 새로운 정치적 문제가 일어나고 당사자와 전문가가 각기 자기 입장에서 정의를 부르짖는다. 온갖 문제가 논쟁의 대상으로 떠올라 사람들은 친구와 적으로 나뉘어 다투는데, 이미 마르크스주의 같은 거대한 틀이 존재하지 않는 만큼 현실을 파헤치면 파헤칠수록 더욱 미궁으로 빠져든다. 그래서 사람들은 대개 모든 것을 단순한 음모론으로 재단해버리고 마음의 평정을 유지하거나 아니면 모든 것에 무관심한 채 마비 상태에 빠지는 듯하다. 이것이 포퓰리즘(populism)과 가짜 뉴스가 횡행하는 현대사회의 기본 조건이다.

따라서 나는 무언가에 대해 단편적인 정보밖에 입수하지 못한 채 친구도 아니고 적도 아닌 처지로 '어중간하게' 참여하는 일의 가치를 새롭게 긍정할 필요가 있다고 생각했다. 이것이 《관광객의 철학》을 집필한 핵심 동기다. 그러한 참여의 긍정이 없으면 현대인은 제대로 정치를 마주할 수 없다. 우리는 어차피 모든 문제에 어중간하게 관여할 수밖에 없으므로 우선 한계를 똑바로 인식한 다음 새로운 사회사상을 정립해나가야 한다.

우리는 모든 문제에 어중간하게 관여할 수밖에 없다. 이것은 결코 냉소주의의 표명이 아니다. 여기까지 본서를 읽어온 독자는 이것이 모든 커뮤니케이션의 조건임을 이해할 수 있을 것이다.

우리는 더하기 규칙조차 완벽하게 제시할 수 없다. 소크라테스의 이름조차 완벽하게 정의할 수 없다. 이렇게 단순한 예조차 원리적으로 타자의 정정 가능성을 피할 수 없다.

그렇다면 더욱 복잡한 사례는 어떠할까. 오키나와, 후쿠시마, 헌법 개정, 또는 위안부, 성차별, 인종차별을 둘러싸고 누가 완벽하고 '올바르게' 언어를 구사하고 '올바르게' 현실을 인식할 수 있을까. 우리는 오히려 모든 사례에 대해 언제나 뜻밖의 발견과 새로운 피해자의 등장을 염두에 두고 정정이 필요해질 가능성을 의식해야 하지 않을까. 자신이야말로 피해자이자 당사자라고 여기고 있었지만 언제 어느 때 사실 너는 당사자가 아니다, 너야말로 가해자였다는 말을 들을지 알 수 없다. 이것이 현대의 정치적 발언과 활동의 조건이고, 이것이야말로 피할 도리 없이 받아들여야 하는 바가 아닐까. 반대로 모든 사람이 당사자도 피해자도 아닌 처지로 완벽하게 이야기할 수 없는 문제에 대해서도 어중간하게 참여하는 용기를 지녀야 하지 않을까. 우리는 어차피 언제나 오류를 저지르고 언젠가는 정정한다는 체념과 더불어 말이다.

이렇게 본서 2장에서 비트겐슈타인과 솔 크립키를 끌어와 분명하게 밝힌 조건을 통해 한편으로는 가족적이고 복잡한 구성 원리가 생겨나고 다른 한편으로는 관광객의 어중간함이 생겨난다.

상식에 따르면 공동체는 닫혀 있지 않으면 열려 있고 사람은 친구 아니면 적이라고 생각하고 만다. 하지만 현실에 따르면 공동체는 닫혀 있는 동시에 열려 있을 수 있고 사람은 친구도 아니고 적도 아닐 수 있다. 적잖은 철학자가 이 양면성을 이해할 수 없었다. 따라서 그들은 가족이나 관광객에 대해 생각할 수 없었다.

관광객은 공동체의 외부에도 내부에도 속하지 않는다. 게임의 안에도 바깥에도 속하지 않는다. 다시 아이들 놀이의 예로 비유하자면 술래잡기가 도둑잡기가 되고 도둑잡기가 숨바꼭질이 될 때 홀연히 나타나 놀이에 불쑥 끼어들었다가 어느새 홀쩍 사라지는 이름 모를 아이들이 바로 '관광객'이다. 그들은 게임의 규칙을 안다고 할 수도 있고 모른다고 할 수도 있다. 게임에 참가했다고 할 수도 있고 참가하지 않았다고 할 수도 있다.

앞서의 사례를 끌어와 말하면 관광객이란 오키나와, 후쿠시마, 헌법 개정 등 다양한 문제에 대해 정치적 의지를 표명하는 운동의 공동체에 참가했다가 훌쩍 사라지는 일반 시민을 가리킨다. 당사자나 활동가가 보기에 그들의 존재는 걸리적거릴지도 모른다. 함께 나서서 운동의 미래를 열어가는 것도 아니니까 진심이 아니라면 나가주는 편이 좋을지도 모른다. 그러나 어중간한 사람들의 참여를 인정하지 않는다면 모든 공동체는 지속할 수 없다. 운동도 지속할 수 없다. 그것이 비트겐슈타인과 솔 크립키의 언어철학에서 이끌어낸 실천적 결론이다.

또 하나,《관광객의 철학》을 보완하는 논점을 보태고 싶다. 그 책에는 군데군데 '오배(誤配, 배달 오류)'라는 말이 등장한다.

오배는 내가 옛날부터 즐겨 사용하는 말이다. 메시지가 도착해야 할 사람에게 도착하지 않는 것, 반대로 도착하면 안 되는 사람에게 도착하는 것, 도착했다고 해도 뜻밖의 시점에 도착하는 것 등을 의미한다. 이러한 커뮤니케이션의 '실패'는 사실 공공성이나 창조성의 원천이 될 수 있는 한편, 정치나 비즈니스에서 완전히 배제해서는 안 된다.

나는《관광객의 철학》에서 오배 개념을 네트워크 이론 또는 그래프 이론이라고 부르는 수학적 이론과 관련해 설명했다. 나는 다음과 같이 논의를 전개한 바 있다.

그래프 이론이란 사물과 사물, 사람과 사람의 관계 형태를 수학적으로 파악하는 이론이다. 예를 들면 대다수 사람은 낯선 인간과 급작스레 친구가 되기보다 친구끼리 친구라는 식으로 폐쇄적 인간관계를 강화하는 편을 선호한다. 그래프 이론에서는 이를 '클러스터 계수가 크다'고 표현한다. 그런데 현실의 인간관계를 조사하면 사람들의 교우 관계는 의외일 만큼 폭이 넓어 뜻밖의 장소에서 친구의 친구와 만나기도 한다. 이를 '스몰 월드(small world) 특성'이라고 부른다. 인간은 한편으로 확실히 폐쇄적인 인맥 사회를 선호하는 경향이 있으면서도, 다른 한편으로 매우 개방적인 공동체를 형성하는 듯 보인다.

왜 그런 일이 가능할까? 그래프 이론은 이런 수수께끼에 수학적으로 대답을 내놓는다.

그래프 이론에 따르면 폐쇄적이면서도 개방적이라는 양면성은 '바꿔 연결하기'라고 부르는 조작을 가정하면 실현 가능해진다. 바꿔 연결하기란 많은 꼭짓점(node)을 가지(선분)로 이어 성립한 네트워크에서 각 꼭짓점에서 시작하는 가지의 종점을 특정한 확률로 임의대로 선택한 다른 꼭짓점으로 갈아붙이는 조작을 의미하는 전문 용어다. 이를 인간관계에 대입하면 어떤 사람이 친구로 지내는 상대를 특정한 확률로 전혀 알지 못하는 타인으로 치환해버리는 조작이라고 생각할 수 있다. 현실에서도 이러한 조작이 무의식적으로 이루어진다고 가정하면 친한 사람끼리만 사귀려고 해도 어느 정도는 개방적인 세계가 실현된다.

내 생각으로는 '바꿔 연결하기'야말로 '오배'의 수학적 실체다. 오배=바꿔 연결하기가 없으면 사람은 모조리 친밀한 세계에 갇히고 사회는 무수한 폐쇄적 세계(클러스터)로 분해되어 버린다. 그러나 실제로는 오배=바꿔 연결하기가 여기저기서 벌어지기 때문에 우리 세계는 그럭저럭 타자에게 열려 있으면서도 통일성을 갖춘 하나의 세계로 존재할 수 있다.

오배=바꿔 연결하기는 본서 2장에서 고찰한 정정 가능성의 개념과도 깊은 관련이 있다. 더하기의 공동체에 회의론자가 나타나 규칙이 겹하기로 바뀐다. 또는 소크라테스를 가리키는 공동체에 새로운 사실의 발견자가 나타나 지시 대상이 여성으로 바뀐다. 이때 실로 그때까지 공동체 안에서 전해 내려온 규칙과 의미의 '바꿔 연결하기'가 일어나기 때문이다. 그때까지 플레이어 사이에 공유하던 의미와 규칙의 네트워크가 임의적인 오배=바꿔 연결하기에 의해 반쯤 강제로 '정정'됨으로써 공동체는 지속성을 획득한다.

그렇다면 오배=바꿔 연결하기가 폐쇄적이면서 개방적인 인간관계를 가능하게 한다는 그래프 이론의 수학적 발견은 사실 정정 가능성이 가족적 공동체를 가능하게 한다는 언어철학의 발견과 본질적으로 같은 이야기일지도 모른다.

이 문제를 본격적으로 검토하려면 학문 횡단적 지식이 필요하지만 나로서는 힘에 부친다. 따라서 생각나는 대로 언급하는 수밖에 없는데, 애초부터 그러한 관점으로 볼 때 비트겐슈타인과 솔 크립키의 철학은 그 자체로 그래프 이론의 관련 영역과 친화성이 높은 듯하다. 가족적 유사성이라는 발상은 네트워크나 인공지능 이론을 연상시키고, 솔 크립키의 고유명 논의도 실은 '가능 세계 의미론'이라는 이론을 통해 복수의 가능 세계 사이의 '도달 가능성'이라는 네트워크 그림과 똑같은 비유를 중심으로 정립했다고 알려져 있다.[40] 열려 있는 것과 닫혀

---

40   본문에서는 생략할 수밖에 없었지만, 솔 크립키는 사실 젊은 시절 양상 논리학(樣相論理學)이라 불리는 분야에서 획기적인 업적을 내놓았다. 《이름과 필연》은 이 작업과 관련이 깊다.

양상논리학이란 진위를 다루는 고전 논리를 확장하여 필연성이나 가능성도 기술할 수 있도록 한 논리를 말한다. 알기 쉽게 말하면 'x는 P다' 같은 형식의 명제뿐만 아니라 'x가 P인 것은 필연이다', 'x가 P인 것은 가능하다' 같은 명제도 다룰 수 있는 논리다. 필연이나 가능 같은 양상(樣相) 개념을 20세기 전반에는 논리적인 개념이라고 생각하지 않았다. 어떤 사람들은 그런 개념이 명제의 내용 자체(x가 P인지 아닌지)에 관한 개념이 아니라 사람의 인식(x가 P인 것을 필연/가능하다고 생각하는지 아닌지)에 관한 심리적 개념이라고 생각했고, 또 다른 사람들은 필연성이란 분석성(명제의 논리 구조를 분석하면 도출할 수 있는 토톨로지tautologie)의 별명이라고 생각했기 때문이다.

그런데 1950년대부터 1960년대에 걸쳐 '가능 세계 의미론'이라 불리는 새로운 방법론이 나타나 양상논리는 학계의 중심 무대로 뛰어올랐다. 솔 크립키는 그곳에서 주도적인 역할을 해냈다고 알려져 있다. 그를 중심으로 구축한 새로운 의미론에서는 '가능 세계' 사이의 '도달 가능성(accessibility)'이라는 개념을 사용해 필연성이나 가능성 같은 양상 개념을 다시 기술했다. 이를테면 어떤 세계에서 'x가 P인 것은 필연'이라는 명제는 '그 세계를 떠나 도달 가능한 모든 가능 세계에서 x가 P인 것은 참'이라는 명제로 해석할 수 있고, 'x가 P인 것은 가능하다'는 명제는 '그 세계를 떠나 도달 가능한 가능 세계 중 적어도 하나의 가능 세계에서 x가 P인 것은 참'이라는 명제로 다시 해석할 수 있다. 이 새로운 해석을 통해 어떠한 학문적 비약이 이루어졌는지, 또 그것이 솔 크립키의 고유명 논의와 어떤 관계에 있는지에 관한 설명은 전문 서적을 읽어주길 바란다. 그렇지만 다수의 세계가 '도달 가능성'으로 연결되어 있고, 어떤 세계에서 어떤 세계로는 도달할 수 있으나 다른 세계로는 도달할 수 없다는 논리 공간의 구조가 본문에서 참조한 그래프 이론에 가깝다는 바는 상상할 수 있지 않을까 싶다.

이다 다카시는 어느 해설서에서 복수의 도시(가능 세계)를 철도(도달 가능성)

있는 것이라는 이항대립의 저편에는 어쩌면 엄청나게 풍요로운 새로운 인문 지성의 영역, 인간이란 무엇이고 사회란 무엇이냐는 물음에 대한 완전히 새로운 최전선이 열려 있을지도 모른다.

내 생각은 이러하다. 가족은 관광객으로 만들어진다. 가족은 오배로 생겨나 정정 가능성에 의해 지속된다.

이는 추상적인 이론인 동시에 매우 구체적인 기술이다. 우리는 가족을 꾸린다. 그 과정에서 생각지도 못한 사람과 만나 생각지도 못한 사람과 결혼하고 생각지도 못한 아이를 낳는다. 또는 생각지도 못한 이별과 죽음에 직면한다. 무엇 하나 예상대로 되는 일은 없다. 가족이나 인생의 운명은 소행적인 여러 정정에 의해 심지어 날조될 수밖에 없다. 오배와 정정의 연쇄야말로 현실 인생의 특징이다. 가족이란 신성하고 친밀하고 운명적이고 정정 불가능한 닫힌 공동체라는 발상이 오히려 훨씬 비현실적이다.

가족이란 정정 가능성의 공동체다. 그곳에서는 우연과 운명, 변화와 보수, 열린 것과 닫힌 것이 대립하지 않는다. 철학적으로 엄밀하게 말해 이들 대립은 소행적 정정 가능성이 만들어

로 연결해놓은 모습과 가능 세계 의미론의 체계를 비교했다. 飯田隆,《言語哲学大全Ⅲ 意味と様相(下)》, 勁草書房, 1995, 108쪽. 고유명의 정정 가능성(오배)이라는 존재는 어쩌면 우리의 자연언어가 이 현실에서 다른 가능 세계로 논리적인 도달 관계를 연결하고는 절단하고 또다시 연결하는 것처럼 끊임없이 재구축하고 있다는 말일지도 모른다는 점을 시사해준다.

놓은 환상에 지나지 않는다. 4장에서는 이러한 인식에서 비롯하는 새로운 사회사상의 가능성을 논의하기로 한다.

4장

지
속
하
는

공
공
성
으
로

12

이제까지 공과 사, 시민사회와 가족, 개방성과 폐쇄성, '열
린사회'와 그 적들이라는 대립은 엄밀하게 성립하지 않는다는
논의를 펼쳐왔다. 이러한 문제를 제기한 동기는 실로 서두에
기술한 코로나19 팬데믹 사태의 문제로 수렴할 수 없는 광범위
한 정치 상황에 관한 관심이었다.

일본에서는 최근 10년 동안 좌파 또는 리버럴이라 불리는
세력이 퇴조하고 있다. 특히 2016년 학생운동단체인 SEALDs
(Students Emergency Action for Liberal Democracy: 자유와 민주주
의를 지키기 위한 학생 긴급행동)가 해산하고 2017년 민진당*이
실질적으로 해체된 이후 그들은 비탈길에서 구르듯 지지를 잃
고 있다. 그렇다고 여당이 지지받고 있는 것은 결코 아니다.

2022년 아베 신조 수상이 총격 피습을 당한 뒤 반년쯤은 유례없는 자민당** 비판이 들끓었다. 그러나 좌파 계열 야당은 그 비판을 자신들의 지지로 바꾸지 못하고 있다. 인터넷에서도 리버럴에 대해 해마다 격하게 반발하고 있다. 학자와 지성인의 목소리는 대중에게 닿지 않고 있다. 좌파는 사회 분단이 진행되고 있는 것이 원인이라 말하지만, 보수도 조건은 동일하다. 확언하건대 리버럴만 곤경에 빠졌다.

왜 이러한 비대칭성이 발생했을까. 이 비대칭성은 기존의 논의와 깊이 연관되어 있다.

애초에 리버럴이란 대체 무엇일까. 특히 보수와 대립하는 리버럴이란 무엇일까.

사람들은 보수와 리버럴의 대립을 '우'와 '좌'의 대립으로 이해하는 경우가 많다. 특히 인터넷에서는 그렇게 이해한다. 하지만 사상사적으로 이 용법은 옳지 않다. 보수는 '혁신'과 대립하고 사회변혁에 소극적인 태도를 가리키는 말이다. 다른 한편 리버럴은 '자유'라는 뜻으로 개인과 사회의 관계를 가리키는 말이다. 따라서 보수와 리버럴은 원래 대립하지 않는다. 이를테면 개인의 자유를 존중하기 때문에 사회의 급진적 변혁에

---

*   민진당(民進党)은 2016년 제1야당이던 민주당의 후속 정당으로 결성되었으나 계속 부진한 모습을 보이다 2018년 국민민주당으로 당명을 바꾸었다가 2020년에 해산했다.

**   자민당(自民党)은 1955년 자유주의를 내걸고 창당한 보수정당인 자유민주당의 약칭으로, 총리대신을 다수 배출한 일본의 현 집권 여당이다.

신중하게 임하자는 의견은 충분히 있을 수 있다. 이때 리버럴은 보수주의자라고 할 수 있다.

그럼에도 왜 오늘날 일본에서는 보수와 리버럴이 대립한다고 이해하고 있을까. 거기에는 뒤틀린 경위가 놓여 있다. 정치학자 우노 시게키는 《일본의 보수와 리버럴》에서 다음과 같이 설명한다.

보수와 리버럴의 대립은 애초에 미국에서 시작되었다. 미국의 양당제에서는 공화당이 '보수'이고 민주당이 '리버럴'이라고 여겨진다. 그러면 미국에서는 왜 양자의 대립이 효과적으로 기능했는가. 미국에서는 이른바 '좌', 즉 공산주의나 사회주의가 정치적으로 힘을 가진 적이 없었기 때문이다. 미국에서는 모두 리버럴리즘을 지지한다고 전제하고, 고전적 리버럴리즘을 지키는 쪽이 '보수', 현대적 리버럴리즘을 추진하는 쪽이 '리버럴'이라는 독특한 차이가 성립했다. 한편 냉전 시대 유럽에서는 우선 리버럴리즘과 공산주의의 대립, 즉 좌와 우의 대립으로 정치를 이야기했다. 이렇게 보면 일본은 미국보다 유럽에 훨씬 가깝다.

그런데 성가시게도 냉전 구조가 붕괴되고 '좌'의 존재감이 없어진 1990년대 이후 일본에서도 모두 리버럴리즘을 지지한다는 전제가 모호한 상태로 보수와 리버럴의 대립을 새로운 정치의 축으로 수입하고 말았다. 결과적으로 우노 시게키도 지적하고 있듯, 미국식으로 보수와 리버럴을 대립시키기는 해도 "예전의 간판만 갈아 끼웠을 뿐, 지금도 본질적으로는 '우(보수)'와 '좌(혁신)'의 대항 도식이 지속한다고 파악할 수 있는" 상황이 생겨나고 말았다.[41] 현재 일본의 젊은 세대가 리버럴과 좌파를 거의 같은 의미로 사용하는 까닭이 여기에 있다.

이상과 같은 경위를 통해 알 수 있듯 오늘날 일본에서 보수와 리버럴의 대립은 사실 보수주의나 리버럴리즘의 실질과 그다지 관계가 없다. 그렇다고 냉전 시대의 좌우 대립이 그대로 이어지고 있는 것도 아니다. 그러면 이는 무엇을 의미하는가. 사실 이 둘은 오늘날 사람들이 막연한 감각에 기대어 정치와 사회에 대한 두 가지 다른 태도에 편리하게 딱지를 붙인 것에 불과하지 않을까. 우노 시게키는 다른 저작에서 다음과 같이 지적한다. "굳이 말하자면 한패와의 관계를 우선하는 (…) 입장이 보수와 가깝고, 보편적 연대를 주장하는 (…) 입장이 리버럴과 가깝다고 할 수 있다. 이는 정치적으로 공동체 내부의 '공통 감각(common sense)'을 중시하느냐, 아니면 자유롭고 평등한 개인의 상호성을 중시하느냐는 차이와 관련이 있고, 미래 사회를 논의할 때 유력한 대립 축으로 작용할 것이다."[42]

이러한 규정은 간결하지만 정곡을 찌르고 있다. 냉전이 끝나고 벌써 30년이 넘었다. 공산주의는 실질적으로 종언을 고했다. 틀림없이 서점의 인문서 책장 선반에는 자본주의는 끝났고 공산주의는 미래가 있다고 주장하는 책이 아직도 꽂혀 있지만, 아무도 그것이 구체적인 정책과 연관된 말이라고는 믿지

---

41 宇野重規(우노 시게키), 《日本の保守とリベラル(일본의 보수와 리버럴)》, 中公選書, 2023, 17쪽.

42 宇野重規, 《保守主義とは何か(보수주의란 무엇인가)》, 中公新書, 2016, 204~205쪽.

않는다. 예전의 좌우 대립은 이제 더는 기능하지 않는다. 처음부터 보수와 사회변혁도 대립하지 않았다. 현재 일본에서는 오히려 보수 세력이야말로 사회제도의 개혁을 추진하고 있다. 반대로 리버럴은 호헌(護憲) 주장으로 대표되듯이 종종 '보수적'인 주장을 펼친다. 그러면 어디에서 보수와 리버럴의 대립이 비롯하는 연원을 찾아야 할까. 그것은 이제 연대 범위의 차이 정도로만 나타나는 것이 아닐까. 내가 보기에는 이것이 우노 시게키가 지적한 요점이다.

보수와 리버럴은 추상적 목표가 일치한다. 말하자면 약자를 지원하자는 것에 반대하는 정치가는 없다. 리버럴은 가능한 한 '약자'를 넓게 정의하고 국적, 계급, 젠더 등을 초월한 보편적 제도를 구축하려고 한다. 반면 보수는 우선 '우리' 안의 '약자'를 구제하려고 한다. 물론 '우리'의 실질은 사례에 따라 달라진다. '우리 일본인'도 있고 '우리 남성', '우리 부유층'도 있다. 여하튼 공동체를 우선하는 발상 자체가 리버럴이 보기에는 반윤리적이고 허용하기 어렵다. 다른 한편 보수가 보기에는 가까운 약자를 구하는 일이야말로 정치일 것이다. 오늘날 일본에 존재하는 보수와 리버럴의 대립은 추상적인 주의 주장의 대립이라기보다 연대 감각의 대립으로 보는 편이 이해하기 쉽다.

이는 오늘날 일본에서 사용하는 보수와 리버럴의 대립이 본서에서 말하는 폐쇄성과 개방성의 대립과 거의 겹쳐진다는 것을 의미한다. 보수는 공동체가 닫혀 있다는 것을 전제한다. 그리고 한패를 지킨다. 반면 리버럴은 공동체가 열려 있어야 한다고 믿는다. 그래서 보수를 비판한다.

그렇기에 이제까지 검토해온 개방성을 둘러싼 역설은 보수와 리버럴의 비대칭성을 생각할 때 중요한 시사점을 제공한다. 법이나 제도는 만인에게 열려 있어야 한다. 그것이 옳다. 아무도 반대하지 않는다. 그렇지만 중요한 폐쇄성과 개방성의 대립이 그렇게 자명하지는 않다.

현재 좌파에는 계급투쟁 같은 실질적 이념이 없다. 그래서 지금의 좌파, 즉 리버럴은 자신의 윤리적 우위를 보증하기 위해 형식적 개방성이라는 이념에 기댈 수밖에 없다. 하지만 반복해서 지적해왔듯 열린 장을 지향한다는 것 자체가 다른 관점으로 보면 폐쇄적으로 보일 수 있다. 이는 결코 추상적인 이야기가 아니다. 현실적으로 지금 일본의 리버럴은 그들의 자의식과 정반대로 닫혀버린 '리버럴 마을'을 만들어 아카데미즘의 특권, 문화사업 보조금 등 기득권 유지에 급급한 사람들이라고 여겨지기 시작했다.

그런 소리는 일부 '인터넷 우익(네토우요ネトウヨ)'이 떠들 뿐이라고 코웃음을 치는 독자도 있을지 모른다. 하지만 그런 인식은 틀렸다. 좌파를 향한 엄격한 시선은 이미 인터넷에만 있는 것도 아니고 일본에만 있는 것도 아니다. 이를테면 2021년 일본계 영국 작가 가즈오 이시구로의 인터뷰가 화제에 올랐다. 그는 다음과 같이 말했다. "세속에서 말하는 리버럴아트 계열, 또는 인텔리 계열의 사람들은 실은 아주 좁은 세계에서 살고 있습니다. 도쿄에서 파리, 로스앤젤레스 등을 날아다니며 마치 국제적으로 살아가는 듯 보이기 쉽지만 실은 어디에 가도

자신과 비슷한 사람밖에 만나지 않습니다."[43] 가즈오 이시구로는 2017년 노벨문학상 수상자로 리버럴을 대표하는 세계적 작가다. 그가 흘리듯 내뱉은 이 술회는 현재 '리버럴 지식인'이 세계의 시민과 연대한다는 듯 행동하지만 실은 같은 신조와 생활 습관을 지닌 동일한 계층의 사람들과 어울리며 비슷한 화제에 대해 비슷한 말로 이야기하고 있을 뿐인 실태를 날카롭게 짚어 내고 있다.

보수는 닫힌 마을에서 출발한다. 리버럴은 그것을 비판한다. 그렇지만 리버럴도 결국은 다른 마을을 만드는 일밖에 할 수 없다면 처음부터 정색하고 마을을 긍정하는 보수가 강하다. 지금 리버럴이 보수보다 약한 까닭을 원리까지 거슬러 올라가면 이런 문제가 아닐까.

13

그렇기 때문에 나는 여기에서 열리지도 않고 닫히지도 않은 지속적 공동체, 즉 '가족'이란 어떠한 것인가 하는 가족의 구성 원리에 대해 집요하게 이야기하고 있다. 이제는 많은 사람이 '열림'의 역설을 깨닫고 있다. 리버럴은 공동체의 폐쇄성을 비판하고 '열림'을 추어올리는 것만으로는 신뢰를 회복할 수

43 カズオ・イシグロ(가즈오 이시구로), 倉沢美左(구라사와 미사), 〈カズオ・イシグロ語る「感情優先社会」の危うさ(가즈오 이시구로가 말하는 '감정 우선 사회'의 위태로움)〉, 《東洋経済オンライン》, 2021년 3월 4일. URL=https://toyokeizai.net/articles/-/414929?page=2

없다. 동시에 개방성을 어떻게 지속시킬까, 다른 말로 하면 어떻게 '열리면서도 닫혀 있을까'를 생각하고 제안할 필요가 있다. 보수도 리버럴도 아닌 제3의 입장을 추구해야 한다.

이러한 인식을 바탕으로 1부의 마지막 장에서는 기존 가족론의 정치적 응용 가능성을 고찰하고자 한다.

우선 리처드 로티의 주장을 참조하고 싶다. 이 철학자에 대해서는《관광객의 철학》에서도 이미 소개한 바 있다.

리처드 로티는 미국 철학자다. 1931년에 태어난 그는 솔 크립키보다 9세 연상으로 프랑스 사상가로 말하면 자크 데리다와 세대가 같다. 1979년《철학 그리고 자연의 거울》로 주목을 받았고, 1982년《실용주의의 결과》및 1989년《우연성, 아이러니, 연대》로 국제적 명성을 얻었다. 실용주의라고 일컫는 사상을 중심 주제로 삼고 작업하는 철학자다.

실용주의란 간단하게 설명하면 '진리'나 '정의' 같은 추상적 개념에 무언가 초월적인 것이 감추어져 있다고 생각하지 않고, 오히려 그것이 현실 생활 안에서 수행하는 실용적(pragmatic)인 기능에 주목하는 관점으로 철학이나 윤리학을 재구축하려는 사상을 말한다. 실용주의는 19세기 미국에서 탄생해 존 듀이 같은 사회적 영향력이 있는 인물도 배출했으나 학문으로서는 20세기 전반에 한번 힘을 잃었다. 전기 비트겐슈타인이 대표하는 논리적이고 실증적인 스타일이 학계를 석권했기 때문이다. 그러나 1950년대 이후 그 새로운 스타일에도 한계가 있다는 인식을 통해 실용주의는 되살아났다.

리처드 로티는 새롭게 부활한 실용주의(신실용주의)를 대표하는 철학자로 알려져 있다. 논리적 철학의 가능성을 극한까지 추구했으나 결국은 성공하지 못하고 일상 언어의 검토로 돌아가는 실용주의로 전환한 모습은 2장에서 소개한 비트겐슈타인의 변화와 상통한다.

리처드 로티는 철학 작업과 별도로 '리버럴 아이러니즘(liberal ironism)'이라고 불리는 독특한 정치적 입장으로도 잘 알려져 있다. 《관광객의 철학》의 기술과 일부 중복되지만 간단하게 짚어보기로 하자.

리버럴 아이러니즘 입장을 밝힌 곳은 《우연성, 아이러니, 연대》다. 한마디로 말해 그것은 공과 사의 철저한 분열을 받아들이는 입장이다. 그는 "공적인 것과 사적인 것을 통일하는 이론적 요구를 떨쳐버리는 것"이라고 설명한다.[44]

공과 사의 분열을 받아들인다는 말만 들으면 대수롭지 않은 주장이라고 생각할지 모르겠다. 그러나 그리 간단한 이야기가 아니다.

당신이 급진적 정치운동에 관여한다고 하자. 좀 더 단순하게 특정한 신을 믿는 일이라도 상관없다. 그때 당신은 당연히 자기가 믿는 사상이나 신이 보편적이고 다른 사람도 같은 사상

---

[44]   Richard Rorty, *Contingency, Irony, and Solidarity*, Cambridge University Press, 1989, p. xv; リチャード・ローティ(리처드 로티), 《偶然性・アイロニー・連帯(우연성, 아이러니, 연대)》, 齋藤純一(사이토 준이치) 외 옮김, 岩波書店, 2000, 5쪽. 번역문은 원문을 참조하여 일부 변경했다. 이하 동일. 〔한국어판은 《우연성, 아이러니, 연대》(김동식·이유선 옮김, 사월의책, 2020)로 출간되었다. ─ 옮긴이〕

이나 신을 믿어야 한다고 느낄 것이다. 굳이 친구에게 권유하지는 않았다고 해도 가능하면 신념을 공유하고 싶다고 생각할 것이다. 그런 마음이 없다면 진지한 활동가나 신자라고 할 수 없다. 정치사상이나 종교는 원리적으로 보편성과 공공성을 지향하고 있기 마련이다.

그런데도 리처드 로티는 보편성의 지향성이야말로 사적 영역에 가두어야 한다고 주장한다. 그것이 '리버럴 아이러니즘'이다. 알기 쉽게 말하면 혁명의 이념을 믿어도 좋고 사이비 종교를 믿어도 좋으나 그 생각은 어디까지나 자기 마음속에만 담아두고 공공의 자리로 가지고 나오지 말라고 요청한다. 이는 거의 자기모순이다. 공공으로 가지고 나가지 않은 채 혼자 고독하게 믿는 운동이나 종교에 무슨 의미가 있겠는가. 리처드 로티 자신도 그 점을 알고 있기에 그는 자신의 사상을 '아이러니즘'이라고 이름 붙였다. 아이러니는 보통 '반어'라고 번역하는데, 여기에서는 모순을 모순으로 알면서도 받아들이는 태도를 의미한다.

리버럴 아이러니즘은 자기모순 위에 성립한다. 따라서 비판에 약하다. 실제로 리처드 로티는 상당히 비판받고 있다. 그렇지만 그가 자신의 입장을 표명한 까닭은 그러한 자기모순이야말로 '자유롭고 민주적인 세계'를 유지하기 위해 필요불가결하다고 생각했기 때문이다.

그는 문제적 저서 《우연성, 아이러니, 연대》를 1989년에 출간했다. 1989년은 상징적인 해다. 6월에는 중국 베이징에서 천안문 사태가 일어났고 11월에는 베를린 장벽이 무너졌다. 같은 시기 프랜시스 후쿠야마가 《역사의 종말》을 발표해 자유민주주의의 승리를 소리 높여 외쳤다. 리처드 로티의 작업은 이러한 상황과 밀접하다.

그를 포함한 '서방 선진국의 주민'은 자유롭고 민주적인 세계에 살고 있다. 그는 우선 그 현실이 바람직하다고 긍정한다. 그 현실이 주어질 수 없는 한물간 좌익을 비판한다. 그러나 동시에 그 자유가 결코 무제한의 자유가 아니라는 점에 주의해야 한다고 힘주어 말한다. 자유롭고 민주적인 세계에서는 확실히 누구나 자기가 좋아하는 신을 믿을 수 있다. 혁명의 서사든 음모론이든 마음대로 주장할 수 있다. 하지만 어디까지나 개인적 취향의 범위 안에서만 그러하다. 그 범위를 벗어나 꿈을 안고 사회변혁을 시도하는 일은 허용되지 않는다. 자유민주주의는 모두 그 한계를 받아들여야 겨우 유지할 수 있다. 그는 바로 이 점을 강조한다. 리버럴 아이러니즘의 자기모순은 이른바 자유민주주의의 통치 원리가 지불할 수밖에 없는 사상적 대가인 것이다.

그 대가는 리처드 로티 자신도 지불하고 있다. "이론은 인간의 연대보다 사적인 완성을 위한 수단이 되었다"고 그는 기술한다.[45] 여기에서 '이론'이란 '철학'과 거의 비슷한 의미로 쓰인 말이다.

그는 철학자다. 철학은 본래 보편적인 주장을 지향한다. 그러나 그가 보기에 자기 자신을 포함해서 철학은 오늘날 '사

---

45 ibid., p. 96; 위의 책, 197쪽.

적인 완성을 위한 수단', 즉 취미로만 살아남았다. 철학은 '인간의 연대'를 위한 기초가 될 수 없다.

그의 저작이 나온 지 30년이 넘었다. 그런데 우리는 변함없이 자유와 민주주의의 승리를 소리 높여 외치는 체제에서 살아간다. 이러한 경향은 2022년 우크라이나 전쟁이 발발한 이후 점점 더 강해지고 있다. 그의 논의는 시대에 뒤떨어지지 않았다. 우리는 아직껏 공과 사를 분리하고 보편적 이념이야말로 사적 영역에 가두어야 하는 시대에 살고 있다.

앞서 말했듯이 그런 시대에 철학은 연대의 기초가 될 수 없다. 그러면 로티는 도대체 무엇으로 새로운 연대의 기초를 마련해야 한다고 생각할까. 이것이 《우연성, 아이러니, 연대》가 다루는 또 하나의 주제다.

결론부터 말하자면 이 책에서 그는 '공감'과 '상상력'에 기대를 걸고 있다. 그는 다음과 같이 표현한다. 앞으로 연대의 바탕은 '우리가 믿거나 욕망하는 것을 당신도 믿거나 욕망합니까?' 하는 신념을 묻는 물음이 아니라 '당신은 괴롭습니까?' 하는 단순하고 신체적인 물음이어야 한다고 말이다.[46]

이는 대체 무슨 뜻일까. 앞의 물음은 읽으면 알 수 있듯 특정한 전통과 문화, 세계관과 도덕관의 공유를 확인하는 질문이다. 나는 이런 사상을 믿는다, 너도 같은 사상을 믿는가, 믿는다면 연대하자는 말이다. 현실에서 사람들은 일반적으로 가치관의 공유를 전제로 결사, 정당, 기업을 세운다. 적어도 그렇게 믿

---

46   ibid., p. 198; 위의 책, 411쪽.

는다.

그러나 그가 생각하기에 공유를 바탕으로 사회 전체의 연대를 형성하는 일은 본질적으로 자유민주주의의 원리와 맞지 않는다. 그런 방식으로는 가치관을 달리하는 사람이 사회에서 배제될 수밖에 없기 때문이다. 노골적으로 말해 '불만이 있으면 이 나라를 떠나라' 하는 말이 되기 때문이다. 실제로 이런 발언은 현재 인터넷에 수없이 떠돌고 있다.

따라서 리처드 로티는 사상과 가치관의 공유가 아니라 눈앞의 타자가 느끼는 '고통'을 공감하는 편이 연대의 바람직한 기초가 될 만하다고 생각한다. 그것이 '당신은 괴롭습니까?' 하고 묻는 물음의 뜻이다. 상대가 적국의 국민이든 범죄자든 테러리스트든 대다수 사람은 눈앞에서 누군가 피를 흘리며 고통스러워하면 우선 손을 내민다. 이 행동은 가치관을 초월한다. 그곳에서 바로 새로운 연대의 기초를 추구해야 하지 않을까.

이 제안으로 아카데미즘은 만만치 않게 반발을 일으켰다. 그들은 속속 비판했다. 타자의 고통에 공감하는 것은 중요하지만 현실에서는 공감이야말로 편견과 차별의 온상이 아닌가. 가까운 친구에게는 손을 내밀지만 낯선 사람의 고통은 태평하게 무시하는 법이다. 그러므로 그런 공감을 근거로 연대를 만들어나갈 수 있을 리 없다고 말이다.

나는 바로 앞서 보수는 '우리'에서 출발하고 리버럴은 보편성에서 출발한다고 썼다. 이 같은 분류에 따르면 리처드 로티는 리버럴리즘을 둘러싼 논의 안에 보수의 우선순위를 끌고

들어왔다고 말할 수 있다. 그러니 반발을 불러일으키는 것은 당연할 만하다.

실제로 그의 주장에는 보수주의와 가까운 구석이 있는 것도 사실이다. 나는 조금 전 '당신은 괴롭습니까?' 하는 물음을 인용했다. 이 물음 직전에 그는 공감도 결국 '우리 리버럴'을 출발점으로 삼을 수밖에 없고, 그렇다면 '민족 중심주의'에 가깝다는 점을 인정했다.

민족 중심주의는 온화하지 않다. 그러나 그의 입장에서는 이런 주장이 필연적으로 나올 수밖에 없다. 리버럴 아이러니즘은 자유와 민주주의를 존중하는 사상이다. 그에게 왜 자유와 민주주의를 존중하느냐고 묻는다면 그는 어쩌다가 자유민주주의 나라에 태어나 자랐기 때문이라고 대답할 수밖에 없다. 앞에서 설명했듯 리버럴 아이러니즘을 신봉한다면 이 사실을 넘어선 보편적 정당화를 할 수 없기 때문이다. 그래서 그는 자신의 사상을 포함해 모든 것이 '우리 리버럴'에 속하고 자민족 가치관을 긍정한다고 말할 수밖에 없다.

이러한 논리의 뒤틀림은 피할 수 없을 뿐 아니라 오히려 지적 성실성을 증명한다고 느껴진다. 그러나 일부 독자에게는 위험하고 갑작스러운 강변으로 들릴지도 모른다. 리처드 로티의 보수적 경향은 1998년에 출판한 《미국 만들기: 20세기 미국에서의 좌파 사상》에서 더욱 뚜렷하게 나타난다. 이 책의 원제(Achieving Our Country)를 직역하면 '우리 나라를 완성한다'인데 '우리 나라', 즉 미국 가치관의 긍정을 무척 명확하게 표명하고 있다. 이 저작에서 그는 민주주의의 존중이란 미국 역사의 존중이라고 선언하고, 좌익이 힘이 없는 이유는 '국가에 대한 자긍심'이 부족하기 때문이라고 발언한다.[47] 1989년 《우연성, 아이러니, 연대》에서 1998년 《미국 만들기》에 이르는 9년 동안은 소련이 붕괴하고 미국 '제국'이 진출한 시기이기도 하다. 오카모토 유이치로처럼 로티의 보수화는 지정학적 변화에 호응한 것이라고 파악하는 연구자도 있다.[48]

14

그러면 리처드 로티가 말하는 연대의 구상은 결국 리버럴의 보수화를 드러내는 데 지나지 않은 것일까. 나는 그렇게 생각하지 않는다. 이것이야말로 가족론에 중요한 시사점을 제시해준다.

다시 한번 리처드 로티를 읽어보자. 되풀이 말하는데 그

---

47   リチャード・ローティ(리처드 로티), 《アメリカ 未完のプロジェクト(미국 미완의 프로젝트)》, 小澤照彦(오자와 데루히코) 옮김, 晃洋書房, 2000, 41쪽. 〔본서에서는 《미국 만들기》(임옥희 옮김, 동문선, 2003)에 준하여 책명을 표기했다. ─ 옮긴이〕 리처드 로티와 보수사상의 관계는 복잡하다. 실제로 그는 《우연성, 아이러니, 연대》 이전에 이미 보수였다고도 할 수 있다. 이는 최초 저작인 《철학 그리고 자연의 거울》이 현대 보수주의의 대표적 철학자 마이클 오크쇼트(Michael Oakeshott)를 언급하는 대목으로 끝을 맺고 있다는 점으로도 알아챌 수 있다.

48   岡本裕一朗(오카모토 유이치로), 《ネオ・プラグマティズムとは何か(네오 프래그머티즘이란 무엇인가)》, ナカニシヤ出版, 2012, 92~93쪽.

는 보편적 이념을 바탕으로 한 연대를 믿지 않았다. 그는 구체적 인생에 대한 구체적 공감에 바탕을 둔 연대를 믿었다. 그것을 그는 '타인의 삶의 세세한 부분에 대한 상상력으로 이루어낸 동일화'라고 불렀다.[49]

그는 '세세한 부분에 대한 상상력'에 관해 다음과 같은 예를 들었다. 제2차 세계대전 당시 유럽에서 나치의 압정에 항거해 이웃의 유대인을 숨겨주거나 도피를 도운 이탈리아인이나 덴마크인이 있었다. 이 가슴 벅찬 희망을 안겨주는 이야기에 대해 그는 그들이 같은 '인간'이기 때문에 인류애의 정신에 따라 유대인을 도와주었을까 하고 묻는다. 그는 그렇지 않으리라고 대답한다. '인간'이라는 관념은 목숨의 위협을 무릅쓰고 타인을 돕기에는 지나치게 추상적이기 때문이다. 현실적으로 공감을 촉발한 요소는 같은 밀라노 사람, 같은 유틀란트반도 사람, 같은 직장인 조합의 일원, 자기와 같이 어린 자식이 있는 부모라는 '세세한 부분의 동일화'이지 않았을까…. 사람들은 대부분 인류보다 훨씬 작은 '우리'에게만 공감할 수 있다. 이것이 그의 출발점이다.

그는 동시에 공감의 범위 자체가 달라지고 확대해갈 가능성도 주목했다. 이탈리아인이 유대인을 도운 것은 이웃 사람이 자기와 같이 어린 자식이 있는 부모였기 때문이다. 따라서 다른 독신 유대인은 아무렇지 않게 못 본 척했다. 물론 그런 점도

---

49 *Contingency, Irony, and Solidarity*, p. 190; 《偶然性·アイロニー·連帶》, 397쪽.

있었을 것이다. 하지만 그것이 영원한 한계는 아니다. 손을 내밀어 도운 경험은 그들의 '우리' 범주를 확실하게 바꾸었기 때문이다. 실제로 그렇게 윤리와 상식은 바뀌어간다.

리처드 로티는 연대의 범위가 공감의 경험 자체에 의해 변화한다고 생각했다. 그는 연대란 "고통과 굴욕을 느끼는 유사성과 비교해볼 때 (부족, 종교, 인종, 관습 같은) 전통적인 차이가 점점 사소하게 보이는 능력"이고 "우리와 확연하게 다른 사람들을 '우리' 안에 포함한 사람으로 여기는 능력"이라고 정의한다.[50] 타인의 작은 고통을 알면 그때까지 고수해온 거대 사상과 가치관의 차이가 '점점 사소하게 보인다'. 그리고 '우리'의 내실도 점점 다양해진다. 그는 이러한 점진적 변화에서 희망을 발견했다. 그래서 단순히 현상적인 공감 공동체에 대한 태도를 바꾸었다고 볼 수 없다.

그는 확실히 민족 중심주의를 긍정하는 듯한 글을 남겼다. 하지만 잘 따져 읽으면 그것도 양의적(兩儀的)이다.

그는 '우리 리버럴'에 대해 "자기 자신을 확장하여 더욱 커다랗고 한층 더 다양성이 풍부한 에스노스(ethnos)를 창조하기 위해 몸을 바치는" 집단이어야 한다고 기술한다.[51] 여기에서 '에스노스'란 민족이나 관습을 의미한다. 민족 중심주의는 영어로 에스노센트리즘(ethnocentrism)이고 어원을 살펴보면 에스노스 중심주의라는 뜻이다. 한마디로 그는 '우리 리버럴'은 에

50　ibid., p. 192; 위의 책, 401쪽.
51　ibid., p. 198; 위의 책, 411쪽.

스노스 자신을 확장하고 다양화하는 에스노스여야 한다는 실로 재귀적(再歸的) 정의를 제안한 것이다. '우리 리버럴'이 민족중심주의를 긍정할 수 있는 이유는 민족=에스노스의 내부에 자기 변혁과 자기 확장의 계기가 담겨 있기 때문이다.

그는 책 제목을 《우연성, 아이러니, 연대》라고 붙였다. 아이러니, 연대와 나란히 '우연성'이라는 말도 핵심 개념이다.

왜 우연성이 중요할까. 공감과 상상력은 '우리'에서 출발할 수밖에 없다. 이것이 우선 그의 주장이다.

그렇지만 그는 '우리'의 범위가 '우연적'이라는 것도 거듭 강조한다. 우리는 확실히 특정한 나라에서 태어난다. 미국인이든 일본인이든 다 그렇다. 이는 피할 수 없는 일인 만큼 상상력에는 한계가 있다. 동시에 이 조건은 상상력의 범위에 어떤 필연성도 없다는 것을 의미한다. 우리가 미국인이거나 일본인인데는 필연성이 없다. 따라서 미국인처럼 생각하거나 일본인처럼 생각하는 데도 필연성이 없다. 이 철저한 근거의 부재=우연성을 자각하는 사람이 그가 말하는 리버럴 아이러니스트다.

그가 생각하기에 우리는 근거의 부재를 지렛대 삼아 공감의 범위를 얼마든지 바꿀 수 있다. 우리는 모두 '우리'에서 출발할 수밖에 없는 동시에 '우리'의 범위는 지나치게 근거가 박약한 탓에 타자를 향한 공감을 매개로 얼마든지 수정하고 확장할 수 있다. 이것이 리처드 로티의 사상이다.

이러한 까닭에 그의 사상은 보수주의라고 부르더라도 매우 기묘한 보수주의다. 보수, 즉 지키고 유지해야 할 것이 끊임없이 변화하고 새로워지기 때문이다.

말하자면 이 주장은 역설로밖에 들리지 않는다. 그래서 비판받는다. 그러나 본서의 독자는 이미 알고 있듯 이는 단순한 역설이 아니다. 이 사상은 3장까지 살펴본 가족론과 멋지게 호응하고 있기 때문이다.

나는 좀 전에 본서가 말하는 '가족', 즉 정정 가능성 공동체의 구성 원리에는 강제성, 우연성, 확장성이라는 세 가지 특징이 있다고 서술했다. 그런데 리처드 로티가 구상하는 새로운 연대는 이 세 조건을 보란 듯이 충족하고 있다. 우선 연대는 '우리'에서 출발한다. 우리는 태어날 자리를 선택할 수 없기에 '우리' 공감의 범위도 선택할 수 없다(우연성). 따라서 연대는 강제적이고 배타적으로 느껴진다(강제성). 동시에 '우리'는 윤곽이 모호하고 구체적인 타자를 공감함으로써 얼마든지 확장할 수 있다. '우리'는 같은 '우리'를 지키고 있다고 믿으면서 점진적으로 내실을 바꿀 수 있다(확장성). 우리는 이미 비트겐슈타인과 솔 크립키의 언어철학을 참조한 결과, 이 세 가지 조건이 인간의 언어와 커뮤니케이션의 한계를 통해 필연적으로 도출되었다고 확신한다. 리처드 로티도《우연성, 아이러니, 연대》에서 정치사상의 언어로 같은 조건에 도달했다. 리처드 로티와 솔 크립키는 둘 다 눈앞의 타인이 예상하지 못한 행동을 했을 때 사람은 의외로 타인을 '이해'할 수 있다는 약점에 주목하고 그것을 공동체의 구성 원리로 받아들였다.

따라서 리처드 로티의 사상은 닫힌사회에 머무르는 것도 아니고 열린사회를 지향하는 것도 아닌, 다시 말해 보수도 아니고 리버럴도 아닌 제3의 '가족적' 정치사상을 생각할 때 중요한 열쇠를 제공한다.

리처드 로티의 사상은 보수와 리버럴의 대립을 넘어선다. 약간 냉정하게 말하면 그가 리버럴을 자칭했기 때문에 이야기가 꼬여버린 듯 보이기도 한다. 그래도 그가 보수를 자인했다고 해서 이야기가 단순해지는 것 같지도 않다.

로티의 사상을 굳이 보수라는 틀 안에 넣는다면 재귀적 보수주의라고 부를 수밖에 없을 것이다. 보수, 즉 지키고 유지해야 할 것이 그 안에서 끊임없이 재귀적으로 재구성된다고 생각할 수 있기 때문이다. 이것은 이것대로 모순이다. 그는 리버럴을 자칭하든 보수를 자칭하든 일반적으로는 모순적으로 보이는 논의를 전개하고 있는데, 실은 그 때문에 대립을 초월하고 있다.

우리는 가족밖에 만들 수 없다. 닫힌사회밖에 만들 수 없다. 열린사회라는 구상은 논리적인 일관성을 유지할 수 없다. 그래서 리처드 로티는 '아이러니즘' 같은 말을 꺼낼 수밖에 없었다.

그러나 이제까지 살펴본 바로 알 수 있듯 그것은 반드시 닫힌사회에 머무를 수밖에 없다는 것을 의미하지 않는다. 왜냐하면 닫힌사회는 구성원 자신이 생각하는 만큼 결코 닫혀 있지 않고 실은 여기저기 구멍이 나 있어 소행적 정정 가능성에 의해 언제나 열린사회로 나아가라는 압력을 받고 있기 때문이다.

만약 보수적인 태도를 피하고 싶다면 우리는 앞으로 그 압력에서 희망을 볼 수 있을 것이다. 리버럴은 '열림'과 정면으로 마주하지 않더라도 보수적인 '닫힘'을 쉬지 않고 정정하고 재정의할 수 있다. 이 점이야말로 새로운 정치사상의 기초가 될 수 있을 것이다. 우리는 열려 있다는 것만 정의(正義)라고 생각해서는 안 된다.

15

리버럴은 열려 있는 것을 정의라고 생각한다. 그것은 '공공성'이라는 단어의 이해에 잘 나타나 있다.

공공성을 생각할 때 현재도 자주 참고하는 것이 정치학자 사이토 준이치가 2000년에 출간한 《공공성》이다. 그는 일본어판 《우연성, 아이러니, 연대》의 옮긴이 중 한 사람이다.

그는 《공공성》 모두에서 "공동체가 닫힌 영역을 조성하는 반면 공공성은 누구나 접근할 수 있는 공간"이라고 적었다.[52] '공공성'과 '공동체'를 대립시키고 공공성이 열려 있는 것과 대조적으로 공동체는 닫혀 있다고 정의했는데, 이는 나중에 다수 논자의 전제가 되었다. 나는 공과 사의 대립을 개방성과 폐쇄성의 대립과 중첩했다. 사이토 준이치의 머리말이 상징하듯 이 중첩은 정치학에서도 널리 승인하고 있다. '우리'에서 출발한 보수의 주장이 반-공공적으로 보이는 이유는 우선 공공이라고 하

---

52 齋藤純一(사이토 준이치), 《公共性(공공성)》, 岩波書店, 2000, 5쪽. 〔한국어판은 《민주적 공공성》(윤대석·류수연·윤미란 옮김, 이음, 2009)으로 나왔다. ─옮긴이〕

면 열려 있다는 상정이 너무나도 상식처럼 여겨지기 때문이다.

하지만 사이토 준이치의 정의 자체는 실로 결코 순수하게 학문적이라고 할 수 없다. 그것은 학문 외적 역학을 반영한다.

사이토 준이치 자신이 지적했듯 20세기 중반까지 그들 리버럴은 공공성이라는 말을 적극적으로 언급하지 않았다. 그러다가 1960년대 무렵에 상황이 변했다. 그 당시 한나 아렌트의 《인간의 조건》과 위르겐 하버마스의 《공론장의 구조변동》의 출판이 잇따랐다.

한편 일본에서는 '공(公)'이라는 말 자체의 이미지가 좋지 않았고 공공성은 오랫동안 논의의 대상이 아니었다. 그런데 냉전이 끝나고 공산주의에 더는 기대할 수 없어지자 갑자기 리버럴의 주목을 받았다. 동시에 고바야시 요시노리나 니시오 간지 같은 신세대 보수 논객이 급속하게 대두하자 '공' 또는 '공공'을 내셔널리즘과 결부해 활발하게 논의하기 시작했다.

사이토 준이치의 《공공성》은 이러한 상황을 상당히 의식한 가운데 쓰였다.[53] 따라서 공공성을 닫힌 공동체(국가)와 대립시키고 개방성으로 정의하는 그의 입장은 실로 그 자체가 보수로부터 이 말을 탈환하기 위한 리버럴의 기획이었다고 해석할 수 있다. 실제로 그 후 공공 또는 공공성이라는 말은 리버럴의 손에 넘어갔고 2009년에 탄생한 민주당 정권은 '새로운 공공'을 정책의 근간으로 내걸기까지 했다.

보수가 닫힌 공동체를 선호하고 리버럴이 열린 공공성을

---

[53] 위의 책, 3쪽.

선호한다는 대립 자체도 실은 최근 만들어진 데 지나지 않는다. 이 글에서는 우선 열려 있는 것이 정의라는 생각이 과연 옳은지, 이것부터 의심해보자고 제안한다.

1부를 끝맺기 전에 마지막으로 앞에서 거론한 《인간의 조건》을 다시 읽어보기로 하자. 이 저서는 20세기를 대표하는 정치철학자 한나 아렌트가 1958년에 출판했는데, 반세기가 지난 오늘날에도 공공성을 둘러싼 논의에 불려 나오고 있다.

한나 아렌트도 평범하게 읽으면 열린 것과 닫힌 것의 대립을 전제로 사고하고 공공성을 생각하기 위해 가족을 배제한 철학자에 속한다.

예를 들어 《인간의 조건》에는 다음과 같은 대목이 나온다. "공적 영역과 사적 영역, 폴리스의 영역과 가정 및 가족의 영역, 공통 세계에 관여하는 행위와 생명 유지에 관여하는 행위 — 이들 각각 두 가지 사이의 결정적인 구별은 고대 정치사상이 모두 자명한 공리로 삼은 구별이다."[54]

한나 아렌트는 실로 '고대 정치사상'을 이상으로 여긴 철학자였다. 그래서 이 인용문은 그녀가 이상으로 여긴 공공성(=

54 Hannah Arendt, *The Human Condition*, Second edition and Sixtieth anniversary edition, The University of Chicago Press, 2018, p. 28; ハンナ・アレント(한나 아렌트), 《人間の条件(인간의 조건)》, 志水速雄(시미즈 하야오) 옮김, ちくま学芸文庫, 1994, 49~50쪽. 번역문은 원문을 참조하여 일부 변경했다. 이하 동일. 〔한국어판은 《인간의 조건》(이진우 옮김, 한길사, 2019)으로 번역되었다. ―옮긴이〕

폴리스)이 가정(오이코스)을 배제함으로써 성립한다는 것을 확실하게 드러낸다. 아리스토텔레스가 정의했듯 인간은 폴리스와 오이코스를 구별하기 때문에 '정치적 동물'일 수 있다. 그런데 근대에는 '생명 유지'의 가치가 지나치게 높아지면서 그 구별을 놓치고 있다. 이것이 그녀가 품은 기본적인 문제의식이다.《인간의 조건》은 공과 사의 경계를 다시 긋고 공적으로 살아가는 일의 중요성을 호소하기 위해 쓰였다.

그러면 그녀는 공과 사를 어떻게 구별해야 한다고 생각했을까.

사실 그녀는 공공성에 대해 두 가지 다른 정의를 내리고 있다. 하나는 '나타남'에 의한 정의다. "[공공적이란] 공적으로 나타난 모든 것이 모든 사람에게 보이고 열리고 가능한 만큼 널리 알려지는 것을 의미한다."[55] 공공 안에 나타나는 것은 자신의 행위가 타인에게 보이고 들리기를 승인하는 일이다. 보이고 싶지 않고 들리게 하고 싶지 않은 것은 사적 영역으로 밀어 넣을 수밖에 없다. 공공성을 열려 있는 것과 동일시하는 사고 방식은 여기에서 비롯한다. 사이토 준이치의 저서는 이 규정을 중시했다.

그러나 또 하나의 정의가 있다. 그것은 '공통', '공동'에 의한 정의다. 그녀는 앞의 인용문 직후 공공성은 '우리에게 모두 공통하는 세계'라는 말도 썼다.

한나 아렌트가 말하는 '세계'는 자연환경이 아니다. 그것

---

55   ibid., p. 50; 위의 책, 75쪽.

은 "인간의 공작물, 인간의 손으로 만든 제작물, 또는 인간이 만들어낸 세계 안에서 함께 살아가는 사람들 사이에 벌어지는 일"의 총체, 즉 인간이 만든 사회환경이다. 사람은 자신이 만든 것의 보호를 받으며 살아간다. 그러한 '공작물'에는 도구와 조각처럼 물리적인 것도 있고 법과 문학처럼 추상적인 것도 있다. 어느 것이든 그것은 개인이 죽은 뒤에도 공통하는 것으로서 남는다. 따라서 공공성의 기반이 된다. 그녀는 그렇게 생각했다. 그녀는 불사(不死)와 공공성의 관계에 대해 이렇게 말했다. "현세의 잠재적 불사성에 대한 이러한 초월이 없다면 어떠한 정치도, 즉 엄밀히 말하면 어떠한 공통의 세계도 어떠한 공적 영역도 있을 수 없다."[56] 이 정의는 개방성보다는 시간적 지속성과 연관이 있다.

이 두 가지의 정의는 어떻게 이어져 있을까. 한나 아렌트는 《인간의 조건》에서 사람이 다수 있다는 사실을 자주 강조한다. 그녀는 이렇게 쓴다. "이 [인간의] 복수성이야말로 모든 정치적 삶의 조건이고 필요조건일 뿐 아니라 최대 조건이기도 하다."[57]

인간이 복수로 있다는 것, 이 단순한 사실이야말로 그녀의 정치사상을 가장 근본적으로 떠받치고 있다. 사람은 사적인 영역에 숨어 있다. 공적인 영역에서야 비로소 '나타난다'. 이것

56　ibid., pp. 52, 55; 위의 책, 78·82쪽. 여기서 "현세의 잠재적 불사성"이라고 번역한 어구는 영문으로는 "potential earthly immortality"이다.

57　ibid., p. 7; 위의 책 20쪽.

이야말로 인간이 인간답게 살아가는 근간인데, 이때 '나타난다' 는 것은 반드시 누군가 있는 공간에 나타난다는 뜻이다. 혼자 서 '나타나는' 일은 불가능하다.

그렇기에 개방성으로서 공공성, 즉 '나타남의 공간'이 기 능하기 위해서는 우선 현실에 다수의 다양한 사람을 받아들이 는 '공통 세계'가 마련되어 있어야 한다. 구체적으로는 고대 그 리스의 도시국가에 반드시 설치한 광장을 상상할 수 있다. 광 장이라는 공간이 있고 그곳을 에워싸고 조각과 돌비석이 서 있 기 때문에 사람은 타자와 만나고 역사를 알 수 있다. 이러한 논 리를 통해 한나 아렌트의 개방성과 지속성은 이어진다.

16

한나 아렌트는 공공성을 한편으로 개방적인 '드러남의 공 간'으로 정의하고, 다른 한편으로 지속적인 '공통 세계'로 정의 했다. 이 둘은 '인간의 복수성'을 이음매로 이어져 있다.

그렇지만 《인간의 조건》을 주의 깊게 읽어보면 이 둘의 규정에 미묘하게 어긋남이 생기는 것을 알아챌 수 있다.

그 어긋남을 분명히 밝히기 위해서는 다른 논점을 도입해 야 한다. 《인간의 조건》은 공공성의 정의뿐 아니라 인간이 '활 동적인 삶'을 살기 위한 영위(營爲, 액티비티activity)를 세 가지로 분류한 점으로도 잘 알려져 있다. 한나 아렌트가 생각하기에 인간의 영위(액티비티)는 노동(labour), 제작(work), 활동(action)

으로 나뉜다.[58]

이 구분은 매우 유명하고 《관광객의 철학》도 이를 참조했다. 따라서 자세히 설명하지 않겠다. 우선 여기서는 '노동'은 육체적 임노동, '제작'은 직인의 사물 제작, '활동'은 언어 커뮤니케이션을 가리키는 말로 이해하면 된다.

이 세 가지 영위(액티비티)는 결코 대등하지 않다. 아렌트는 이 가운데에서도 가장 중요하고 가장 인간적인 영위(액티비티)는 '활동'이라고 주장했다. 사람은 노동이나 제작이 아니라 활동을 통해서만 공공에 접속하여 인격을 갖춘 한 사람으로서 '나타날' 수 있다는 것이다. 현대 일본을 예로 대입해보면, 용돈을 벌기 위해 편의점에서 아르바이트 일을 하거나(노동) 자기

---

58 '영위'의 어원은 activity인데, 원문에서는 인간의 viva activa를 labour, work, action 세 가지로 분류할 수 있다고 표현한다. 이것을 시미즈 하야오 (志水速雄)가 번역한 일본어판에서는 순서대로 '활동력', '노동', '일', '활동'이라고 옮겼다. 고심이 담긴 번역어이기는 하나 '활동력'의 하나로 '활동'이 있으면 일본어로서는 혼란을 줄 수 있다. 그래서 본서에서는 '영위'라는 말로 옮겼다. work를 '일'이 아니라 '제작'으로 번역한 이유는 4장에서도 마지막에 언급했듯 한나 아렌트가 이 말을 그리스어 포이에시스(poiesis)〔플라톤의 〈향연〉에 나오며, '밖으로 끌어내어 앞에 내어놓음'이란 의미를 지닌다.─옮긴이〕와 등치했고, 또 그녀 자신이 번역한 독일어판에 Herstellen이라고 옮겼기 때문이다. work는 '일'이라고 옮길 수 있으나 포이에시스와 Herstellen을 '일'이라고 번역하기는 어렵다. 〔참고로 한국어판 《인간의 조건》(이진우 옮김, 한길사, 2019)에서는 활동(activity), 노동(labour), 작업(work), 행위(action)로 번역했으며, 《관광객의 철학》(안천 옮김, 리시올, 2020)에서는 행위(activity), 노동(labour), 일(work), 활동(action)으로 번역했다. 본서 《정정 가능성의 철학》에서는 아즈마 히로키의 의도를 충실히 전달하기 위해 영위(액티비티activity), 노동(labour), 제작(work), 활동(action)으로 번역했다.─옮긴이〕

만족을 위해 고독하게 일러스트를 그리는(제작) 것만 해서는 안 되고, 세상으로 나아가 낯선 타자와 더불어 공통의 사회적 과제에 대해 이야기하거나 정치 운동에 참여함으로써(활동) 비로소 충실한 삶을 살 수 있다는 것이다. 이것이 한나 아렌트의 주장이다.

다시 말하지만 이 구분은 아주 유명하기에 현재도 암묵적으로 이 서열을 전제로 이야기하는 논자가 적지 않다. 하지만 나는 그것이 퍽 문제 있는 주장이라고 생각한다. 철학적인 반론을 세울 필요 없이 21세기 사회 현상을 떠올리기만 해도 그 주장에 어떤 결함이 있는지 직감적으로 이해할 수 있다.

노동이 인간적이지 못하고 가치가 낮다는 주장을 모르는 바 아니다. 육체노동이든 서비스업이든 단순노동은 기계로 대체하는 경향이 있고 이 경향은 환영받기도 한다. 그러나 손을 움직이는 작품 제작까지도 언론이나 정치 참여보다 위상이 낮다고 본 점은 문제다. 아마도 이 서열은 고대 그리스의 사회질서, 그러니까 시민은 오로지 언론의 논쟁을 담당하거나 전쟁터에 나갈 뿐, 일상생활에서 가구를 제작하고 조각을 만들고 요리를 하고 악기를 연주하는 것은 거의 노예에게 맡겼던 시대상을 반영한다.

그런 발상이 오늘날에도 통할까. 현대에는 창조적 산업의 영향력이 대단하다. 영상작업이든 음악 종사자든 패션디자이너든 작품에 의해 직접 사회를 움직이는 창작자는 많다. 그들은 때로 정치에 영향을 미치기도 한다. 《인간의 조건》을 지금 다시 읽는다면 활동과 제작의 서열은 근본적으로 재고해야 할

필요가 있어 보인다.[59]

활동과 제작의 기이한 서열은 앞서 소개한 공공성의 정의
에도 들어가 있다.

한나 아렌트는 한편 오직 활동만 공공성을 구성할 수 있
다고 주장한다. 여기서 공공성은 '나타남의 공간'이다. 그녀는
단언한다. "활동은 우리에게 모두 공통하는 세계의 공적 부분
과 가장 밀접한 관계가 있을 뿐 아니라 그러한 부분을 구성하
는 유일한 영위(액티비티)다." 이 '공적 부분'은 바로 뒤에 '나타
남의 공간'으로 바꾸어 말해진다.[60]

왜 노동과 제작은 공공성을 구성할 수 없고 활동만 공공
성을 구성할 수 있는가. 그것은 활동만이 "자신이 누구인지 보
여주고 각자의 유일한 인격적인 정체성을 적극적으로 밝히는"
영위(액티비티)이기 때문이다.[61] 그녀는 그것을 활동에서만 '무
엇(what)'이 아니라 '누구(who)'를 묻는다고 표현한다.

이는 무슨 말일까. 노동에서는 '누구'를 묻지 않는다. 이것
은 금세 이해할 수 있다. 노동자는 체력과 기능 등 다양한 속성
으로 비교당하고, 필요가 있으면 금방 교환 가능한 '노동력'에
지나지 않는다. 당신이 일을 쉬면 누군가 대신 투입된다.

제작에서도 '누구'를 묻지 않는다. 물론 제작자 이름이 중

---

59 이 문제에 대해 다른 곳에서 독립적으로 논한 적이 있다. 東浩紀(아즈마
히로키), 〈アクションとポイエーシス(액션과 포이에시스)〉, 《新潮》 2020년 1월호.

60 *The Human Condition*, p. 198; 《人間の条件》, 319~320쪽.

61 ibid., p. 179; 위의 책, 291쪽.

요한 작품이 있다. 현대미술 등은 특히 그러하다. 하지만 그것은 어디까지나 예외일 뿐, 제작에서 작품은 원칙적으로 작품 자체의 질로 평가받는다. 제작자가 익명이라도 질만 좋으면 유통되어 높은 가격으로 팔린다. 이것이 제작의 좋은 점이다.

활동에서는 상황이 완전히 다르다. 활동의 전형은 정치적 언론이다. 정치에서는 '누구'야말로 사활이 걸릴 만큼 중요하다. 같은 발언이라도 발화자가 다르면 받아들이는 방식이 완전히 달라진다. 같은 말이라도 비판하는 사람도 있고 지지하는 사람도 있다. 바꾸어 말하면 언제나 '인격'이 물음의 대상이 된다. 가혹해 보이지만 그러한 판단 기준의 다층화야말로 인간의 본질이고, 이 본질이 극단적으로 나타나는 영역이 정치라고 할 수 있다. 한나 아렌트는 사람이 인격과 인격으로 서로 부딪치는 것이야말로 공공성의 불가결한 조건이라고 생각했다. 그래서 노동과 제작이 아니라 활동만이 공공성을 구성할 수 있다고 주장했다.

무엇(what)과 누구(who)의 구별은 2장에서 논한 고유명의 문제와도 연관이 있다. 사이토 준이치는 한나 아렌트가 제시한 '나타남의 공간'이 지닌 사상적 의미를 '표상의 공간'과 대립시켜 설명한다.[62]

'나타남의 공간'과 '표상의 공간'의 대립은 2장에서 다룬 용어로 말하자면 '고유명의 공간'과 '확정 기술의 공간'의 대립으로 바꾸어 이야기할 수 있다. 우리는 보통 인간을 다양한 집

---

62 《公共性》, 40쪽 이하.

단으로 분류한다. 이 사람은 여성이라든가 고령자라든가 외국 국적자라든가 장애인이라는 식으로 '표상' 또는 확정 기술을 적용해서 이해한다. 대의제는 처음부터 이러한 이해를 바탕으로 성립한다. 그러나 사이토 준이치에 따르면 그러한 정치는 원리적으로 '표상의 공간'밖에 만들지 못하기 때문에 공공성을 형성할 수 없다. 진정한 공공성은 표상에 의한 분류를 거치지 않고 시민 한 사람 한 사람을 '하나의 인격'으로서, 그러니까 어떠한 확정 기술로도 환원할 수 없는 고유명으로서 받아들이는 공간을 구상해야만 한다. 그것이 사이토 준이치가 해석한 한나 아렌트의 공공성 논의에 깃든 가능성이다.

사회가 열려 있다는 것은 모든 사람이 고유명으로 존중받음을 의미한다. 그야말로 아름다운 이상이다. 리버럴 논자는 한나 아렌트의 공공성 논의를 이렇게 이해한다.

그러나 인간을 어떤 집단으로도 분류하지 않고 모든 시민을 고유한 인격으로 대하는 정치 또는 통치를 진실로 실현할 수 있을까.

고유한 인격으로 사람을 대하려면 비용도 많이 들고 위험성도 높다. 모든 사람에게 그렇게 할 수는 없다. 현실적으로 생각하면 행정은 그렇게 대하는 사람의 수를 가능하면 늘릴 수 있을 따름이다. 그렇다면 결국 '고유한 인격으로 대해야 할 사람들'이라는 새로운 분류를 만들어낼 수밖에 없지 않을까. 한나 아렌트가 이상으로 삼은 고대 그리스의 공공성이 여성과 노예를 배제했다는 사실을 고려하면 이는 구체적으로 가능한 이야기다. 동시에 이는 지금의 논의에서 지적한 바와 같이 닫힌 사회를 부정하고 열린 세계를 지향하는 모든 논의 자체가 닫혀 있을 수밖에 없다는 리버럴의 역설을 반복하는 것이기도 하다.

그런데 한나 아렌트의 공공성 논의는 이렇게 끝내고 말 것이 아니다. 이미 서술했듯《인간의 조건》에서는 공공성에 또 하나의 정의를 내리고 있다. 바로 지속성에 의한 정의다.

여기에서 그녀는 공공성을 활동만으로 구성할 수 없다고 주장하는 듯 보인다.

과연 무슨 뜻일까. 우리는 제작으로 사물을 만든다. 사물에는 객관성이 있고 제작자가 죽은 뒤에도 지속적으로 존재한다. 지속성이야말로 '공통 세계'에 공공성을 부여한다. 그것이 《인간의 조건》이 표명하는 기본 사상이다.

그러면 지속성은 전술한 인간적 영위의 세 가지 구분과 어떤 관계에 놓여 있을까. 이때 노동과 활동은 다 지속성을 부여하는 기능이 없다는 점을 주목해야 한다.

한나 아렌트가 보기에는 노동의 생산물은 노동자의 생명을 지속하기 위해 소비되어 없어지는 데 지나지 않는다. 거칠게 요약하면 아르바이트로 일하고 받은 임금이 생활비로 깡그리 없어지는 사태를 상상하면 이해하기 쉬울 것이다. 한편, 활동의 생산물도 남지 않는다. 활동이란 상대나 상황의 고유성에 따라 생성되는 커뮤니케이션이기 때문이다. 그것은 어디까지나 특정한 상황에서 특정한 타자를 향해 발화하는 것이고, 그 이상의 지속성은 없다. 그러면 어떠한 영위가 지속 가능한 것을 남길 수 있을까. 그것은 바로 제작이다. "지속성과 내구성이 없으면 세계는 존재할 수 없는데, 세계에 그것을 보증해주는 것은 제작의 생산물이다." 그녀는 이렇게 단정적으로 서술한다.[63]

나는 앞서 개방성으로서 공공성은 물리적으로 지속하는 세계를 전제한다고 썼다. 이 기술은 앞서 인용한 단언과는 반대로 한나 아렌트는 공공성이 결코 활동자의 언론에만 바탕하지 않는다고 생각했음을 시사한다. 인격으로서 사람이 서로 마주치는 '나타남의 공간'이 열렸다고 해도 그것을 '공통 세계'로서 지속시키기 위해서는 아무래도 제작자의 사물 제작이라는 도움이 필요하다.

한나 아렌트는 다음과 같이 기술한다. "활동하고 언론에 관여하는 사람들은 〈공작인〉[제작하는 사람]이 베푸는 최고 능력의 도움이 필요하다. 즉, 예술가, 시인, 역사 편찬자, 기념비 건설자, 작가의 도움이 필요하다. 왜냐하면 그들의 도움이 없으면 그들 영위의 생산물, 즉 그들이 역할을 맡아 이야기하는 서사는 결코 살아남을 수 없기 때문이다."[64] 여기에서 말하는 바는 명확하다. 정치가나 철학자는 확실히 공공성을 담당한다. 그들은 언어로 타자와 부딪친다. 그러나 그 행위는 그것만으로 사라지고 만다. 역사에 남기 위해서는 책을 쓰고 기념비를 세우고 사물을 만들어야 한다. 진정한 공공성은 활동과 제작이 조합하지 않으면 실현하지 못한다.

---

63   *The Human Condition*, p. 94;《人間の条件》, 148쪽.

64   ibid., p. 173; 위의 책 27쪽.

이상과 같이 한나 아렌트는 공공성이 한편으로 활동만으로 구성된다고 주장하면서 다른 한편으로 활동만으로는 구성되지 않는다고 주장한 듯하다.

왜 이러한 혼란이 일어났을까. 아마도 앞서 서술한 바와 같이 제작과 활동의 서열화가 몹시 거칠었기 때문이다. 《인간의 조건》은 전체적으로 두 가지 기둥으로 이루어져 있다. 하나는 공과 사라는 이항 대립(對立)에 바탕을 둔 공공성에 관한 논의이고, 또 하나는 활동과 제작과 노동이라는 삼항 정립(鼎立)에 바탕을 둔 인간적 영위에 관한 논의다. 두 가지 논점은 반드시 겹치지 않는다. 그렇지만 한나 아렌트는 양자를 억지로 겹치려고 한다. 다시 말해 활동은 공적 영역에 열린 영위(액티비티)이고 노동은 사적 영역에 가두어버린 영위(액티비티)라는 단순한 대응을 채용한 까닭에 제3항인 제작의 역할은 이야기하기 힘들어진 것이 아닐까.[65]

그렇다고 해도 《인간의 조건》을 꼼꼼하게 읽으면 알 수

---

65 나는 여기에서 철학자 자크 데리다가 논한 파롤(입말)과 에크리튀르(글말)의 관계를 떠올리면서 논의를 전개하고 있다. 자크 데리다는 《エクリチュールと差異(에크리튀르와 차이)》〔한국어판은 《글쓰기와 차이》(남수인 옮김, 동문선, 2001)로 출간되었다.─옮긴이〕 등에서 파롤은 에크리튀르 없이 존재할 수 없으나 서양철학은 언제나 파롤에 특권을 부여하고 마치 에크리튀르가 없어도 파롤이 단독으로 존재할 수 있다는 듯 사고를 전개해왔다고 지적한다. 여기에서도 마찬가지로 배재를 관찰할 수 있다. 파롤이 에크리튀르 없이 존재할 수 없듯 활동도 사실은 제작 없이 존재할 수 없다. 한나 아렌트 자신도 그렇게 기술했다. 동시에 그녀는 활동이 활동만으로 존재하고 공공성을 구축할 수 있는 듯 논의해버렸다.

있듯 그녀가 제작의 역할을 조금도 말하지 않았다고는 할 수 없다. 이 점에 주목해야 그녀의 공공성 논의도 더욱 풍부하게 이해할 수 있다고 생각한다.

그녀는 공공성을 개방성만으로 정의하지 않는다. 개방성과 지속성으로 정의했다. 개방성으로서 공공성은 활동에 의해 가능해지고 지속성으로서 공공성은 제작에 의해 가능해진다. 그렇다면 공공성의 질은 활동과 개방성뿐 아니라 제작과 지속성의 관점으로도 판단해야 한다.

나는 이렇게 이해한 한나 아렌트의 공공성이야말로 본 글에서 논의해온 정정 가능성의 개념과 깊이 연관을 맺는다고 생각한다. 이것이 이 글의 마지막에 제시하고 싶은 논점이다.

17

활동은 제작의 도움이 없으면 살아남지 못한다. 바꾸어 말하면 활동의 성과가 '공통 세계'의 구성 요소가 되느냐 아니냐를 결정하는 주체는 활동을 담당하는 인간 자신이 아니라 제작자라는 완전히 다른 유형의 사람이다. 정치가나 언론인의 가치는 '예술가, 시인, 역사 편찬자, 기념비 건설자, 작가' 등 무언가를 만드는 일에 관여하는 사람의 작업에 의해 정해진다.

한나 아렌트 자신도 활동자는 자신의 고유성을 알지 못한다고 기술한다. "활동의 완전한 의미가 분명히 밝혀지는 것은 활동이 끝난 다음"이고, "활동과 언론에 참여하는 사람은 자기 자신을 드러내지만 실은 그때도 자신이 누구인지 알지 못하고

어떠한 '누구'를 드러낼지도 미리 예측할 수 없다".[66]

이 서술은 매우 중요하다고 여겨진다. '나타남의 공간'에서 사람은 '무엇'이 아니라 '누구'로서 서로 대하고 이 점이 '표상 공간'의 커뮤니케이션과 다르다는 내용으로 지금까지 한나 아렌트를 이해해왔다. 그런데 사실 활동자 자신도 자기가 '누구'인지 잘 알지 못한다면 '나타남'과 '표상'의 대립 자체가 이상해진다. 한나 아렌트는 같은 곳에서 다음과 같이 말한다. "활동자 자신의 설명은 (…) 중요성과 신뢰성이라는 점에서 역사가의 이야기에 결코 견줄 수 없다. (…) 활동에 의해 이야기가 반드시 만들어진다고 해도 이야기를 느끼고 '만드는' 것은 활동자가 아니라 이야기 작가다." 이 기술을 통해 비록 활동자 자신이 자기가 '누구'인지 제시했다 해도, 그것은 이야기 작가 같은 제작자에 의해 언제나 정정될 수 있고 그렇게 하는 편이 힘이 강하다고 한나 아렌트가 생각했음을 알 수 있다.

사람은 보통 속성에 갇혀 있다. 그러나 '나타남의 공간'에서는 고유한 인격으로서 나타날 수 있다. 리버럴은 그렇게 주장해왔으나 사실 '나타남'만으로 공공성은 성립하지 않는다. 공공성은 '나타남의 공간'에 나타난 고유한 인격을 제작자라는 타자가 기록하여 '공통 세계' 안에 정착시켜야 비로소 생겨난다. 그곳에서는 제작가가 활동자의 자기 이해를 정정하는 일도 있을 수 있다. 한나 아렌트는 이렇게 주장했다.

---

66 *Human Condition*, p. 192. 《人間の条件》, 310~311쪽. 다음 단락의 인용도 같다.

이것은 매우 이해하기 쉬운 이야기다. 활동자는 자신이 '누구'인지 호소한다. 예를 들어 자신은 기존의 정치가와 다르고 사회를 바꿀 테니까 투표해달라고 유권자를 향해 소리 높여 외친다. 그러나 그러한 자기 이해가 올바른지 아닌지 정하는 것은 어디까지나 후세의 역사가다. 아무리 올바르게 행동하려고 했어도 시대와 더불어 윤리 기준이 바뀌는 바람에 '너는 사실 부패했다, 사실 차별주의자였다'는 말을 들으면 그 말에 원리적으로 반론할 수 없다. 한나 아렌트는 알기 쉽게 말해 공공성에는 그러한 가혹한 성격이 깃들어 있음을 주장한 것이다. 그것은 실로 이 글이 겹하기나 소크라테스의 예를 들어 논한 언어게임의 성격 자체이기도 하다. 한나 아렌트의 공공성 논의는 제작과 지속성의 논점을 도입함으로써 비트겐슈타인과 솔 크립키의 통찰에 매우 근접한다고 이해할 수 있다.

한나 아렌트가 비트겐슈타인에 대해 무슨 이야기를 했는지 나는 자세히 모른다. 아마도 접점은 별로 없을 것이다. 게다가 솔 크립키의 저작은 그녀 사후에 나왔다. 그렇지만 그 두 사람의 언어철학을 참조하면 그녀의 정치사상을 완전히 새롭게 읽어낼 수 있을지도 모른다.

한나 아렌트는 사회의 기초를 이루는 공공성을 정정 가능성에 기반한 지속적 공동체, 즉 '가족'으로 구상했다.

나는 이렇게 생각하고 싶은데, 해당 연구자에게는 난폭한 주장으로 들릴 것이다. 앞서 적은 바와 같이 그녀는 처음부터 폴리스를 오이코스에서, 즉 공공성을 가정에서 분리해야 한다고 주장했을 터이기 때문이다.

그러나 이러한 이해를 허용할 여지가 전혀 없지는 않다. 그녀의 정치사상은 다수의 인간이 있다는 단순한 사실을 대단히 중시한다. 인간이 다수 있다는 사실은 인간이 태어났다는 것이다. 사람이 부단히 새롭게 태어나고 아울러 새로운 사고의 가능성이 들어오는 것이야말로 공공성을 떠받치고 있다. 그녀는 아이가 태어나고 사람이 늘어난다는 단순한 사실이 당치도 않을 만큼 사상적으로 중요하다고 이해한 소수의 철학자에 속한다.[67] 이는 어쩌면 그녀가 유대인이고 홀로코스트를 피해 미국으로 건너간 경험과 관계가 있을지도 모른다.

인간이 다수 존재하는 것이 의견의 다양성을 낳고 공공성

---

67 《인간의 조건》의 서두에는 다음과 같은 대목이 있다. "가사성(可死性, mortality)이 아니라 출생(natality)이야말로 형이상학적 사고와 구별되는 정치적 사고의 중심 범주일 것이다." ibid., p. 9; 위의 책, 21쪽. 아마도 한나 아렌트는 여기에서 형이상학적 사고라는 말로 하이데거의 존재론을 시사한다. 하이데거는 인간＝현존재를 생각할 때 고유한 죽음으로 생각하는 일의 중요성을 주장한 철학자였다. 한편 한나 아렌트는 출생을 먼저 생각한다.

또한 한나 아렌트의 출생 개념에 대해서는 도야 히로시(戶谷洋志)와 모모키 바쿠(百木漠)의 공저 《漂泊のアーレント 戦場のヨナス(표백의 아렌트 전장의 요나스)》(慶應義塾大学出版会, 2020)를 참고할 수 있다. 이 책은 한스 요나스(Hans Jonas) 철학과 비교할 때 출생의 개념이 한나 아렌트의 사고 안에서 불안정하고 역설적이라는 점을 날카롭게 파헤치고 있다. 그 불안정함은 아마도 본론에서 검토하는 제작 개념의 불안정함과 겹친다. 파롤은 에크리튀르에 의존하고 활동은 제작에 의존하고 폴리스는 오이코스에 의존하고 정치는 출생에 의존한다. 그러나 파롤에 대한 사고는 에크리튀르를 소거하고 활동에 대한 사고는 제작을 소거하고 폴리스에 대한 사고는 오이코스를 소거하고 정치에 대한 사고는 출생을 소거해버린다.

을 마련한다. 한나 아렌트는 우선 이 복수성을 유지하는 조건을 생각했다. 이렇게 이해하면 그녀의 진정한 관심은 폴리스와 오이코스의 구별보다 훨씬 심오한 사안, 즉 세계의 지속성 자체였다고 해석할 수 있다.

여기에서는 잠깐 언급하고 지나가는 수밖에 없으나 실제로 그녀는 다양한 저작을 통해 지속성의 문제를 중심에 놓고 논의했다. 그녀는 《인간의 조건》이 나오고 5년 후인 1963년에 《혁명론》이라는 저서를 내놓았다. 이 저서는 한마디로 프랑스 혁명을 낮게 평가하고 미국의 독립혁명을 높이 평가하는 논의라고 요약할 수 있다. 왜 두 혁명을 대조적으로 평가했을까. 그녀가 보기에 전자는 혁명이라는 열광의 기억밖에 남기지 않은데 비해, 후자는 미합중국 헌법과 공화제와 같은 '공적 견해를 형성하기 위한 영속적 제도'를 남겼기 때문이었다.[68] 또한 만년에 들어 1970년에는 칸트의 정치철학을 강의했는데, 이것도 지속성 문제와 관련하여 주목해야 할 작업이다. 이 작업에서 그녀는 공공의 언론이 성립하기 위해서는 '독자'나 '관객'이 필요하다고 논했다.[69]

---

68   한나 아렌트는 다음과 같이 서술한다. "[대중의] 의견은 프랑스혁명과 미국혁명 양쪽에서 다 발견할 수 있으나 공화정의 구조 안에 공적 견해를 형성하기 위한 영속적인 제도를 설립하는 방법을 알았던 것은 미국혁명뿐이었다." ハンナ・アレント(한나 아렌트), 《革命について(혁명에 대하여)》, 志水速雄 訳, ちくま学芸文庫, 1995, 369쪽. 〔본서에서는 《혁명론》(홍원표 옮김, 한길사, 2004)에 준하여 책명을 표기했다. ─옮긴이〕

69   ハンナ・アーレント, 《カント政治哲学の講義(칸트 정치철학 강의), ロナルド・ベイナー(로널드 베이너) 편, 浜田義文(하마다 요시후미) 옮김, 法政大学出版

한나 아렌트는 혁명의 열광을 높이 평가하지 않았다. 혁명의 이상이 새로운 제도로 정착하지 않으면 별로 평가하지 않았다. 마찬가지로 열린 논의가 있다는 것만으로는 만족하지 않았다. 독자나 관객이 있고 미래에 전해져야 의미가 있다고 생각했다.

세계가 지속하는 것, 즉 사람이 태어나고 사물을 만들고 역사가 이어지는 것을 긍정하는 데서 시작하는 한나 아렌트의 정치사상은 그녀 자신이 가족이라는 말을 사용하지 않았다고는 해도 내가 보기에 실로 '가족의 철학'이라는 이름에 어울리는 듯 여겨졌다. 열려 있느냐 닫혀 있느냐는 그 다음에 나올 이야기다.

그녀는 《인간의 조건》에서 제작(work)을 '포이에시스'라는 그리스어로 바꾸어 말했다.[70] 이는 철학에서 잘 알려진 말인데 일본어로는 '시작(詩作)'이라고도 옮긴다. 이 말은 본서 첫머리에서 참조한 플라톤이 《국가》에서 이상국가의 실현을 위해 배제하려고 한 개념으로 알려져 있다. 플라톤은 포이에시스에 관여하는 사람들, 즉 '시인'은 수호자들의 마음을 어지럽히기 때문에 추방해야 한다고 이야기했다.[71]

플라톤은 국가에서 가족을 배제했던 것만이 아니다. 사물 만들기도 배제했다. 열린사회를 지향하고 언어만 조작하면 된

局, 1987, 91쪽 이하 참조. 〔한국어판은 《칸트의 정치철학》(김선욱 옮김, 한길사, 2023)으로 번역 출간되었다. ─옮긴이〕

70   *The Human Condition*, p. 195f; 《人間の条件》, 315쪽 이하.

71   605B 이하. 《プラトン全集》, 제11권, 718쪽 이하.

다는 리버럴의 착오는 2400년 전 철학자부터 현재까지 이어지고 있다. 내가 독해한 한나 아렌트가 그 전통에 쐐기를 박는데 도움이 되기를 바란다.

1부를 끝내기 전에 우선 결론을 밝히고자 한다. 나는 여기에서 시민사회와 가족, 열린 공(公)과 닫힌사회, 리버럴과 보수라는 대립에서 벗어나 공동체를 생각하기 위해서는 비트겐슈타인과 솔 크립키의 철학에서 끌어낸 '정정 가능성'이라는 사고방식에 주목하고 가족의 개념을 재구축해야 할 필요가 있다고 논했다.

공동체의 동일성이 부단하게 정정된다는 것은 공동체가 지속 가능하다는 말이기도 하다. 최근의 리버럴은 개방성만 생각하는 동시에 지속성에는 지나치게 둔감했다.

나는《관광객의 철학》에서 '다중(multitude)'이라는 개념을 언급했다. 철학자 안토니오 네그리가 1990년에 제시한 이 개념은 글로벌 시민이 만드는 새로운 연대를 가리킨다. 종래의 당이나 시민운동과 다른 형태의 조직 원리를 뜻하는 이 말은 한때 상당히 화제에 올랐다.

그러나 유감스럽게도 안토니오 네그리가 이 개념을 제안한 지 사반세기가 지난 오늘날에도 다중을 어떻게 조직할 수 있는지, 무엇을 이념으로 내거는지에 대해 좌파 철학자는 정당한 이론을 하나도 내놓지 못하고 있다. 이러한 이론의 결여는 엄청나게 심각하다. 최근에는 벨기에 출신의 정치철학자 샹탈 무페처럼 포퓰리즘에 기대하는 수밖에 없다는 논의까지 나타났을 정도다.[72] 실제로 현재 좌파는 기후변동이든 젠더 문제든 미디어와 손을 잡고 포퓰리즘을 연출하는 데 퍽 능하다. 항의운동은 전 세계적으로 멋있는 행동이 되어 젊은이와 연예인이 빠짐없이 참가한다. 이 같은 열띤 현상은 일부 학자와 미디어 관계자에게 새로운 희망으로 보이는지도 모르겠다. 하지만 축제는 축제에 지나지 않는다. 다수파의 의견을 바꾸지는 못한다. 혹여 좌파가 장기적 전략 없이 일시적 유행에 올라타고 이에 만족한다면, 일찍이 한나 아렌트가 지적한 열광만 추구한 프랑스혁명의 실패를 반복하는 종말을 맞이할 것이다. 적어도 일본에서는 4장 서두에 기술한 대로 최근 10년 동안 좌파 또는 리버럴이라 일컬어지는 세력은 놀랄 만큼 쇠퇴했다. 틀림없이 그 원인의 일부는 포퓰리즘을 지향하는 경향에 있다.

따라서 나는 현재 리버럴의 언어에 조직이나 운동의 지속 가능성이라는 관점을 다시 강력하게 도입해야 한다고 생각한다. 한나 아렌트의 독해는 이러한 문제의식에 입각해 있다.

정치가 지향해야 할 공공성은 개방성의 자리뿐만 아니라

---

72 이를테면 샹탈 무페는 다음과 같이 서술한다. "좌파 포퓰리즘 전략은 한층 더 나아간 민주적 질서를 추구하는 공통의 감정에 기초한 집합적 의지의 결정화를 지향하고 있다. 이 전략은 새로운 동일화 형식을 가져올 담론적/정동적 실천의 댓글을 통해 욕망과 감정의 다양한 사회 체제의 창출을 요구한다." シャンタル・ムフ(샹탈 무페), 《左派ポピュリズムのために(좌파 포퓰리즘을 위하여)》, 山本圭(야마모토 게이)・塩田潤(시오타 준) 옮김, 明石書店, 2019, 103쪽. 〔한국어판은 《좌파 포퓰리즘을 위하여》(이승원 옮김, 문학세계사, 2019)로 출간되었다.―옮긴이〕 실로 추상적인 서술이다. 우리에게는 중요한 '사회 체제'가 구체적으로 어떠한 것이어야 하는지, 그 지침이 되어줄 철학이 필요하다.

지속 가능한 자리, 정정 가능성의 자리에서 구상해야 한다. 이것이 1부의 결론이다.

이상적인 정치는 모든 법, 모든 편견, 모든 차별, 모든 이데올로기, 친구와 적이라는 모든 분리를 극복해야 한다. 본서의 논의는 이 신념 위에서 이루어졌다. 그런 점에서는 리버럴의 편에 서 있다.

나는 정치의 이상은 역사의 축적을 부정하는 것이 아니라, 즉 '리셋'하는 것이 아니라 과거의 부조리를 어느 정도 허용하는 동시에 늘 정정 가능성에 열려 있는 지속적 운동을 거치면서 실현될 수밖에 없다고 본다. 이런 측면에서 본서는 리버럴과 거리가 있다. 리버럴은 이러한 체념에 대해 보수적이고 현상 추수적이라고 비난할 것이다. 그러나 나는 그것만이 현실적인 사회변혁의 태도라고 생각한다. 우리는 '리버럴 아이러니스트'로서 또는 다시 일어서는 보수주의자로서 전통을 지키기 위해 바꾸고, 또는 전통을 바꾸기 위해 지키는 양면적 태도로 사회를 대해야 한다. 아마도 그것만이 인간이 할 수 있는 일이다.

일찍이 자크 데리다는 탈구축이란 정의(正義)를 가리킨다고 말했다.[73] 이 말에 빗대어 말하자면 정의란 정정 가능성을 가리킨다고 표현할 수 있을지도 모른다. 인간은 항상 정도를 벗어난다. 정의는 그것을 정정하는 운동일 따름이다. 정의는

---

73 ジャック・デリダ(자크 데리다), 《法の力(법의 힘)》 新装版, 堅田研一(가타다 겐이치) 옮김, 法政大学出版局, 2011, 34쪽. 〔한국어판은 《법의 힘》(진태원 옮김, 문학과지성사, 2004)으로 번역 출간되었다. —옮긴이〕

열려 있는 것의 안이 아니라 정정 가능한 것의 안에 있다.

* * *

　사족이지만 본서의 스타일에 대해 짧게 부언해두고 싶다. 나는 1부를 칼 포퍼의 플라톤 해석으로 시작해 에마뉘엘 토드, 비트겐슈타인, 솔 크립키 같은 인물을 거쳐 마지막에 리처드 로티와 한나 아렌트의 재해석으로 맺었다. 2부에서도 비슷한 스타일로 논의를 진행할 것이다.
　인문학은 과거 아이디어의 조합으로 사고를 전개한다. 따라서 이러한 스타일은 친숙하다.
　그렇지만 본서가 참조한 아이디어는 시대, 언어, 장르가 다 제각각이다. 그런 점에서 거부감을 느끼는 독자도 적지 않을 것이다. 이 글은 솔 크립키와 리처드 로티와 한나 아렌트를 마음대로 조합했는데, 그들이 서로를 참조한 일은 없다. 그들을 연결한 바탕은 결국 내 직감이다. 이러한 독해는 아직껏 환영받지 못했다. 전문가가 보기에는 근거도 없는 곡예에 불과할 것이고, 일반 독자가 보기에는 불필요하게 철학자의 이름을 나열한 에두른 논의로 보일 것이다.
　그렇지만 굳이 이런 스타일을 채용한 까닭은 그것이 철학의 재생을 위해 필요하다고 판단했기 때문이다.

　2023년 현재 일본에서는 인문학의 평판이 떨어질 대로 떨어져 있다. 언론인이나 비평가에게 예전의 존재감은 없다.

유명한 학자도 거의 없다. 세상에 나온 인문계열 학자의 면면을 살펴보면 활동가 풍으로 극단적인 정치 주장을 마구 던지는 관심종자뿐이다. SNS를 켜면 문과 계열은 바보다, 비과학적이다, 쓸모없다, 남의 일에 트집을 잡을 뿐이라고 매도하는 욕설이 늘 넘친다. 나는 인문계열 학부 출신이지만 이런 말을 마주칠 때마다 만약 지금 내가 10대 고등학생이었다면 문과 진학을 선택하는 일은 없으리라고 진지하게 생각한다.

인문학은 신뢰를 회복해야 한다. 인문학에는 자연과학이나 사회과학과 다른 역할이 있다는 것을 설득력 있게 논리적으로 전해야 한다. 사실 본서는 그런 의도로 쓰였다.

앞서 말했듯 인문학은 과거 아이디어의 조합으로 사고를 전개한다. 자연과학처럼 실험으로 가설을 검증하지 않는다. 사회과학처럼 통계 조사를 활용하지 않는다. 플라톤은 이렇게 말했다, 헤겔은 이렇게 말했다, 하이데거는 이렇게 말했다는 식으로 축적을 활용하여 과거의 텍스트를 다시 읽음으로써 사상을 표현한다. 모든 인문학이 그렇지는 않다고 반론할지도 모르겠으나 적어도 인문학의 중심을 지켜온 대륙계 철학은 이러한 스타일을 채용한다.

인문학의 이러한 스타일은 현재 부정적으로 평가받을 때가 많다. 비과학적이고 권위주의적이고 때로는 종교 숭배와 비슷해 보이기 때문이다. 일견 일리가 있을 때도 있다.

그러나 내 생각에 인간은 결코 그런 기묘한 행위를 내버릴 수 없다. 왜냐하면 '컬트' 같은 스타일은 사실 인간이 언어를 사용해 사고하는 이상 피할 수 없는 어떤 조건을 응축해 반영한 데 지나지 않기 때문이다. 본서는 그 조건을 '정정 가능성'이라고 불러왔다.

우리는 단순한 더하기조차 완벽하게 정의할 수 없다. 솔 크립키가 말한 회의론자를 배제할 수 없다. 그렇다면 진리, 선, 미, 정의 같은 까다롭고 섬세한 개념을 상대로 모든 것을 뒤엎어버리는 회의론자의 출현을 어떻게 배제할 수 있단 말인가. 인문학자는 그 점을 잘 알고 있다. 그래서 인문학은 모든 중요한 개념에 대해 역사나 고유명이 없는 정의는 처음부터 포기하고 선행하는 텍스트를 다시 읽어냄으로써, 다시 말해 '정정'함으로써 재정의를 되풀이하는 길을 선택한다. 그것은 결과적으로 선행자의 업적을 무비판적으로 존중하는 비과학적이고 권위주의적인 행위로 보인다. 하지만 결코 그것이 목적은 아니다.

따라서 나는 본서에서 정정 가능성에 대해 이론적으로 이야기하는 동시에 정정의 행위를 '실천'해야 한다고 생각했다. 나는 1부에서 가족이나 정정 가능성에 대해 '올바른' 이해를 제안한 것이 아니다. 나는 비트겐슈타인의 철학을 정정하고, 리처드 로티의 연대 이론을 정정하고, 한나 아렌트의 공공성 이론을 정정하는 식으로 정정의 연쇄를 실천했다. 따라서 본서의 결론도 언젠가 독자 여러분이 정정할지도 모른다. 그 가능성을 배제할 수 없다. 오히려 그 배제 불가능성이야말로 인문학의 지속성을 보증한다.

인문학이 이러한 스타일을 채용하는 것은 결코 인문학자가 어리석기 때문이 아니다. 인간은 애초에 그렇게 사고할 수밖에 없다. 인문학이 소멸하는 때가 있다면 그것은 인간이 더는 인간이 아니고 비트겐슈타인과 솔 크립키의 지적이 무효가 될 때가 아닐까 생각한다.

2부에서는 인간이 인문학을 원리적으로 파기할 수 없다는 것을 민주주의의 문제로 생각해보자.

2부

일반의지 다시 생각하기

5장

인공지능 민주주의의 탄생

2부에서는 현대 세계가 직면한 민주주의의 위기를 개관하고, 그것을 '정정 가능성'의 논리를 통해 어떻게 극복할지 논한다. 1부와 마찬가지로 따로 읽을 수 있는 논의이지만, 이번에는 2011년에 펴낸《일반의지 2.0》의 주제를 이어받고 있다.[1]

2부는 2021년 말부터 2023년 봄에 걸쳐 집필했다. 코로나19 팬데믹 사태가 일어나 혼란스러웠다가 약독성 백신의 출현으로 서서히 혼란이 누그러지기 시작한 시기다.

2020년부터 약 3년 동안 이어진 이 혼란의 시기를 후세

---

1 東浩紀,《一般意志2.0(일반의지 2.0)》, 講談社, 2011; 講談社文庫, 2015. 이하의 참조는 고단샤 문고판을 기준으로 했다.〔한국어판은《일반의지 2.0》(안천 옮김, 현실문화, 2012)으로 출간되었다. — 옮긴이〕

는 어떻게 정리할까. 지금으로서는 짐작할 수 없다. 팬데믹 초기에는 이 혼란을 계기로 현대 문명이 거세게 변할 것이라는 담론이 미디어를 휩쓸었다. 하지만 무슨 일이든 당사자는 사태를 과대평가하는 법이다. 끝나고 나면 의외로 깔끔하게 정리할 수 있을지 모른다. 2022년 2월에 발발한 러시아의 우크라이나 침공으로 이미 코로나19 팬데믹 사태의 인상은 흐려지고 있다.

다만 이 시점에 한 가지만은 확실하다. 바로 팬데믹은 현대 세계가 혼란 상태(panic)에 취약하다는 것을 드러냈다는 점이다.

신형 코로나바이러스 감염증은 확실히 기존의 감기보다 치사율이 높고 감염력도 세다. 하지만 천연두나 에볼라바이러스처럼 치사율이 높지 않고, 볼거리처럼 감염력이 센 것도 아니다. 젊은층에서는 무증상이었다가 낫는 예도 많은 점으로 보아 한순간 사회를 붕괴시키는 감염증은 확실히 아닌 듯하다.

그러나 전 세계에 공포를 부채질하는 보도가 이어지고 각국은 초법규적 강권을 발동하기 시작했다. 과학자와 의료 종사자의 냉정한 목소리도 대중의 공포를 누그러뜨리기에는 역부족이었다.

아니 최근 3년 동안 과학자와 의료 종사자마저 혼란에 빠진 것이 분명했다. 물론 현대 의학의 공헌은 아무리 강조해도 모자란다. ECMO(에크모, 체외막 산소 공급)는 사망자의 수를 대폭 줄였고 백신은 감염 확대 방지에 결정적인 역할을 해냈다. 팬데믹 초기에는 무엇이 감염 방지에 효과적인지 아무도 알지 못했고 감염 확대의 예측도 정확하지 않았다. 과잉 통제를 요구한 일부 전문가의 의견을 무비판적으로 채용한 경향도 있었다. 긴급 상황이니까 어쩔 수 없다는 견해도 있었으나 세계 각국에서는 법적 근거나 경제적 손실을 거의 논의하지 않은 채 국경 봉쇄, 도시 봉쇄(lockdown), 외출 금지 같은 강력하게 사적 권리를 제한한 심각한 문제가 있었다. 특히 일본에서는 과학적이라고 할 수 없는 괴이한 정책을 툭하면 '자숙'이라는 이름 아래 임시방편으로 시행했다. 후세 사람은 아마도 팬데믹 시기 중 의학의 승리나 인류의 예지가 아니라 '허둥지둥하는 모습'을 가장 뚜렷이 기억하지 않을까.

왜 사람들은 이렇듯 허둥지둥했을까. 의료에 대한 과잉 기대, SNS의 무책임한 정보 확산, 최초 감염 사례를 보고한 중국에 대한 불신, 할리우드 영화가 대표하는 선정적 영상 문화의 영향 등 숱한 원인을 손꼽을 수 있다. 앞으로 이 점도 검증해나갈 것이다.

이러한 전제 위에서 나는 우리가 겪은 혼란의 사상사적 의미를 출발점으로 삼아 사고를 전개해나가고 싶다.

팬데믹은 사반세기 동안 정보 기술의 진보와 더불어 증폭해온 과잉 인간 신앙에 대해 매몰차게 찬물을 끼얹은 경험이었다고 생각한다. 현대 민주주의의 문제는 실로 이 신앙과 깊이 연관되어 있다.

1

일반적으로 별로 지적하지 않는 문제인데, 2010년대는 사상사적으로 '거대 서사'가 부활한 시대였다고 할 수 있다.

'거대 서사'란 인류사에는 커다란 흐름이 있고 학문이든 정치든 경제든 마지막=목적(end)에 봉사하는 것이 올바르다는 생각을 가리킨다. 알기 쉽게 말하면 인류는 직선적으로 진보하고 있고 진보를 좇아가는 일이 올바르다는 사고방식이다. 20세기에는 공산주의가 거대 서사로서 기능했다. 그것은 실로 인류 사회의 마지막=목적은 자본주의의 종언=공산주의의 도래라고 소리 높여 외친 사상이었기 때문이다.

1970년대에 들어오고 나서 이러한 사고방식은 비판받기 시작했다. 그중 하나가 포스트모더니즘이라 일컬어지는 움직임이다.

20세기가 끝날 무렵에는 소련이 붕괴한 일도 있어서 거대 서사 같은 발상은 거의 지지받지 못했다. 1971년에 태어난 나는 학생 시절 '거대 서사의 종언'이 머릿속에 박힌 세대에 속한다. 인간 역사에 직선적 진보는 없고 무엇이 올바르고 무엇이 틀린지도 단순하게 판단할 수 없다는 것이 우리 세대의 상식이었다.

그런데 21세기를 맞이하자 거대 서사라는 발상이 새롭게 옷을 갈아입고 부활하기 시작한다. 다만 이번 서사의 모체는 공산주의 같은 사회과학이 아니다. 정보산업론과 기술론이다. 바탕을 이루는 모체도 정치가와 문학가가 아니라 기업가와 엔지니어다. 한마디로 인문 계열의 거대 서사가 사라졌는가 싶더니 이공 계열의 새로운 서사가 등장한 셈이다.

예컨대 2010년대 유행어로 'singularity(싱귤레리티)'라는 말이 있다. 사전 그대로 옮기면 '특이점'에 해당하는 영어인데, 인공지능(AI)이 인류의 생물학적 지능을 넘어선 전환점, 또는 그 전환으로 생활과 문명에 엄청난 변화가 일어난다는 사상을 의미한다. 최근 몇 년 사이에 일본의 매스컴도 빈번하게 다루었기 때문에 이 말을 들어본 독자도 꽤 있을 것이다. 최근에는 엔지니어와 비즈니스맨뿐 아니라 정치가도 이 말을 언급한다.

이 말은 주의 깊게 사용할 필요가 있다. 물론 인공지능의 보급은 두말할 나위 없이 생활과 산업을 눈에 띄게 바꾸었다. 하지만 싱귤레리티(특이점)는 결코 상식적 견해만 의미하지 않는다.

싱귤레리티라는 말은 미국의 미래학자 레이 커즈와일이 2005년에 출판한 《특이점이 온다》를 계기로 주목받았다. 일본에서는 '포스트휴먼 탄생'이라는 제목으로 번역했다. 이 제목이 단적으로 드러내듯 레이 커즈와일은 인공지능이 2045년에는 인류의 지성을 뛰어넘는다고 예언한다. 이 예언은 자주 인용된다. 2045년은 앞으로 겨우 사반세기 후일 뿐이다. 올해 태어난 아이가 어른이 될 즈음에는 기계가 인간을 능가한다는 것인데, 이 말을 들으면 누구라도 '이크, 큰일났구나' 싶을 것이다.

하지만 레이 커즈와일의 책을 실제로 읽어보면 근거가 무척 단순하다는 점을 느낄 수 있다. 그는 정보 기술의 진보 속도가 점점 빨라지고 앞으로도 계속 그럴 것이기 때문에 앞으로 40년이 지나면 놀랄 만큼 컴퓨터의 힘이 강력해진다는 직관만으로 미래를 예측하는 데 지나지 않는다.

확실히 집적회로의 발전사에는 '무어의 법칙'이라는 유명한 경험칙(經驗則)이 있다. 반세기 동안 컴퓨터의 계산 속도는 지수 함수적으로 계속 상승하고 메모리 가격은 지수 함수적으로 계속 내려갔다. 이는 사실이다.

그러나 집적회로의 축소에는 양자론적 한계가 있다. 나아가 이른바 지성이라고 부르는 것이 현재 컴퓨터의 형태(폰 노이만 구조)를 유지한 채 계산량의 확대만으로 재현할 수 있는지 아닌지도 이론적인 미지수다. 그래도 레이 커즈와일은 이런 문제를 전혀 고려하지 않고 모든 문제는 계산력의 증가로 해결할 수 있다고 가정한다. 또한 2030년대에는 뇌의 완전한 스캔과 디지털화가 가능해지고, 2040년대에는 생물학적 한계를 넘어 인간의 지성을 확장할 수 있다고 주장한다.

내가 보기에 레이 커즈와일은 일찍이 1960년대나 1970년대에 '미래학'을 선전하던 사람들이 저지른 오류를 자각 없이 반복하는 듯하다. 그때는 라이트 형제의 첫 비행이 있은 지 겨우 사반세기가 지난 시점으로 인공위성을 쏘아 올리고 아인슈타인이 상대성 이론을 발견하고 겨우 40년 만에 원자폭탄이 만들어졌다는 사실을 자주 언급했다. 이와 같은 진보의 속도가 파괴적인 만큼, 21세기에는 틀림없이 우주 식민지(space colony)를 띄울 것이고 핵융합도 실현할 것이라고 입을 모아 그럴듯하게 이야기했다. 기술이 지금까지 이만큼 이런 속도로 진보해왔으니까 앞으로도 똑같이 진보할 것이라고 성장 곡선을 예측하는 발상은 기본적으로 매우 의심스럽다.

이렇게 기술하면, 그렇지 않다며 정보 기술이 지수 함수적으로 성장한다는 본질은 실로 상식을 뛰어넘으므로 그런 의심은 의미가 없다고 반론하는 사람이 있을지도 모른다. 비즈니스 서적에는 종종 그런 말이 우스울 만큼 진지하게 쓰여 있기도 하다. 상식을 버리고 믿는 일이 중요하다고 하면 더는 할 말이 없다.

그런데 비록 레이 커즈와일의 몇몇 예측이 옳았다고 인정하더라도 그가 대단히 몽상가 기질의 인물임은 부정할 수 없다. 그의 저작을 다 통독하면 알 수 있듯 그는 신체를 벗어던진 초지성이 태양계를 넘어 광속을 넘어 퍼져나가 이윽고 우주 전체를 각성시킨다는 장대한 역사 속에서 싱귤레리티가 도래한다는 의미가 무엇인지 규정한다.[2] 인공지능이 인간의 뇌를 넘어서는 일은 지성의 우주적 진화를 나타내는 제일보에 지나지 않는다. 이는 아무리 생각해도 정치와 비즈니스가 지침으로 삼을 만한 이야기가 아니다.

레이 커즈와일의 저작은 신비 사상으로 읽혀야 한다. 사

2　レイ·カーツワイル(레이 커즈와일), 《ポスト·ヒューマン誕生(포스트휴먼 탄생)》, 井上健(이노우에 겐) 등 옮김, NHK出版, 2007, 457쪽 이하. 〔본서에서는 《특이점이 온다》(장시영·김명남 옮김, 김영사, 2007)에 준하여 책명을 표기했다.-옮긴이〕다른 대목에서 레이 커즈와일은 다음과 같은 글도 남겼다. "인류의 문명은 우리가 마주칠 말하지 않는 물질과 에너지를 숭고하고 지능이 높은(intelligent)-즉 초월적인-물질과 에너지로 전환하면서 바깥으로 또 바깥으로 확장해나갈 것이다. 따라서 어떤 의미에서 특이점은 최종적으로 우주를 덩어리로 채운다고 말할 수도 있다. (…) 진화는 신과 같은 극치에 도달할 수는 없다고 해도 신의 개념을 향해 뚜렷하게 나아가고 있다. 그러므로 인간의 사고를 생물적 제약에서 해방하는 것은 본질적으로 영적인(spiritual) 사업이라고도 할 수 있다."(520~521쪽) 여기에서 레이 커즈와일은 그의 논의적 기초가 종교적 정열이라는 것, 나아가 신학 자체라는 점을 추호도 숨기지 않는다.

상사적으로 보면 19세기 러시아의 니콜라이 표도로프, 20세기 프랑스의 피에르 테야르 드 샤르댕으로 이어지는 듯한 우주주의 철학의 부활이라고 규정해야 할 것이다. 그렇지만 그러한 주장이 마치 견실한 미래 예측인 듯 정치가와 경영자는 논의한다. 여기에 문제가 있다.

2010년대에는 레이 커즈와일을 이어받는 방식으로 공상적 논의가 다수 나타났다. 예컨대 스웨덴 출신의 철학자 닉 보스트롬은 이렇게 말한다. 싱귤레리티가 도래해 인공지능이 의식을 획득한다면 그들은 압도적 지성으로 자기 보존에 매진할 것이기 때문에 결과적으로 지구 전체의 자원을 독점하고 인류를 절멸시킬 가능성이 있다. 그렇다면 인류는 앞으로 그들에게 대항할 방책을 생각해두어야 한다. 이렇게 경종을 울린 그의 주장은 일부 미디어의 주목을 받았다.[3] 이 정도면 그야말로 SF라고 보아야 한다. 빌 게이츠나 일론 머스크 같은 유명한 사람들이 이를 진지하게 받아들이고 성명을 발표했다.

일본의 예를 들어보자. 2010년대 거대한 영향력을 미친 사상가로 오치아이 요이치를 꼽을 수 있다.

이 사람은 대학에 적을 둔 연구자일 뿐 아니라 엔지니어이자 아티스트에 스스로 벤처 기업을 경영하는 새로운 유형의

3　ニック・ボストロム(닉 보스트롬), 《スーパーインテリジェンス(슈퍼 인텔리전스)》, 倉骨彰(구라호네 아키라) 옮김, 日本経済新聞出版社, 2017. 〔한국어판은 《슈퍼 인텔리전스: 경로, 위험, 전략》(조성진 옮김, 까치, 2017)으로 번역되었다. -옮긴이〕

지식인이다. 행정에도 깊이 관여하고 있고 2025년 만국박람회에서는 파빌리온 하나를 온전히 담당한다고 한다.

그는 2018년 《디지털 네이처》라는 저서를 발표했다. 디지털 네이처란 '계수적(計數的) 자연'을 의미하는 조어다. 가까운 미래에 세계의 모든 곳에는 센서 장치가 달리고 인적 흐름과 물적 흐름을 모두 데이터로 작성해 네트워크를 통해 접근하고 분석하는 시대가 찾아온다. 그때 우리는 눈과 귀로 포착할 수 있는 물리적 환경과는 별도로 디바이스를 통해 지각하는 데이터 환경도 새로운 '자연'으로 인식한다. 이를 디지털 네이처라고 한다. 오치아이 요이치는 앞으로 정치와 비즈니스는 디지털 네이처의 활용에 민감해질 수밖에 없다고 주장한다.

이 주장 자체에는 문제가 없다. 데이터 환경의 중요성은 가상현실이나 확장현실 같은 말로 널리 인식하고 있다. 다만 오치아이 요이치는 데이터 환경의 탄생을 통해 레이 커즈와일의 싱귤레리티와 같은 거대한 문명론의 의미를 끌어내고 있다.

그에 따르면 디지털 네이처가 탄생하면 인류는 불완전한 시장 원리에 기대지 않고도 자원을 가장 적절하게 배분할 수 있다. 생산력은 비약적으로 증대하고 개인의 특성을 분석해 사회적 역할을 지정할 수 있다. 그때 인류는 한줌의 선진적 자본가＝엔지니어층(AI＋VC층)과 대다수 노동에서 해방된 대중층(AI＋BI층)으로 분열한다고 한다. 'AI＋VC'는 인공지능(AI)의 지원을 받아 혁신에 도전하는 벤처 캐피탈(VC)의 담당자를 의미하고, 'AI＋BI'는 정부의 기본소득(BI)으로 의식주를 보장받고 인공지능의 권장에 따라 그럭저럭 행복을 추구하는 삶을 의미한다.

이는 인류를 선량한 부류와 그 밖의 부류로 나누는 사회상일 따름이다. 분명히 윤리적으로 문제가 있다. 더구나 골치아프게도 그는 자신의 저서에서 디지털 네이처의 탄생이 인류를 낡은 도덕관에서 해방한다고 주장함으로써 비판의 가능성자체를 봉쇄해버린다.

그의 전망에 따르면 미래의 인류, 아니 그 일부인 'AI+VC층'은 이미 개인의 행복 같은 소소한 목표에 관여하지 않는다. 원대한 시야로 혁신을 추진하고 '컴퓨터가 초래하는 전체 최적화에 의한 문제 해결'로 인류라는 종 전체의 행복을 추구한다. 그 시도는 완전히 새롭고 숭고하기에 '자유'나 '평등'같이 시대에 뒤떨어진 인간 중심주의적 사고에 얽매이지 않는다. 그는 이 점에 대해 싱귤레리티 이후에는 '인간'의 개념이야말로 '굴레'가 되고 사람들은 '기계 중심의 세계관'에 대응할 필요가 있다고 거듭 강조한다. 그때가 오면 "전체 최적화에 의한 진체주의는 모든 인류의 행복을 추구할 수 있고, 누구나 불행해지는 일이 없다"고 한다.[4]

한마디로 오치아이 요이치는 전체주의를 단적으로 긍정한다. 그의 엔지니어나 아티스트의 업적에는 경의를 표해야 할 것이다. 그러나 그의 미래상이 레이 커즈와일만큼 장대하지는 않다고 해도, 그것 못지않게 몽상적이고 정치적으로는 더 위험

---

4 落合陽一(오치아이 요이치),《デジタルネイチャー(디지털 네이처)》, PLANETS, 2018, 181·219· 221쪽.

하다는 점에 주의를 기울여야 하지 않을까. 정보 기술과 전체주의의 관계는 6장에서 다시 살펴보겠다.

이렇듯 2010년대는 정보산업론을 배경으로 삼은 몽상적 문명론이 정치와 비즈니스 현장에 막대한 영향을 미치는 시대였다. 우리는 현재 공산주의라는 첫 번째 거대 서사가 물러가고 싱귤레리티의 도래라는 두 번째 거대 서사가 지배하는 시대를 살아가고 있다.

자본주의는 막을 내릴 일이 없다. 세계혁명은 일어나지 않는다. 국민국가도 사라지지 않는다. 그 대신 인류에게는 계산력의 지수 함수적 성장이 주어진다. 남아도는 계산력은 어느 시점에 인류 사회와 문화를 근본적으로 바꾸어버릴 것이다. 인류는 머지않아 일하지 않아도 누구나 쾌락을 얻고 실질적으로는 죽지도 않는 영원한 낙원으로 들어가는 표를 손에 쥘 수 있다. 그 미래의 문을 여는 것은 정치가와 철학자가 아니라 기업가와 엔지니어다….

2

2010년대는 거대 서사가 부활한 시대였다. 그것은 인간 신앙의 시대라고 표현할 수 있다.

이는 역설적으로 들릴지 모른다. 2010년대는 일반적으로 인간 중심주의가 비판받은 시대라고 생각하기 때문이다. 실제로 철학계에서는 '포스트휴먼', '트랜스휴먼' 같은 '인간 초월적 존재'를 의미하는 말이 유행했다. 오치아이 요이치도 인간의 개념은 과잉이라고 기술한다.

그러나 그것은 역점의 차이에 불과하다. 레이 커즈와일이나 오치아이 요이치가 주장한 바는 요컨대 인간의 한계를 뛰어넘는 기술 산출 능력이 인간에게 있다는 것이다. 이렇게 보면 그들의 인간 비판에는 인간 지성의 가능성에 대한 강력한 믿음이 깔려 있다. 그렇다면 그것은 인간 신앙의 과잉으로 부를 수도 있고 인간 중심주의 비판이라고 부를 수도 있다. 여기에서 두 사람 다 인간에게 가당치도 않은 훌륭한 일을 이루어낼 수 있는 능력이 있다고 확신한다는 점이 중요하다.

이번에 경험한 팬데믹은 실로 그러한 확신에 찬물을 끼얹었었다.

2023년 현재 벌써 기억의 저편으로 사라지고 있는 사실인데, 코로나19 팬데믹 사태 초기에는 인공지능과 빅데이터의 활용으로 감염 확대를 저지하는 방법을 제안하고 진지하게 검토했다.

특히 2020년 4월 애플과 구글 양대 테크놀로지 기업이 휴대전화의 근거리 무선 통신 기능을 활용한 접촉 가능성의 검출 추적 기능을 개발했다고 발표하여 기대를 모았다. 누가 누구와 언제 접촉해 바이러스를 교환했을 위험이 있는지, 휴대전화의 무선 통신을 이용해 기록함으로써 감염 경로를 특정하고 감염 확률이 높은 접촉자를 격리하기 쉽게 해준다는 선전이었다.

이 구상은 실제로 작동함으로써 그해 여름 여러 나라에

서 신기술을 이용한 접촉 확인 애플리케이션을 배포하기 시작했다. 일본에서도 그것을 배포하고 한때 대대적으로 선전했다. 하지만 결론부터 말하자면 그 기능은 거의 도움이 되지 않았다. 근접성의 기록만으로는 접촉 확률을 오인할 가능성이 높았을 뿐 아니라 애초부터 대다수 사람은 애플리케이션을 설치하지 않았기 때문이다. 특히 일본에서는 애플리케이션 자체가 최초 몇 개월을 제외하고 제대로 작동하지 않았고, 그 사실을 다음 해 초에 공표하자 그 존재를 급속하게 잊어버렸다. 지금은 심지어 삭제를 권장하고 있다.

그 밖에도 팬데믹 동안에는 정보 기술에 대한 과잉 기대를 저버리는 사례가 줄을 이었다. 감염자 수의 증감은 시뮬레이션과 계속 어긋났다. 미디어에서는 연일 번화가의 인적 흐름을 억제하는 효과를 보도했으나 실제로 이용한 데이터는 휴대전화의 듬성듬성한 위치 정보에 지나지 않았다. 결국 현실적으로 마스크, 손 씻기, 철저한 외출 금지 같은 수 세기 전과 변함없는 전통적 감염 방지 대책만 효과가 있어 보였고, 정책의 근거도 마지막까지 '이제 슬슬 고비를 넘겼구나' 하는 경험적 앎을 넘어서지 못했다. 오치아이 요이치의 《디지털 네이처》는 인적 흐름과 물적 흐름을 모두 데이터로 바꾸어 자원의 최적화가 가능해지는 미래를 그렸으나, 현실의 인류는 감염증의 확대라는 문제 하나도 데이터화 또는 모델화할 수 없다는 사실이 뚜렷해졌다.

그뿐만이 아니다. 감염자의 차별, 음모론, 백신 반대 같은 가짜 뉴스의 확산도 멈추지 않았다. SNS가 바로 그것을 담당했다. 인터넷만 있으면 물리적 접촉이 없어도 일과 생활을 유지할 수 있다는 선전과는 달리, 현실에서는 실로 인터넷 때문에 사회 불안이 증폭하는 바람에 2021년 1월 미국의 국회의사당을 폭도가 습격하는 전대미문의 사건까지 일어났다. 이것도 기대를 배반하는 사례라고 할 수 있다.

2010년대는 정보 기술의 꿈을 거대 서사로 이야기하는 시대였다. 2010년대 말에 도래한 팬데믹은 그 꿈을 보란 듯이 산산조각 내버렸다. 후세 사람이 돌이켜볼 때 팬데믹의 가장 중요한 의미는 그 꿈이 좌절하는 경험에 놓여 있지 않을까.

이 말에 반론을 제기하는 독자도 있을지 모른다. 팬데믹으로 정보 기술의 꿈이 부서졌다는 말은 이상하지 않은가. 인공지능은 백신 개발의 시간 단축에 기여한 바가 크다. 전 세계에서 실시간으로 모이는 데이터는 감염 대책의 연대에 불가결한 요소였다. 국경 봉쇄와 도시 봉쇄에도 다수가 변함없이 생활을 유지할 수 있었던 것은 줌(zoom)이나 우버이츠(Uber Eats) 같은 재택근무와 택배를 지원하는 다양한 서비스가 충실한 덕분이었다. NFT와 메타버스 같은 새로운 유행어도 생겨났다. 정보 기술에 거는 기대는 식기는커녕 점점 더 뜨거워지고 있지 않은가.

그러나 그것도 착안점의 차이에 지나지 않는다. 우리는 이미 인터넷이나 스마트폰 없이는 살아갈 수 없다. 앞으로도 틀림없이 정보 기술에 대한 의존이 점점 심해질 것이다. 누구나 이것을 의심하지 못한다. 이는 꿈이 아니라 현실이다. 문제는 코로나바이러스 이전에 이러한 현실과 동떨어진 너무나 몽상적이고 어마어마한 미래 예측이 세계를 지배했다는 점이다. 줌이나 우버이츠가 편리하다는 이야기와 생활의 모든 것이 메타버스로 이행한다는 이야기 사이에는 무한한 거리가 있다.

2010년대 사람들은 '인간에게 가당치도 않은 훌륭한 일을 이루어낼 수 있는 능력이 있다'는 이야기만 했다. 하지만 실제로는 감염증 하나도 제어하지 못했다. 그렇기는커녕 사회 불안도 제어하지 못했다. 우리는 이런 현실을 똑바로 직시해야 한다.

또 하나 알기 쉬운 예를 들어보자. 2010년대 세계에서 가장 성공한 지식인으로 이스라엘의 역사학자 유발 하라리가 있다. 그의 저작은 일본에서도 베스트셀러였다.

유발 하라리는 엔지니어도 아니고 소박하게 기술을 긍정하지도 않았다. 따라서 레이 커즈와일이나 오치아이 요이치와 입장이 다르다. 후술하는 바와 같이 오히려 싱귤레리티의 도래에 대해 비판적인 견해를 표명하기도 했다. 하지만 그도 인류의 역사는 진보가 관통한다고 생각한 점에서는 2010년대의 시대정신을 공유했다. 그의 대표작 《호모 데우스》는 제목 그대로 사람(호모)의 역사는 신(데우스)의 실현을 향해 가고 있다는 내용이다.

《호모 데우스》는 코로나바이러스 사태 이전인 2015년에 출판되었다. 그런데 매우 흥미롭게도 이 저작은 인류가 감염증을 극복하고 있다는 이야기로 시작한다.

유발 하라리는 다음과 같이 서술한다. 지금은 "자연계의 감염증 앞에서 인류가 손쓸 도리도 없이 망연자실했던 시대는 지나갔다". "[현대의 여론은] 인류에게 역병을 막을 지식과 수단이 있는데도 감염증을 감당할 수 없다고 한다면, 그것은 신의 분노가 아니라 인간의 무능 탓이라는 점을 전제로 삼고 있다." 그러므로 "새로운 에볼라바이러스가 발생하거나 미지의 인플루엔자가 나타나 지구를 뒤덮는 사태가 일어나서 몇백만 명이 목숨을 잃는 일이 없다고 단언할 수는 없다고 해도, 우리는 앞으로 그러한 사태를 피할 수 없는 자연재해라고 여기지는 않을 것이다. 오히려 해명의 여지없는 인재(人災)라고 여기고 담당자에게 엄중하게 책임을 물을 것이다"[5] 라고.

새삼스레 지적할 것도 없이 유발 하라리의 인식은 틀렸다. 《호모 데우스》 출간 후 겨우 5년이 지나 신형 코로나바이러스가 출현했고 글자 그대로 "지구를 뒤덮는 사태가 일어나서 몇백만 명이 목숨을 잃는 일"이 일어났다. 동시에 이번의 인명 상실이 '인재'이고 누군가의 '책임'이라고 생각하는 사람은 거의 없을 것이다.

의학은 진보했다. 에크모(ECMO)나 백신이 없었다면 사망자의 수는 몇 배나 더 늘어났을 것이다. 그렇기는 하지만 기본적으로 인류는 예상을 뛰어넘을 만큼 무력했다. 세계 경제는 대혼란에 빠졌고 사람들은 감염증 유행이 물러가기를 기다릴 수밖에 없었다. 또한 현재 국제사회가 안정을 되찾고 있는 현

---

5 ユヴァル・ノア・ハラリ(유발 하라리), 《ホモ・デウス(호모 데우스)》 上巻, 柴田裕之(시바타 야스시) 옮김, 河出書房新社, 2018, 23~24쪽. 〔한국어판은 《호모 데우스》(김명주 옮김, 김영사, 2017)로 출간되었다. ─ 옮긴이〕

상도 딱히 감염을 관리하고 있기 때문은 아니다. 어쩌다가 바이러스 자체가 약해졌기 때문이다.

2010년대는 인간의 능력을 높이 평가한 시대였다. 앞에서 인용한 《호모 데우스》의 구절은 유발 하라리의 철학이 시대정신의 표현 자체였음을 보여준다. 그래서 그의 저작은 세계적으로 환영받았다.

덧붙여 그는 인류가 감염증뿐만 아니라 기아와 전쟁도 극복하고 있다고 기술한다. 기아와 역병과 전쟁은 인류를 고통 속에 몰아넣는데, 인류는 이 세 가지 고통에서 벗어나 자유로워지고 있다는 말이다.

그는 현재 인류가 인공지능이나 뇌과학이 발달하여 기술을 통해 불사와 행복을 실현할 수 있는 결정적으로 새로운 시대에 발을 들여놓았다고 주장했다. 이것이 바로 책의 제목인 호모 데우스(신 같은 인간)의 시대다.

물론 그러한 미래를 무조건 긍정하는 것은 아니다. 《호모 데우스》가 다루는 주제의 하나는 인류가 그때 현재와 마찬가지로 개인으로서 인간을 소중하게 여길 것인지(인간 지상주의), 개인은 데이터 덩어리에 지나지 않는다고 치부할 것인지(데이터 지상주의) 하는 가치관을 선택해야 한다고 문제를 제기한다.[6] 따라서 앞서 말한 것처럼 레이 커즈와일과 오치아이 요이

6   《ホモ・デウス》제11장. 또한 여기에서 '인간 지상주의', '데이터 지상주의'라고 옮긴 말은 영어로 humanism과 Dataism에 해당하고 '지상'이라는 말은 들어 있지 않다. 철학의 문맥을 통해 읽어보면 전자는 인간주의 또는 인간 중심주의, 후자는 데이터주의 또는 데이터 중심주의라고 번역해야 적절하다고 생

치와 입장이 다르다.

그렇지만 내게는 그러한 거대 서사의 제시 자체가 지나치게 관념적이고 무책임하게 느껴진다. 현실적으로 감염증을 극복하지 못했을 뿐 아니라 기아와 전쟁도 극복하지 못하고 있다. 2010년대 말에는 한스 로슬링이 저술한 《팩트풀니스》라는 책도 베스트셀러가 되었다. 이 책이 주장하듯 세계 전체가 영양 상태의 개선으로 20세기 동안 극적으로 평균 수명이 대폭 늘어난 것은 사실이다.[7] 그러나 그것은 결코 기아의 극복을 의미하지 않는다. UN 기관의 통계에 의하면 2021년에도 8억 명이 기아 상태에 놓여 있다. 한편 이 글을 쓰는 동안에 러시아가 우크라이나를 침공했다. 중국이 타이완을 침공할 가능성도 심각하다는 견해가 자자하다. 전쟁이 없어지기는커녕 전면 전쟁과 핵전쟁 같은 말이 미디어에 난무한다.

인류는 아직 3대 고통 속에 허덕이고 있는데 계산 능력만 향상한다고 그것을 극복할 수 있다는 주장은 근거가 희박하다. 만약 유발 하라리가 역사학자라고 자칭한다면 호모 데우스 시대의 가상 문제를 논의하기 전에 왜 이토록 식량을 대량 생산하는데도 배분이 잘되지 않는지, 왜 인터넷이 이토록 사람들을 연결해주어도 분쟁이 없어지지 않는지, 역사를 참조해 현실의

각하지만 여기서는 일본어 번역본에 따랐다.

7 ハンス・ロスリング(한스 로슬링)·オーラ・ロスリング(올라 로슬링)·アンナ・ロスリング・ロンランド(안나 로슬링 뢴룬드), 《FACTFULNESS》, 上杉周作(우에스기 슈사쿠), 関美和(세키 미와) 옮김, 日経BP社, 2019, 제2장 참조.〔한국어판은 《팩트풀니스》(이창신 옮김, 김영사, 2019)로 출간되었다. ─ 옮긴이〕

한계를 이야기하는 편이 성실한 것이 아닐까 한다.

2010년대는 '인간에게 가당치도 않은 훌륭한 일을 이루어 낼 수 있는 능력이 있다'는 거대 서사에 온 세계가 열광한 다행증(多幸症)의 시대였다. 코로나바이러스와 우크라이나 전쟁을 거친 2023년에 돌이켜보건대 그것은 마치 겨울이 오기 전 음력 10월의 따뜻한 날씨와 같았다.

3

이상과 같은 2010년대의 시대정신이 현대 세계가 직면한 민주주의의 위기와 어떻게 관련되어 있을까.

정보 기술이 사회에 미친 영향을 언제부터 논의하기 시작했을까. 컴퓨터도 그렇고 인터넷도 그렇고 장치의 기원은 반세기도 넘게 거슬러 올라간다. 하지만 그것이 정치와 경제를 바꾸기 시작한 것은 1990년대로 들어선 다음이다. 이 시기에 선진국에서는 개인용 컴퓨터의 보급과 가정용 인터넷 접속 환경이 정비되기 시작했고, 같은 움직임이 급속하게 발전도상국으로 퍼져나갔다. 당시에는 이 극적인 변화를 '정보 기술 혁명'이라고 불렀다.

이 '혁명'은 누구나 자신의 주장을 거의 무료로 전 세계로 발신할 수 있고 응답도 받을 수 있는 조건, 다시 말해 이전에는 상상도 할 수 없었던 커뮤니케이션 환경을 조성했다. 이 변화 속에서 새로운 정치의 가능성을 찾아내는 일은 자연스럽다.

1990년대부터 2000년대에 걸친 시기에 인터넷의 출현은 민주주의를 강화한다고 주장하는 논자가 다수 등장했다.

미국의 헌법학자 캐스 선스타인같이 인터넷과 민주주의의 결합을 부정적으로 파악하는 논자가 없지는 않았다.[8] 그러나 그런 사람은 소수파였다. 내가 기억하기에 당시 '인터넷 사회론'에서 즐겨 이야기한 바는 정보 기기로 무장하여 의식이 높은 시민이 국경을 넘어 정보를 교환하고 지구적 규모의 민주주의를 상향식으로 일으켜 세운다는, 실로 아름다운 이미지였다. 여기서는 상세히 언급하지 않겠으나 이러한 이상론을 대표하는 논의로는 하워드 라인골드의 참여 군중(Smart Mobs),[*] 이토 조이치의 창발민주제(Emergent democracy)[**]가 대표적이다.[9] 산업계와 가까이 관여하는 논자들이 열심히 논의했다. 인

8　キャス・サンスティーン(캐스 선스타인), 《インターネットは民主主義の敵か(인터넷은 민주주의의 적인가)》, 石川幸憲(이시카와 유키노리) 옮김, 每日新聞社, 2023, 그 외 참조. 〔캐스 선스타인은 하버드 로스쿨 교수이자 《넛지》(2008)의 공저자다. ─옮긴이〕

*　하워드 라인골드의 '참여 군중'은 네트워크 기술을 바탕으로 대기업의 단순 소비자 역할이나 거대 정치권력에 휘둘리기를 거부하고 연대하는 사람들을 말한다.

**　이토 조이치의 '창발민주제'는 중앙정부의 계획이 아니라 인터넷을 통한 다수 개인의 참가로 일어나는 정치적 구조 및 행동을 말한다. 전통적 민주제와 대조적으로 '조직 없는 조직화'라고도 일컬어진다.

9　ハワード・ラインゴールド(하워드 라인골드), 《スマートモブズ(스마트몹)》, 公文俊平(구몬 슌페이)·会津泉(아이즈 이즈미) 옮김, NTT出版, 2003 〔한국어판은 《참여 군중》(이운경 옮김, 황금가지, 2003)으로 출간되었다. ─옮긴이〕; 伊藤穰一(이토 조이치), 〈創発民主制(창발민주제)〉, 公文俊平訳, 《GLOCOM Review》 제8권 제3호, 2003; URL=https://www.glocom.ac.jp/project/odp/

문계로 시선을 돌리면 1부에서 언급한 안토니오 네그리의 다중 개념도 비슷한 종류라고 볼 수 있다.

2023년 현재 누구나 알고 있듯 현실은 그리 순조롭게 굴러가지 않았다. 2000년대 중반 스마트폰과 SNS가 생겨나고 인터넷의 성질이 눈에 띄게 달라졌기 때문이다.

지금은 떠올리는 일조차 어려우나 일찍이 인터넷은 대다수 사용자에게 자택이나 사무실 같은 특정한 장소에서 접속하여 문자를 읽거나 이미지를 보는 잡지와 텔레비전에 가까운 미디어였다. 누구나 자신의 주장을 세상으로 발신할 수 있다고 해도 실제로 서버를 빌려 '홈페이지'까지 만드는 사람은 소수였기 때문이다. 대화나 익명 게시판도 확실히 존재했으나 일부 젊은이가 이용하는 언더그라운드 풍의 도구일 뿐이었다.

스마트폰과 SNS의 출현으로 상황은 180도 달라졌다. 먼저 블로그가 출현하고 2004년 페이스북, 2006년 트위터가 등장했다. 초대 iPhone의 발매 연도는 2007년이다. 그 이후 인터넷은 일부 사람이 때때로 접속하는 매체가 아니라 고속 모바일 통신을 매개로 누구나 항상 접속하고 누구나 정보를 발신하는 '생활에 꼭 필요한 인프라 자체'로 급속하게 변해갔다. 당시 이 변화는 '웹 2.0'이라는 말로 불리곤 했다.

사실 이 변화도 최초 몇 년은 민주주의를 강화한다고 생각했다. 실제로 2010년 북아프리카와 중동 지역 국가에서 발발한 '아랍의 봄', 2011년 미국에서 일어난 '월가를 점령하라' 운

library/75_02.pdf

동, 2014년 홍콩에서 일어난 '우산 혁명'은 스마트폰과 SNS가 지대한 역할을 해냈다고 평가받는다. 그러나 2010년대가 저물어갈수록 상시 접속과 상시 교류를 전제한 새로운 환경이 민주주의를 강화하기는커녕 도리어 정치적 커뮤니케이션을 무척 어렵게 만든다는 것을 알 수 있었다. 누구나 모든 사람의 의견을 보고 모든 것을 조사할 수 있는 환경인 만큼 수많은 사람이 말하고 싶은 사람에게만 말하고 보고 싶은 것만 보고 듣고 싶은 것만 듣기 때문이었다.

결과적으로 세상은 음모론과 가짜 뉴스에 취약해지고 사회는 구석구석 나뉘고 갈라졌다. 이러한 경향은 2016년 미국 대통령선거를 뒤흔든 SNS 주도의 포퓰리즘, 이른바 트럼프 현상이 누가 보더라도 뚜렷하게 드러났다. 2023년 현재는 인터넷이 민주주의를 개선한다고 소박하게 생각하는 사람은 거의 없지 않을까 싶다.

인터넷은 일찍이 민주주의를 강화하는 것으로 여겨졌다. 지금은 민주주의를 위기에 빠뜨리는 것으로 본다. 2010년대에 일어난 이 역전은 앞서 논의한 정보 기술의 과대평가와 궤를 같이한다.

이 주장도 역설로 들릴지 모른다. 2010년대의 거대 서사란 '인간은 정보 기술을 사용해 훌륭한 일을 이루어낼 수 있다'는 꿈을 가리켰다. 그렇다면 민주주의의 위기는 그 꿈을 부수어버리는 것이 아닐까. 아무리 컴퓨터가 작아지고 인터넷이 빨라진다고 한들 인간은 손톱만큼도 현명해지지 않고 사회도 나아지지 않는다는 것이 증명되었다. 이것이야말로 2010년대의 세계가 보여준 정치적 현실이다.

하지만 그렇지 않다. 이러한 인식은 마치 '포스트휴먼'이라는 말이 유행한 현상을 가리켜 인간 비판의 표현이라고 보는 지나친 단순화에 못지않은 아주 단순한 이해일 뿐이다.

왜냐하면 레이 커즈와일이든 오치아이 요이치든 컴퓨터를 이용하여 인간 한 사람 한 사람이 똑똑해진다고는 주장하지 않았기 때문이다. 그들은 어디까지나 인류 사회 **전체**가 인공지능의 도움을 빌려 이른바 '패거리'로서 똑똑해질 가능성을 생각했을 따름이다. 따라서 어리석은 개인이 없어지는 것이 아니다. 오치아이 요이치의 말을 빌리면 'AI+BI층'은 계속 남는다. 다만 그들의 비합리적 판단이 통치와 환경에 악영향을 미치지 않도록 인공지능이 수완껏 지원해줄 뿐이다. 이것이 바로 오치아이 요이치가 '기계 중심의 세계관'이라고 부르고 유발 하라리는 '데이터 지상주의'라고 부르는 사상이 이끌어낸 미래 사회의 모습이다.

그러므로 2010년대 민주주의의 위기는 싱귤레리티라는 꿈과 충돌하기는커녕 그것을 강화한다. 아무리 뛰어난 통신 환경이 주어지고 아무리 양질의 정보를 제공해도 사람들이 변함없이 계속 음모론을 탐닉한다면, 오치아이 요이치와 유발 하라리가 제안하듯 중요한 의사 결정은 기계에 위탁해야 하거나 적어도 그렇게 하도록 지원해야 한다고 생각할 수밖에 없다. '인간은 기계의 도움을 빌려 훌륭한 일을 이루어낼 수 있다'는 싱귤레리티라는 꿈과 '인간은 기계의 도움을 빌리지 않으면 변변한 의사 결정도 할 수 없다'는 민주주의에 대한 실망은 딱 겹치고 만다.

현실에서는 인공지능에 대한 기대가 점점 커지고 있다. 최근 몇 년 동안 동영상 전송과 SNS 플랫폼에 올린 투고 내용을 인공지능으로 조사하여 특정한 정치적 입장의 주장을 삭제하거나 삭제하지는 않더라도 접속을 제한하는 일이 당연해졌다. 백신의 효과를 의심하는 동영상은 삭제당했고 러시아를 옹호하는 미디어 링크에는 경고 표시가 붙었다.

이 같은 조치는 대부분 지지받는다. 그러나 인터넷 역사에 비추어보면 놀라고도 남을 만한 일이다.

초기 인터넷 서비스의 개발자와 이용자 중에는 리버테리어니즘(libertarianism, 자유 지상주의)이라고 일컫는 강한 자유주의의 지지자가 많았다. 2000년대에는 사이버펑크(cyberpunk)의 '사이버'와 자유 지상주의를 조합한 '사이버 리버테리어니즘' 같은 표현도 들려왔다. 그들은 인터넷의 모든 감시에 반대하고 언론과 표현의 자유에 강한 관심을 드러냈다. 그 열의에 힘입어 블록체인 기술도 개발하고 암호통화, NFT(Non-Fungible Token)도 산출했다. 그렇지만 앞에 서술한 '검열'은 널리 지지받을 뿐 아니라 플랫폼의 의무라고까지 논해진다. 최근 여론은 무지막지하게 변했다. 사람들은 인간이 너무 어리석은 탓에 제대로 논의하려면 인공지능의 끊임없는 감시가 불가결하다고 믿기 시작하는 듯하다.

유발 하라리는 미래의 인류가 인간이나 데이터 중 하나를 선택할 것이라고 기술했다. 인간은 정의와 진실을 꿰뚫어볼 수 없다. 그래서 기계에 의탁해 꿰뚫어볼 수밖에 없다. 많은 사람이 이렇게 생각하기 시작했다면 우리는 이미 유발 하라리가 말하는 데이터 지상주의 시대에 들어섰다고 할 수 있다.

4

2부에서는 민주주의를 생각해본다. 일반적으로 민주주의의 위기라고 하면 음모론이나 포퓰리즘의 창궐을 상상한다. 물론 이런 현상도 심각하다. 하지만 이 글에서는 더욱 깊이 들어가 밑바닥에서 들끓고 있는, 말하자면 방금 언급한 인간의 통치 능력 자체에 대한 실망을 검토해보려고 한다.

이제부터 그와 같은 실망을 전제한 민주주의의 구상을 인공지능 민주주의라고 부르고자 한다. 인공지능 민주주의는 세계가 지나치게 복잡해진 만큼 인간의 빈곤한 자연 지능에 통치를 위임하는 것은 위험하고 무책임하기에 앞으로 민주주의를 지키기 위해서라면 정치에서 인간을 추방하고 인공지능에 의사 결정을 맡겨야 하지 않을까 제안하는 새로운 정치사상을 가리킨다.

유발 하라리와 오치아이 요이치는 정치 철학자가 아니다. 그들은 실로 인공지능 민주주의의 이데올로그라고 말할 수 있다. 이를테면 《호모 데우스》에는 미래의 통치에 대해 "민주주의도 아니고 독재도 아니고 기존 정치제도와 완전히 다를지도 모르고", 나아가 "그러한 구조를 구축하고 취급해야 할 (…) 임무를 인류가 수행하지 못한다면 어쩌면 누군가 다른 것을 통해 시도하도록 해야 할지도 모른다"는 구절이 있다.[10] 이때 '다른 것'이란 인공지능을 가리킨다. 데이터 민주주의란 곧 인공지능 지상주의를 말한다.

오치아이 요이치도 에이브러햄 링컨의 유명한 연설을 풍자하듯 흉내 내어 미래의 정치는 "바이(by) 더 피플도 아니고 오브(of) 더 피플도 아니다. 그러나 그와 동시에 포(for) 더 피플이 되는 정치"가 되어야 한다고 기술한다.[11] 다시 말하면 인민'에 의한' 것도 아니고 인민'의' 것도 아닌, 즉 인간은 관여하지 않고 관리 권한도 없으나 인민'을 위한' 것이 되어주는 정치! 그렇게 안성맞춤 정치는 "컴퓨터가 제공하는 전체 최적화에 의한 문제 해결"을 통해 주어지리라는 신념이다. 나는 거꾸로 그의 신념이야말로 미래의 정치가 직면할 진정한 위기라고 생각한다.

인공지능 민주주의는 인문계의 사상으로 나타난 것이 아니라 이공계의 싱귤레리티라는 꿈과 밀접하게 연관되어 나타났다. 따라서 이를 비판하기 위해서는 우선 2010년대 시대정신을 검토할 필요가 있었다. 여기까지 듬성듬성하게나마 그런 작업을 해온 셈이다.

동시에 그 사상은 1990년대부터 상승세를 타던 '인터넷

---

10 《ホモ・デウス》下巻, 221쪽.
11 《デジタルネイチャー》, 180쪽.

민주주의'에 대한 기대가 2010년대 음모론과 포퓰리즘의 배반으로 뒤집힘으로써 생겨났다. 한마디로 인공지능 민주주의 핵심에는 인간 능력에 대한 실망이 담겨 있다.

마지막으로 이 실망 자체는 결코 21세기에 들어와 새삼스레 생겨난 것이 아니라는 점을 꼭 지적해두고 싶다. 철학사를 주의 깊게 더듬어보면 인공지능 민주주의가 드러내는 인간 배제가 결코 예외적이 아니라 오히려 근대 민주주의의 출발점, 18세기 장 자크 루소의 사상까지 거슬러 올라가는 오래된 사상임을 알 수 있다.

장 자크 루소는 상당히 복잡한 사상가다. 그는 근대 민주주의의 아버지라는 일반적 이미지와 대조적으로 인간이 만든 질서를 철저하게 비판하고 통치 권력이 흡사 자연의 질서처럼 기능하는 것이 이상적이라고 생각한 사상가였다. 프랑스혁명부터 공산주의에 이르는 전체주의의 비극은 그 이상의 부산물이었다. 그러므로 공산주의라는 '거대 서사'를 계승하는 듯 현재 기술이라는 의장을 띠고 나타난 인공지능 민주주의는 단순히 다른 형태의 민주주의를 통해 물리칠 수 없다. 오히려 근대 민주주의의 본류 중 본류이자 인간을 배제하는 사상도 250년도 넘게 면면히 이어져 내려왔다고 이해할 수 있다.

인공지능 민주주의를 제대로 비판하려면 근대 민주주의의 오랜 역사 자체로 시야를 넓힐 필요가 있다. 6장부터는 이러한 시야를 통해 인공지능 민주주의의 문제를 검토해보자.

나는 레이 커즈와일이 말하는 싱귤레리티는 도래하지 않

으며 인공지능 민주주의는 실현할 수 없다는 견해에 서서 이 논고를 써나가고 있다. 그러나 이는 기계가 결코 인간을 따라잡을 수 없다는 주장이 아니다.

의외라고 여길지 모르겠으나 나는 기술적 의미에서 '싱귤레리티'가 도래하는 일, 즉 기계가 인간과 거의 맞먹는 지적 작업을 해낼 때가 온다고 확신한다. 인공지능은 급속하게 진화하고 있다. 2022년 11월 Open AI가 공개한 Chat GPT는 세계적인 열풍을 일으켰고, 이 글은 그로 인한 흥분이 가시지 않은 분위기에서 출간을 맞이했다. 음악이든 영상이든 소설이든 인간이 제작하는 거의 모든 콘텐츠에 대해 인공지능은 틀림없이 가까운 미래에 빠른 속도로 값싸게 무한한 양을 생성할 수 있을 것이다. 온갖 책은 거의 무료로 번역할 수 있고, 회계 서류와 계약서는 기계가 작성할 수 있고, 프로그래머 대다수는 실직할 것이다. 나는 이러한 가능성을 의심하지 않는다. 산업구조는 극적으로 변화하고 사람들의 생활도 변화할 것이다.

내가 싱귤레리티라는 사상을 비판하는 이유는 그 변화가 인간이 인간이라는 사실과 아무 관계도 없다는 점, 즉 '인간이란 무엇인가?'라는 오랜 문제가 되돌아올 따름이라고 생각하기 때문이다.

인간은 성가신 존재다. 업무 상대가 기계라면 얼마나 편할까 하고 누구나 한번쯤 생각하기 마련이다. 하지만 현실적으로 인간의 커뮤니케이션을 완벽하게 모방하고 생성하는 인공지능이 나타난다고 해서 문제가 해결될까. 실제로 우리는 우리 자신이 인간인 이상 기계 안에서 '인간다움'을 찾아내며 일희

일비하고 마는 것은 아닐까. 현실에 그런 것은 실재하지 않는다고 알고 있으면서도 단지 인간다운 마음을 발견하고는 기뻐하고 배신당한 기분에 슬퍼하고 마는 것은 아닐까.

나는 1부에서 비트겐슈타인과 솔 크립키의 언어철학을 소개했다. 그들은 인간의 커뮤니케이션을 게임에 비유했다. 그 비유를 본받아 말하자면 우리가 나날이 직면하는 삶의 성가신 문제는 애초부터 게임 상대가 인간이기 때문에 발생하는 것이 아니다. 게임의 규칙이 불완전하기 때문도 아니다. 우리가 인간이기 때문일 뿐이다. 모든 문제는 우리가 규칙을 불완전하게 운용할 수밖에 없고 항상 정정해버리는 플레이어이기 때문에 발생한다.

그러므로 우리 자신이 인간인 이상 삶의 성가신 문제를 제거하려고 하는 운동은 반드시 자기모순에 빠진다. 나는 6장에서 장 자크 루소가 삶의 성가신 문제를 제거하려고 한 사상가로서 인공지능 민주주의가 그의 이상을 계승하고 있다는 점을 분명하게 밝힐 것이다. 2부 결미에서는 그 이상을 결국 실현할 수 없기 때문에 민주주의는 성가신 문제를 이어받은 채 구상할 수밖에 없다는 결론을 내릴 것이다.

나는 앞에서 싱귤레리티라는 서사는 인간 신앙의 과잉이라고 불러도 좋고 인간 비판이라고 여겨도 무관하다고 적었다. 인간은 과도하게 능력이 있기 때문에 인간의 한계를 뛰어넘을 수 있다. 공산주의도 그렇게 생각했다. 따라서 공산주의자는 사유재산과 자본주의를 극복하고 가족과 민족을 해체할 수 있다고 믿었다. 인간 신앙의 과잉과 소박한 인간 비판의 양립이야말로 '거대 서사'의 본질이다.

　여기에 대해 나는 앞으로 지극히 상식적으로 인간은 능력이 없기 때문에 인간의 한계를 뛰어넘을 수 없다고 주장할 것이다. 사유재산과 자본주의는 극복할 수 없다. 가족과 민족도 해체할 수 없다. 격차와 전쟁도 없앨 수 없다. 인간은 언제까지나 인간으로서 변변치 않은 문제를 떠안고 고민하고 불평할 것이다. 나는 무엇보다 이 전제를 염두에 두고 민주주의의 가능성을 고찰해야 한다고 본다.

　따라서 이 글은 철학에서 놀라움과 과격함을 바라는 독자에게는 따분할지도 모른다. 그렇지만 만약 진심으로 세계를 바꾸고 싶은 바람이 있다면 우리는 우선 따분한 현실과 마주해야 한다. 인간의 한계를 알아야 한다. 리버럴이든 기술 계열이든 최근의 철학자에게는 이러한 각오를 찾아볼 수 없다. 이제 이러한 인식을 바탕으로 1부와 2부는 곧바로 이어진다.

6장

일반의지라는 수수께끼

5

인공지능 민주주의는 왜 나타났을까. 무엇이 오류일까. 이 물음을 생각하기 위해 6장에서는 250년 전 장 자크 루소의 사상을 더듬어 살펴보기로 하자.

여기에서는 그가 《사회계약론》에서 제기한 '일반의지'라는 개념이 핵심이다. 1762년에 출판한 이 책은 1789년에 일어난 프랑스혁명에 결정적으로 영향을 끼쳤다.

일반의지란 무엇인가. 간단하게 말하면 사회 전체의 의지를 말한다. 이 개념에는 어마어마한 수수께끼가 숨어 있다. 《사회계약론》을 복습하는 일부터 시작하자.

그는 우선 인간이 문명 이전의 자연 상태에서 고독하게

살았다고 가정한다. 혼자가 기본이었고 기껏해야 가족이었다. 그러나 이 단위만으로는 외부의 강력한 적에 대항할 수 없다. 그래서 나는 너에게 폭력을 행사하지 않을 테니까 너도 나에게 폭력을 행사하지 말라는 계약을 맺고 모든 이의 폭력을 한 군데 집중시켜 커다란 집단, 즉 사회를 만들었다. 그것이 제목에 있는 '사회계약'이다. 사회계약이라는 생각 자체는 장 자크 루소가 한 것이 아니었는데 이 점은 나중에 이야기하겠다.

《사회계약론》에서 '일반의지'는 사회계약이 성립할 때 필연적으로 발생하는 집단의 의지라고 정의한다(제1편 제6장).[12] 사람들이 집단을 형성하면 일반의지도 나타난다는 말이다.

집단의 의지란 무엇일까. 평범하게 생각하면 개인의 의지를 모은 것이라고 여겨진다. 실제로 그의 독자는 대부분 그렇게 이해하고 《사회계약론》을 읽는다.

그런데 《사회계약론》을 제대로 읽어보면 알 수 있는데, 그러한 이해는 옳지 않다. 왜냐하면 그는 이어서 '특수의지'와 '전체의지'라는 개념도 도입하기 때문이다(제2편 제3장). 특수의지는 개인의 의지를 의미한다. 전체의지야말로 특수의지의 집

12　作田啓一(사쿠타 게이이치) 옮김. 이하 루소 인용은 일본어판 전집에 근거했다. 《ルソー全集(루소 전집)》, 전14권, 별권 2권, 白水社, 1978~1984년. 프랑스어 원어를 병기하기도 하는데 그것에 대응하는 프랑스어 문헌의 페이지는 나와 있지 않다.

1부에서도 기술한 대로 (일본어판) 전집의 인용에 대해서는 처음 나올 때 서명 앞에 참고한 작품의 번역자 이름만 기재한다. 또한 《사회계약론》만 인용이 많고 번잡하기 때문에 편과 장의 숫자를 본문 안에 기입하고 각주에서는 페이지 표시를 생략했다. 《사회계약론》은 제5권에 수록되어 있다.

적이라고 한다. 그러면 일반의지란 무엇인가. 일반의지도 특수의지의 집적이기는 하나 단순한 집적이 아니라는 식으로 실로 알기 까다롭게 서술하고 있다. 그에 따르면 둘의 차이는 공공성과 관련이 있다. 사적 이해(利害)는 아무리 모여도 사적 이해일 뿐이다. 특수의지가 모여 형성된 전체의지도 사적 이해일 뿐 사회 전체의 공적 이해를 대표할 수 없다. 그러나 일반의지에는 전체의지와 달리 공공성이 깃들어 있다.

이는 무슨 뜻일까. 둘은 구체적으로 어떻게 다를까. 특수의지를 모으면 전체의지가 생겨난다고 할 때, 일반의지는 전체의지에 무엇을 더하거나 무엇을 덜어야 생겨날 수 있을까.

여기에는 엄청난 수수께끼가 있다. 다소 허풍스럽게 말하면 근대 민주주의의 어려운 문제는 최종적으로 이 물음으로 집약할 수 있다. 왜냐하면 '일반의지는 전체의지와 다를 것'이라는 신념이야말로 근래 200여 년 동안 민주주의가 상호 모순을 일으키는 다양한 기대를 안겨준 동시에 바람직한 정치체제라고 말해온 최대 이유이기 때문이다.

일본어로 '민주주의' 또는 '민주제(정)'라고 옮기는 데모크라시(데모크라티아)라는 말은 결코 근대의 발명품이 아니다. 잘 알려진 바와 같이 민주주의의 기원은 고대 그리스로 거슬러 올라간다.

데모크라티아는 고대에 인민(데모스)이 지배(크라티아)한다는 통치자의 수를 의미하는 말이었다. 통치자가 한 사람이면 군주제, 소수라면 귀족제, 다수라면 민주제라고 일컬어졌다는 이야기일 뿐인데 어느 것이 바람직한지를 논의했다.[13] 플라톤을 비롯해 다수의 철학자는 민주제에 비판적이었다고 알려져 있다. 이 전통은 근대까지 이어졌다.

이 상황을 통째로 바꾸어버린 것이 《사회계약론》이다. 사실 장 자크 루소 자신은 민주제를 지지하지 않았다. 오히려 군주제를 지지했다. 하지만 이와 상관없이 사람들은 그의 논의를 민주제의 열렬한 옹호로 읽었다. 《사회계약론》은 당대 현실에서 실로 프랑스혁명의 원동력이 되었다.

왜 그렇게 되었을까. 하나의 이유는 그가 일반의지가 통치를 이끌어야 한다고 선언했기 때문이다(제2편 제1장, 제3편 제1장). 일반의지는 사회의 의지를 의미한다. 그는 종종 '인민'이

13　여기에서는 아리스토텔레스의 《정치학》 제3권 제7장에 있는 서술을 염두에 두고 있다. 이 책에서는 주권자가 한 사람이냐 소수냐 다수냐, 또한 주권자가 공적 이익을 추구하느냐 사적 이해관계에 갇혀 있느냐에 따라 총 여섯 종류로 국가체제를 분류하고 있다. 말하자면 주권자가 한 사람이고 공적 이익을 추구하면 '왕제(바실레이아basileia)', 주권자가 한 사람이고 사적 이해관계에 갇혀 있으면 '참주제(튀란니스tyrannis)', 주권자가 소수이고 공적 이익을 추구하면 '귀족제(아리스토크라티아aristokratia)', 주권자가 소수이고 사적 이해관계에 갇혀 있으면 '과두제(올리가르키아oligarchia)', 주권자가 다수이고 공적 이익을 추구하면 '국제(폴리테이아politeia)', 주권자가 다수이고 사적 이해관계에 갇혀 있으면 '민주제(데모크라티아demokratia)'인데, 이 여섯 가지는 순수하게 형식적인 분류다. 덧붙여 그가 기술한 군주제(monarchie), 정확히 바실레이아는 다른 그리스어(모나르키아)가 어원이다. 아리스토텔레스의 분류에 따르면 아리스토크라티아는 주권자가 공적 이해를 추구하는 체제, 데모크라티아는 주권자가 공적 이해를 추구할 수 없는 체제이므로 단순하게 지배자의 수로 구별하고 있는 것은 아니다. 본문에서는 간략하게 소개했다. アリストテレス(아리스토텔레스), 《政治学(정치학)》, 山本光雄(야마모토 미쓰오) 옮김, 岩波文庫, 1961, 38쪽 이하.

라는 말도 사용한다. 그에 따르면 일반의지란 인민의 의지라는 말이다. 인민의 의지가 통치를 이끌어야 한다면 통치 자체도 인민이 맡는 편이 좋다. 즉, 민주제가 가장 바람직하다는 발상은 자연스럽다.

또다시 주의를 촉구하지만 장 자크 루소 자신은 결코 그렇게 생각하지 않았다. 실제로 《사회계약론》을 꼼꼼히 읽으면 일반의지 논의와 정치체제 논의는 확실하게 구별되어 있음을 알 수 있다. 《사회계약론》은 네 편으로 나뉘는데, 제1편과 제2편이 일반의지론, 제3편과 제4편이 정치체제론이다. 한마디로 일반의지가 인민의 의지라는 주장은 정치체제가 인민의 정치체제여야 한다는 결론으로 직접 이어지지 않는다. 그는 통치자가 군주 한 사람이라고 해도 군주가 인민의 의지를 파악하고 그것을 바탕으로 통치한다면 문제없다고 생각했다. 따라서 군주제를 지지할 수 있었다. 하지만 사람들은 그러한 논의의 구조를 중시하지 않았다.

여하튼 그는 인민의 의지로 국가를 통치해야 한다고 주장했고, 그의 저작을 읽은 사람들은 인민이 통치를 맡아야 한다고 생각했다. 민주제야말로 이상적인 정치체제라고 생각하는 근대 역사의 출발점이 여기에 있다.

그런데 장 자크 루소의 막강한 선언이 가능해진 것이야말로 앞서 언급한 일반의지와 전체의지의 구별이었다는 점이 중요하다.

개인의 의지가 모여 집단의 의지가 생겨난다. 그것이 당연한데, 집단의 의지에 따르기만 한다고 좋은 정치를 할 수 있는 것은 아니다. 이것은 누구나 알고 있다. 그리스인도 알고 있었고 루소도 알고 있었다. 오늘날로 말하면 포퓰리즘의 문제다.

루소는 일반의지가 통치를 이끌어야 한다고 주장하기 전에 우선 일반의지의 개념을 전체의지와 구별해둘 필요가 있었다. 전체의지, 즉 개인 의지의 단순한 집적은 사적 이해의 집합일 수밖에 없다. 그것이 사회를 이끌 수 있을 리 없다.

그러나 일반의지라는 이름의 새로운 집합의지라는 개념을 발명하고 그것에는 전체의지와 달리 공공성이 있다고 생각하면 어떨까. 그러면 사회를 이끌어도 문제가 없다. 실제로 나중에 참고하듯 루소는 어떤 곳에서 "일반의지는 늘 옳다"고 썼다(제2편 제3장). 항상 옳다면 사회를 이끌어도 안전하다. 《사회계약론》의 성공 배경에는 실로 곡예 같은 개념 조작이 숨어 있다.

일반의지와 전체의지의 차이화는 근대 민주주의를 힘 있게 움직이는 동시에 역사에 늘 그림자를 드리웠다. 프랑스혁명 이후 세계는 200년 넘게 줄곧 일반의지의 환영을 좇았다. 어딘가 틀림없이 인민의 의지가 있고, 그것에 따르면 반드시 통치의 이상을 실현할 수 있다는 생각이 개혁과 혁명의 원동력이 되었다. 이는 동시에 인민의 의지는 눈에 띄지 않을지도 모른다는 불안과 표리를 이루었다.

안타깝게도 루소 자신은 둘의 차이에 지극히 추상적인 서술밖에 남기지 않았다. 전술한 바와 같이 일반의지는 사회계약을 통해 직접 생겨난다고 한다. 구성원이 사회를 만들고자 하는 의지 자체에서 생겨나기 때문에 공공성이 담기는 듯하다.

전체의지는 사회가 만들어진 **다음** 각자가 품은 기호(嗜好)의 집적에 지나지 않는다. 따라서 사적일 뿐이라고 한다. 논리적으로는 알 듯도 한데 구체적인 차이는 아무것도 알 수 없다. 그는 몇 군데에서 일반의지와 전체의지는 집계 방법이 달라야 한다고 시사하는 정도에 그칠 뿐이다(제2편 제3장).

일반의지에 모든 것이 걸려 있다. 그런데 정체는 미궁에 빠져 있다. 그래서 일반의지의 구체적 표출을 둘러싸고 루소 이후 다양한 논의가 있었다. 개중에는 번득이는 해석도 있다. 특히 1부에서도 언급한 독일 법학자 카를 슈미트의 해석이 유명하다.

카를 슈미트는 1926년 《현대의회주의의 정신사적 지위》라는 저작의 제2판을 출간하고 새롭게 장문의 서문을 썼다. 이때는 나치가 급속하게 당세를 확대하고 히틀러가 지도자의 지위를 굳히기 시작한 시기였다.

그는 서문에서 다음과 같이 논의했다. 일반의지는 항상 공공적이라고 정의하는데, 그는 그 정의가 '통치자와 피통치자의 동일성'을 전제한다고 분석한다. 그것은 구체적으로 정치가와 대중은 공공의 이익만을 지향하는 균질한 환경을 의미한다. 일반의지를 실현하기 위해서는 우선 그 환경을 조성해야 한다. 이렇게 논의하고 나서 그 환경의 조성을 위해서는 대의제가 전제하는 '통계 장치'는 무용하고 '인민의 갈채로 지지받는' '독재적 및 케사리즘(Caesarism)* 방법'이 필요하다고 결론 짓는다.[14] 알기 쉽게 말하면 민주주의를 실현하기 위해서는 투표는 그만

두고 독재자에게 몸을 의탁하는 편이 낫다고 주장한 것이다.

독재야말로 민주주의를 실현한다. 이 주장은 어처구니없는 억지 논리로 들린다. 실제로 이 논의는 특수한 정치 상황에서 나타난다. 카를 슈미트는 나치에 협력했다고 알려져 있다. 따라서 히틀러를 지지하기 위해 고의로 지어낸 측면을 부정할 수 없다.

그러나 순수하게 루소에 대한 해석으로 보면 이 해석을 마냥 오독이라고 할 수는 없다. 《사회계약론》에는 현재 민주주의의 상식에 비추어보면 이해하기 곤란한 서술이 다수 있기 때문이다.

카를 슈미트의 주장은 한마디로 말해 의회는 전체의지로 장악할 수밖에 없고 독재야말로 일반의지를 장악할 수 있다는 말이다. 사실 루소 자신도 대의제를 부정했다. 그가 생각하기에 일반의지는 사회계약에서 직접 생겨난 것이므로 당파의 타협이 섞여 들어가서는 안 되었기 때문이다(제2편 제3장). 일반의지는 논의로 생겨나는 것이 아니다. 카를 슈미트의 의회 부정은 이런 점에서 루소를 충실하게 계승하고 있다.

덧붙여 말하자면 《사회계약론》에는 실로 문제가 있는 '입

＊   카리스마가 있는 인물이 인민투표 형식을 통해 의식적으로 선동하고, 이를 통해 얻은 '대중의 지지'를 정당성의 근거로 삼아 성립하는 의사 민주적 독재를 말한다.

14   カール・シュミット(카를 슈미트), 《現代議会主義の精神史的地位(현대 의회주의의 정신사적 위상)》, 稲葉素之(이나바 모토유키) 옮김, みすず書房, 1972, 22~25쪽.

법자'라는 개념이 나온다. 루소는 일반의지가 늘 옳다고 생각했으나 당연하게도 사람들이 늘 일반의지의 옳음을 자각하고 있다고 볼 수는 없다. 그래서 루소는 일반의지를 장악하고 사람들을 참된 공공 이익으로 이끌기 위해서는 '입법자'라는 힘센 지도자가 필요하다고 생각했다. 더구나 그의 지도는 인민의 사전 합의가 필요하지 않다. 입법자의 행위는 인민의 이해력을 뛰어넘기 때문에 종교의 권위를 빌리지 않을 수 없다는 말이다. 루소는 다음과 같이 서술한다. "이 [입법자의] 숭고한 이성은 일반 대중의 이해 범위를 넘어서는 높은 곳에 있다. 입법자는 숭고한 이성의 결정을 신들의 입을 통해 말하게 함으로써 인간의 사리 분별에 호소해서는 움직일 수 없는 사람들을 신의 권위에 의해 이끈다."(제2편 제7장) 이 서술은 명백하게 독재를 긍정하고 있다.

루소의 사상은 근대 민주주의의 기원이라고들 한다. 하지만 《사회계약론》을 잘 읽어보면 핵심을 이루는 일반의지의 개념이 모호할 뿐 아니라 현재 민주주의라는 상식을 위반하는 내용도 여럿 써놓았다.

모호한 개념이 낳은 일그러짐은 현재까지 영향을 미치고 있다. 예를 들어 사전에서 '민주주의' 항목을 찾아보면 냉전이 지배한 20세기는 동서 진영 사이에 '**참된 데모크라시의 쟁탈전**'이 벌어진 시대라는 기술이 있다.[15]

---

15 《岩波 哲学·思想事典(이와나미 철학·사상 사전)》, 廣松渉(히로마쓰 와타루)

젊은 세대의 독자는 냉전 시대라면 미국, 서유럽, 일본 등 서쪽의 선진국만 민주주의를 실현하고 있었고 동쪽에는 민주주의가 없었다는 사실은 자명하지 않느냐고 고개를 갸웃거릴지도 모른다. 하지만 이는 오해다. 당시 동서는 모두 민주주의를 내걸었다. 서쪽은 '자유민주주의'를 외쳤고 동쪽은 '사회주의적 민주주의'를 외쳤다.

물론 양쪽의 체제는 완언히 달랐다. 서쪽에는 자유가 있고 동쪽에는 자유가 없었다. 그렇지만 그것이 서쪽에만 민주주의가 있었다는 것을 의미하지는 않는다.

왜냐하면 이제까지 검토해왔듯 애초부터 민주주의라는 정의 자체가 모호했기 때문이다. 서쪽에서는 인민의 의지로 사회를 이끌기 위해서 우선 시민의 자유 확보가 불가결하다고 생각했다. 따라서 언론의 자유를 존중하고 복수 정당제를 중시했다. 반대로 동쪽에서는 인민의 의지가 사회를 이끌기 위해서는 우선 부르주아 계급의 지배를 타파해야 한다고 생각했다. 그래서 공산당의 일당독재도 문제없다고 여겼다. 이런 주장은 오늘날 일본의 상식에 비추면 엉뚱하게 들릴지도 모른다. 그러나 자본가가 자유를 외치고 노동자를 착취하는 상황에서 인민의 의지가 나타날 리 없지 않느냐고 반문한다면 아무리 서방 사회의 우위를 믿는 사람이라도 입을 다물 수밖에 없지 않을까.

20세기에는 전혀 다른 두 가지 체제가 똑같이 민주주의라는 말을 스스로 내세울 수 있었다. 그만큼 민주주의의 의미

외 편집, 岩波書店, 1998, 1556~1557쪽. 집필자는 加藤節(가토 다카시).

는 모호했다. 이 상황은 현재도 별반 달라지지 않았다. 지금도 러시아, 중국, 북한은 자기 나름의 민주주의를 실현하고 있다고 주장한다. 러시아연방 헌법은 전문에 민주주의를 내걸었고, 북한의 국호에는 민주주의라는 말이 들어가 있다.

6

일반의지는 전체의지와 다르다. 그러나 어떻게 다른지 아무도 모른다. 누구나 민주주의를 바람직하다고 주장한다. 하지만 민주주의가 따라야 할 인민의 의지가 어디에 나타나는지는 아무도 가르쳐주지 않는다. 근래 200여 년 동안 민주주의는 혼란스러운 역사를 밟아왔다.

일반의지의 수수께끼 같은 정의는 도대체 왜 생겨났을까. 바로 답을 구하기에 앞서 살짝 에둘러 먼저 루소가 어떤 사상가였는지를 살펴보기로 하자.

지금까지 소개한 바로 눈치챌 수 있듯 루소는 좀 이해하기 까다로운 인물이다. 평범하게 접근해서는 안 된다.

루소는 18세기 중반 계몽주의가 번성한 파리에서 활약했다. 당시 볼테르와 디드로, 달랑베르 같은 철학자가 연일 '살롱'에 모여 격론을 벌였다. 철학사 가운데 매우 풍성한 이 시기 안에 루소의 연표도 놓여 있다.

실제로 루소는 동시대 계몽사상가들과 사이가 매우 좋지 않은 편이었고 사교계를 줄기차게 비판한 인물이었다.

루소는 1712년 제네바에서 태어났다. 시계 직공의 아들로 귀족은 아니었다. 소년기에 방랑생활을 했기 때문에 제대로 교육받지 못했다. 스위스에서 남프랑스까지 돌아다니다 서른이 되어서야 파리에 입성했다(나이는 달을 고려하지 않고 태어난 해를 뺀 연도로 표시했다). 원래는 음악 관련 일을 하려고 했으나 뜻대로 되지 않았고, 38세에 발표한 현상 응모 논문《학문 예술론》으로 뜻하지 않게 세간에 이름을 알렸다. 루소는 이 논문의 성공으로 일약 살롱의 총아로 등극했으나 얼마 지나지 않아 여기저기서 문제를 일으켰다. 이러한 태생을 고려할 때 루소가 도회적이고 귀족적인 사교에 진저리를 치는 모습은 충분히 상상할 수 있다.

루소는 철학자가 되고 싶어서 된 것이 아니다. 이를 증명하듯 그는 철학 이외의 업적, 즉 상식적으로 볼 때 적어도 철학으로 분류할 수 없는 업적을 꽤 많이 남겼다.

루소를 철학자로만 보면《학문 예술론》 나음은 5년 후 《인간 불평등 기원론》이고, 그다음은 12년 후《사회계약론》이다. 전자는 34세, 후자는 50세에 내놓은 저작이다. 원숙기의 작업이라고 할 수 있는 두 저작은 고전으로도 잘 알려져 있다.

하지만 루소라는 '작가', 오늘날에 견주면 '크리에이터'의 전모를 파악하고자 할 때 두 저작만 다루는 것은 실로 일면적이다.

이를테면 루소는《학문 예술론》을 내고 2년 후인 1752년 《마을의 점술사》라는 오페라를 발표한다. 궁전과 대극장에서 상연된 이 작품으로 인해 그는 젊을 때부터 바라던 음악적 성공을 잠시 거머쥐었다. 그런데 이 성공은 금전적 측면을 포함해 갖가지 문제를 일으켰다. 이에 몹시 진력난 루소는 3년 후 《인간 불평등 기원론》을 집필하고 나서 사교계를 떠나겠다고 선언하고 파리 교외로 이사해버린다. 《학문 예술론》과 《인간 불평등 기원론》 사이에 그는 딱히 철학자로서 혼자 묵묵하게 사색을 계속한 것은 아니었다.

《인간 불평등 기원론》과 《사회계약론》 사이 7년 동안도 마찬가지다. 교외로 이사한 루소는 소설 집필에 매진하기 시작한다. 그리하여 1761년, 《사회계약론》이 나오기 전해에 서간 형식의 장대한 연애소설을 출판한다.

바로 소설 《신엘로이즈》*다. 이 작품은 나중에 다시 다룰 예정인데, 한마디로 스위스를 무대로 시골 귀족의 딸과 가정교사인 평민 청년이 펼치는 비련의 이야기다. 결말은 딸이 죽는 것으로 끝난다. 안타깝게도 오늘날 일본에서는 거의 읽히지 않으나 당시에는 열광적 반응을 얻어 프랑스뿐 아니라 영국과 독일의 19세기 문학에 엄청난 영향을 미쳤다고 알려져 있다. 당시 사람들은 아마도 루소가 《사회계약론》이 아니라 《신엘로이즈》의 저자라고 알았을 것이다. 작품의 무대인 레만 호수 근처의 작은 마을은 나중에 괴테 같은 대문호가 자주 방문하는 등 이른바 '성지'가 되었던 듯하다. 이 작품의 제목은 관광의 역사

* 원제 *Julie ou la Nouvelle Héloïse*를 직역하면 '쥘리 또는 신엘로이즈'이지만 본서에서는 '신엘로이즈'로 표기했다.

에도 등장한다.

한편. 동시기에 루소는 소설이라고는 할 수 없으나 소설 형식으로 쓴 《에밀》*도 발표한다. 가상으로 설정한 소년 '에밀' 의 교육 기록이라는 형식을 취한 이 교육론은 당시 귀족 자제 의 교육을 둘러싼 상식을 뒤엎어 화제가 되었다. 19세기 교육 사상에 거대한 그림자를 드리운 이 책은 당시 오히려 종교 비판이라는 측면으로 주목받았다. 파리고등법원이 체포 영장을 발부하는 소란이 일어나 루소는 1762년부터 1770년까지 몇 주 라는 짧은 귀국 체류를 제외하고 오랫동안 국외 도피 생활을 강요받았다. 이런 사건도 당시에는 《사회계약론》보다 훨씬 이야깃거리가 되었을 것이다.

루소는 《사회계약론》 이후 의뢰를 받아 코르시카와 폴란드의 법 제도에 관한 글을 썼을 뿐, 정식으로 정치사상 저작을 발표하지 않았다. 만년의 루소는 계속 자서전을 썼다.

자서전의 텍스트는 몇 편 있는데 사후 《고백》으로 묶어 출판한 것이 가장 유명하다. 이 책은 소년 시절의 낭만적 회고로 시작해 청년 시절의 성 체험을 적나라하게 서술하고, 디드로를 비롯한 동세대 철학자를 격렬하게 비판했으며, 근거 없는 피해망상 등을 드러내는 등 매우 인상적인 저작이다.

생전에 이 책은 작은 동호회에서 낭독되었을 뿐이었으나 1778년 루소가 죽은 지 몇 년 후 공적으로 간행되었고 무척 솔

---

* 원제 *Émile; ou, De l'éducation*를 직역하면 '에밀 또는 교육에 관하여'이지만 본서에서는 '에밀'로 표기했다.

직하다는 특징 때문에 독서계에 선풍을 일으켰다. 이 책도 후세 문학에 무시할 수 없는 영향을 미쳤다. 특히 일본에서는 시마자키 도손을 매개로 일본 근대문학의 확립과 관련이 깊다.＊

7

이처럼 루소의 경력을 대강 살펴보면 알 수 있듯이 그는 단순한 철학자가 아니었다. 특히 문학의 업적이 대단하다. 특히 《신엘로이즈》와 《고백》은 새로운 인간관을 제시해 19세기 유럽을 석권하는 '낭만주의'의 선구가 된 기념비적 작품으로 평가받는다.

새로운 인간관이란 어떤 것일까. 한마디로 인간은 결코 합리적이고 강한 존재가 아니라 항상 정념에 사로잡히고 타인에게 상처를 주고 때로는 자기 자신조차 파괴해버리는 연약하고 불안한 존재인데, 그렇기 때문에 존엄하다는 인간관이다.

이 인간관은 오늘날 '문학적'이라고 여겨지고 널리 퍼져있는 만큼 루소가 독창적이고 새롭게 만들어냈다고 느끼지 않을지도 모른다. 그러나 이런 관점은 착각이다. 루소야말로 이 인간관을 문학에 도입하고 세계에 널리 퍼뜨린 인물이기 때문이다.

＊　메이지 후기 루소의 영향은 민권사상에서 문학 세계로 이행하는데, 특히 루소의 《고백》은 일본 자연주의 문학의 '고백' 지향의 풍조를 형성하여 시마자키 도손(島崎藤村)의 《파계》,《신생》 같은 소설에 영향을 남겼다.

낭만주의는 인간을 불합리한 존재라고 파악한다. 이성적인 계몽은 성공할 리 없다고 생각한다. 철학사에서 계몽주의의 반동이라는 위상에 놓여 있는 낭만주의는 별로 높이 평가받지 못할 때가 많다. 하지만 문화 전체를 놓고 보면 낭만주의의 인간관은 현대에 이르기까지 계속 여파를 미치고 있다. 무엇보다 현실적으로 21세기인 현재에도 인간은 전혀 합리적이지 않고 계몽도 전혀 성공할 것 같지 않다. 이런 점에서 낭만주의의 문제 제기는 200년 전과 다름없이 실제적이라고 할 수 있다. 그렇다면 《사회계약론》 같은 정치적 저작도 루소의 낭만주의적 인간관을 염두에 두고 읽을 필요가 있다.

나아가 루소의 낭만주의적인 인간관은 결코 단순히 사고의 산물이 아니라 그 자신의 현실 인격을 투사한 산물이라는 점에 주목해야 한다. 그렇기에 루소는 아마도 미래 사조의 선구자가 될 수 있었다.

이제까지 소개한 대로 루소는 사실 재능이 넘치는 인물이었다. 철학 논문으로 주목받았을 뿐 아니라 오페라를 작곡하고 소설을 썼다. 인기도 있었다. 필화 사건으로 추방당한 뒤 파리에 한때 귀환했을 때 시민들은 그를 열광적으로 환영했다. 그는 카리스마 넘치는 시대의 총아였다.

다만 루소는 성공으로 마음의 평안을 얻지 못했다. 그는 항상 주위 사람들과 충돌했다.

루소는 《신엘로이즈》와 《에밀》을 통해 순수한 사랑과 평온한 시골 생활이 근사하다고 칭송한다. 이 점은 그의 작품이 환영받은 이유이기도 하다.

루소 자신은 그가 노래한 이상을 실천하지 않았다. 《고백》에서 토로했듯 현실에서 그는 젊을 때부터 애욕에 휘둘리고 실패를 반복하는 삶을 살았다. 부부 관계와 육아에도 문제가 있었다. 루소에게는 오랜 기간 특정한 연인이 있었는데 만년까지 사실혼을 유지하며 자식들은 모조리 고아원에 보내버렸다. 《에밀》에서는 훌륭한 척하며 교육론을 주장했으나 그의 사생활은 스캔들을 일으켰다.

질투심과 시기심도 강했다. 40대에 교외로 물러난 다음에도 멀리 떨어진 파리에서 자신을 함정에 빠뜨릴 음모가 꾸며지고 있다고 믿고는 지인들에게 망상에 가까운 편지를 계속 보냈다. 루소는 평생 새 친구와 지원자에게 기대를 걸고 친해졌는가 싶으면 실망하고 결별하는 일을 되풀이했다. 아무도 자신을 이해해주지 않는다는 말을 입버릇처럼 달고 살았고, 만년에는 병적 피해망상을 품기도 했다.

이상의 문제에 대해서는 흄과 디드로 등 동시대 사람 다수가 증언한 바 있다. 심리학 관점의 연구도 있는 듯하다. 그런 연구까지 알지 못해도 앞서 언급한 《고백》을 비롯해 그가 남긴 자전적 글을 조금이나마 읽어보면 루소의 인격적 연약함을 금세 이해할 수 있다.

《루소, 장 자크를 심판하다 ─ 대화》*라는 제목의 책이 있다. 루소가 60대에 들어 쓴 이 글은 《고백》과 마찬가지로 사후에 출판되었다.

이 저작은 작가 루소와 이름이 같은 인물이 가공의 '프랑스인' 인물과 대화를 통해 '장 자크(즉 루소)'를 둘러싼 세간의 악평을 논파한다는 내용이다. 한마디로 루소 자신이 가공의 비판자를 상대로 마치 제3자인 양 자신의 평판에 대해 이야기하고 자신을 옹호하는 책이다. 이 구성 자체가 이미 병적인데 내용도 그에 못지않게 편집증적이다. 루소가 현실에서 마주친 세세한 사건을 모두 거대한 음모의 일부라고 해석하고 '박해자'들을 한 사람씩 고발하는 괴이한 작품이다. 아마도 정치학자 대다수는 《사회계약론》의 저자가 약 10년 후 이런 광기 어린 글을 썼다는 사실을 의식하지 않을 것이다. 그러나 현실의 그는 그런 인물이었다.

이 저작에 붙어 있는 짧은 후기는 루소의 병적 편향을 실로 알기 쉽게 드러내고 있다. 이 후기에 따르면 그는 본편의 대화를 다 써내려간 뒤 발표 방법에 대해 이런저런 생각을 한 모양이다.

우선 대전제는 출판할 수 없다는 것이다. 주위 사람이 다 음모에 가담하고 있어 아무도 믿을 수 없기 때문이다. 루소는 사본을 한 권 만들어두고 노트르담 사원의 성단에 몰래 바치자는 생각을 떠올린다. 그러면 '박해자'의 손에 들어가는 일 없이 이 고발의 글이 국왕의 손에 들어갈지도 모르기 때문이다. 루소는 거듭 사원의 사정을 살피며 성단이 있는 본당에 침입할

---

* 본서에서는 《루소, 장 자크를 심판하다 ─ 대화》(진인혜 옮김, 책세상, 2012)를 기준으로 책명을 표기했다.

수 있는 시간과 경로를 결정한다. 그런데 결행하는 날 사원에 가보니 새로 울타리를 세워 침입할 수 없다. 이루 말할 수 없이 충격을 받은 루소는 예상보다 음모가 더 널리 퍼져 있으니까 책을 봉헌하는 일도 위험하다고 신이 알려주었다고 생각한다.

루소는 마음을 고쳐먹고 오랜 친구 문학자에게 원고를 읽어달라고 한다. 후세 연구로 이 문학자는 철학자이기도 했던 에티엔 보노 드 콩디야크로 밝혀졌다. 루소는 원고를 건네주고 2주일 후에 감상을 들으러 갔다. 그런데 당연히도 콩디야크는 어물어물 말을 삼키며 그가 기대한 흥분을 보여주지 않는다. 루소는 깊이 실망하여 교제를 끊어버리고 다시 원고를 맡길 수 있는 인물을 찾기 시작한다.

그때 마침 영국 체류 중 알게 된 젊은 시인이 찾아온다. 루소는 이를 하늘의 계시로 받아들이고 외국인이야말로 고발을 의탁할 만한 대상이라고 확신한다. 그는 실제로 원고의 일부를 넘겼는데 시인이 귀국하자 또다시 시기심과 의심에 사로잡히기 시작한다. 도대체 시인은 왜 나를 찾아왔을까. 이탈리아에서 영국으로 돌아가는 도중이었다고 하는데 묘하게 때를 맞추어 오지 않았는가. 그러고 보니 붙임성 있게 내 기분을 맞추어 주었다….

이리하여 마침내 어떻게 했느냐 하면 루소는 저서의 내용을 요약한 전단을 만들어 파리 거리에서 배포하기 시작했다. 전단에는 '아직 정의와 진실을 사랑하는 모든 프랑스인에게'라는 제목을 붙였고, 일본어판 전집에는 후기 다음에 실려 있다. 상당한 매수를 인쇄했으나 대체로 받아주기를 거부했던 듯하다. 손꼽히는 파리의 명사치고는 꽤 기이한 행동을 보인 셈이다. 결국 본편 자체는 누구의 손에도 건네지지 않았기에 애초의 목적도 사라졌다. 어쨌든 루소는 불안정한 인물이었다.

　　루소의 이름은 고등학교 교과서에도 실려 있다. 따라서 사람들은 루소를 '정상적'인 인물이라고 상상할 것이다. 정치와 공공성을 생각하고 근대 민주주의를 정립한 위대한 철학자라고 말이다.

　　그러나 앞에서 살펴본 대로 그런 상상은 전혀 사실이 아니다. 루소는 틀림없이 근대 민주주의를 일으킨 위대한 철학자다. 정치와 공공성도 생각했다. 하지만 아무리 봐도 '정상적'이지는 않다.

　　루소는 일반의지에 공공성이 깃들어 있다고 썼다. 그래서 일반의지는 전체의지와 구별된다. 나는 앞서 공공성이 왜 일반의지에 깃들어 있는지, 그 점에는 수수께끼가 있다고 했다. 과연 이상과 같은 음모론적 저작을 읽으면 그가 처음부터 공공의 의미를 어디까지 알고 있었을지 의심이 고개를 쳐든다. 현실의 루소는 공공을 생각하기는커녕 무엇이 공공이고 무엇이 공공이 아닌지, 무엇이 정치이고 무엇이 정치가 아닌지, 구별조차 하지 못한 것이 아닐까.

　　루소는 금방 혹하기 쉽고 우쭐대고 질투심이 강하고 논쟁을 좋아하고 음모론에 별 거부감이 없었다. 아마도 그는 현대 일본의 용어로 표현하면 '커뮤니케이션 장애'에 '정신질환·심신 장애가 있는 사람'이라고 형용할 만한 인물이다. 지금 살아 있다면 틀림없이 SNS에서 난동을 부렸을 것이다. 우리는 민주주의의 기원을 이루는 글을 이런 인물이 썼다는 점을 알고 읽어야 한다.

8

이렇게 루소라는 인물상을 그려놓고 나서 다시 일반의지의 수수께끼를 향해 떠나보자. 나는 앞서 사회계약이라는 사고 자체는 루소가 고안한 것이 아니라고 썼다. 보통은 루소에 선행하는 철학자로서 토머스 홉스와 존 로크의 이름을 든다.

사회는 왜 존재하는가. 통치하는 사람과 통치받는 사람의 구별은 왜 있는가. 왜 왕과 인민은 그토록 다른가. 신이 정했다고 밀어붙이면 되겠지만 근대 유럽에서는 이 물음에 다른 방식으로 답하는 이론이 나타난다. 그것이 사회계약설이다.

사회계약설은 한마디로 말해 왕이라는 특별한 인물에게 권력이 집중되고 다수의 인민이 왕의 지배에 따라야 하는 것은 역사의 기원으로 볼 때 인민이야말로 권력의 집중이 필요해서 상호 '계약'을 맺어 왕을 선택했기 때문이라는 이론이다. 17세기에 활약한 토머스 홉스와 존 로크가 대표적 논자이고 18세기 루소가 같은 사상을 이어받고 있다. 참고로 일본의 연구자는 이 세 사람에게 공통된 사회관을 사회계약'설'이라고 부르고 루소의 저작은 사회계약'론'이라고 하여 구별하는 것을 관례로 삼는데, 이 글도 여기에 따른다.

이 사상은 근대사에서 결정적인 역할을 해냈다. 왕의 권력은 인민의 필요에 따라 존재했을 따름이다. 이를 뒤집어 말하면 왕의 권력은 인민의 필요가 없으면 정통성이 없으므로 전복해도 된다는 말이다. 이 논리는 혁명의 정당성을 보증한다. 그래서 토머스 홉스와 존 로크는 근대 민주주의를 준비한 사상가로 묶어 논의할 때가 많다.

그러나 실제로 루소의 사회계약'론'은 선행하는 토머스 홉스와 존 로크의 사회계약'설'과 상당히 내용이 다르다. 토머스 홉스는 자연 상태라면 인간이 서로 죽일 수 있기 때문에 왕에게 폭력을 집중시킬 필요가 있다고 논했다. 존 로크의 이론은 이보다 약간 복잡하다. 그는 폭력을 억제하기 위해서뿐 아니라 인간에게 본래 주어진 원초적 권리(소유권)를 보장하기 위해서도 사회계약이 필요하다고 한다. 물론 존 로크도 자연 상태에서는 인간이 생활이 불안정하므로 사회 상태로 이행해야 비로소 안심하고 생활할 수 있다고 생각했다.

즉, 토머스 홉스와 존 로크가 생각하기에 인간은 고독하게 살아갈 수 없고 언제 죽임을 당할지 모르고 언제 재산을 빼앗길지 모르기 때문에 사람들 사이에 사회계약이 필요하다고 보았다. 이 주장은 매우 이해하기 쉽다.

하지만 루소를 이런 식으로 이해해서는 안 된다. 왜냐하면 그는 《사회계약론》에 선행하는 이전 작업을 통해 자연과 사회의 관계를 전혀 다르게 사고했기 때문이다.

토머스 홉스와 존 로크와 달리 루소는 본래 자연 상태에서 인간은 행복했다고 주장한다. 이를테면 《인간 불평등 기원론》에는 다음과 같이 서술한 대목이 나온다. "인간이 허름한 오두막에 만족한다면 (…) 혼자 할 수 있는 일, 몇 사람이 협력할 필요가 없는 기술에만 전념한다면, [인간은] 인간의 본성에 의해 가능한 만큼 자유롭고 건강하고 선량하고 행복하게 살아가고 서로 독립한 상태로 즐겁게 교제한다. 그러나 한 인간이 다른 인간의 도움이 필요하고 오직 한 사람을 위해 두 사람 몫의 비축이 유익하다는 것을 알아채면 금방 평등은 사라지고 사유가 도입되고 노동이 필요해지고 (…) 노예 상태와 비참함이 싹을 틔워 자라나는 것이 눈에 들어온다."[16]

이는 루소의 본질을 사고할 때 지극히 중요한 대목이다. 토머스 홉스와 존 로크는 인간이 고독하게 살아서는 안 된다고 생각했다. 따라서 사회계약이 필요하다고 주장했다. 하지만 루소는 인간이 고독하게도 살아갈 수 있을 뿐만 아니라 오히려 고독해야 잘 살아갈 수 있다고 생각했다. 그렇다면 루소는 왜 사회계약이 필요하다고 주장한 것일까.

여기에서 루소가 일반의지와 전체의지를 구별할 필요가 있다고 본 이유를 짐작할 수 있다. 토머스 홉스와 존 로크에게는 일반의지의 개념이 필요하지 않다. 사회계약은 개인의 사적이해를 지키기 위해 필요하다고 생각했기 때문이다. 이는 사회가 특수의지의 집적을 통해, 즉 전체의지를 통해 저절로 성립했다는 것을 의미한다. 사회의 성립을 설명하기 위해 전체의지의 개념만으로 충분했다.

---

16   原好男(하라 요시오) 옮김, 《ルソー全集(루소 전집)》 제4권, 239~240쪽.

루소의 사회계약설은 그렇지 않다. 개인은 자연 상태인 채 행복하게 살아갈 수 있으므로 사회계약이 사적 이해로 생겨날 이유가 없다. 특수의지를 아무리 모아도 사회는 성립하지 않는다. 그리하여 루소는 전체의지와 구별되는 일반의지라는 새로운 개념을 도입하고 사회의 존재를 특수의지의 집적과 분리할 필요가 있었다.

　이는 근대 민주주의를 추동해온 일반의지의 알 수 없는 성격이 단순히 루소의 발상으로 생겨나거나 설명 부족으로 남겨진 것이 아니라 루소 사상 전체와 결부되어 필연적으로 요청받았다는 것을 의미한다. 루소는 한편으로 사회가 필요 없다고 생각했다. 그렇지만 다른 한편으로 사회계약이 필요하다고 생각했다. 모든 것은 자연 그대로 괜찮다고 하는 동시에 사회를 지켜야 한다고 호소했다. 이 이율배반이야말로 일반의지라는 개념을 낳았다.

　루소의 이율배반은 앞서 소개한 루소의 낭만주의적 인간관과 깊은 관련이 있다. 그는 이른바 '커뮤니케이션 장애'로 사회와 거리를 적절하게 취할 수 없는 인물이었다. 정신적으로도 불안정했다. 그래서 《인간 불평등 기원론》에서 사람은 혼자 살아가는 편이 행복했다고 열렬히 주장했다. 그런데 겨우 7년 후 《사회계약론》에서는 사회계약을 논하고 일반의지의 절대성을 소리 높여 주장한다.

　여기에 커다란 모순이 있다고 생각할 법하다. 한편으로 '사람은 혼자 살아갈 수 있다'고 말하면서 다른 한편으로 '사람은 사회 전체의 의지를 따라야 한다'고 하니까 말이다. 실제로 이 모순은 철학사에서 몇 번이나 문제가 되었다. 예컨대 20세 기 전반에 활약한 에른스트 카시러는 그것을 '루소 문제'라고 부르고 어떻게든 사상적으로 해소해보려고 시도했다. 한마디로 그에 따르면 루소의 모순은 변화를 통한 주체 완성의 계기를 상정함으로써 통합할 수 있다고 주장했다.[17]

그렇지만 나는 오히려 그 모순을 《사회계약론》의 논의 전체가 기반한 어그러진 논리의 표현으로 해석할 것을 제안하고 싶다.

17　에른스트 카시러는 다음과 같이 서술한다. "왜냐하면 그[=루소가 말하는 국가 이론]의 본질적 목적은 확실히 단적으로 보편적 구속력이 있는 법률 아래 개개인을 두는 것이고, 마치 법률에 어떠한 변덕이나 자의(恣意)의 조각도 보이지 않도록 법률 자체를 형성하는 것이기 때문이다. 우리는 자연법칙 앞에 무릎을 꿇듯 사회의 법률에 복종하기를 배워야 한다. 우리는 결코 타자의 권력적 명령에 복종하는 것이 아니라 법률의 필연성을 통찰하기 때문에 법률을 준수하는 것이어야 한다. 우리가 법률의 의미를 내 것으로 받아들이고 법률의 의미를 자기 의지 안에 오롯이 담아낼 수 있을 때 내적으로 동의하지 않을 수 없는 것으로서 법률을 이해할 수 있고, 그러할 때만 법률의 준수는 가능하다. (⋯) 국가는 단지 이미 존재하고 주어져 있는 의지의 주체에게 호소하는 것이 아니라 국가가 호소할 수 있는 올바른 주체를 만들어내는 것이 국가의 최초 목표다." E・カッシーラー(E. 카시러), 《ジャン゠ジャック・ルソー問題(장 자크 루소 문제)》, 生松敬三(이키마쓰 게이조) 옮김, みすず書房, 1997, 30~31쪽. 강조는 원래 인용대로.

　　여기에서 에른스트 카시러는 이렇게 말한다. 개인은 원래 자유로운데 국가의 교육을 받은 다음에는 자발적이고 절대적으로 일반의지에 복종하기 때문에 루소에게는 모순이 없다고 말이다. 그는 이렇게 호의적인 독해를 제시했다. 그러나 200년이 지난 오늘날 이러한 독해는 미셸 푸코가 법률 훈련이라고 이름붙인 국가의 폭력적 주체 형성을 긍정하고 있으므로 루소라면 오히려 비판적 독해라고 이해할지도 모른다.

《사회계약론》에 나오는 사회계약과 일반의지의 관계는 보통은 이렇다. 즉, 우선 최초에 자연 상태가 있고, 그다음 사람들이 사회계약을 맺은 결과 공동체가 생겨나고 일반의지가 생겨나는 식으로 직선적 경과를 거친다고 이해한다. 실제로 소박하게 읽으면 그렇게 읽을 수밖에 없다.

이는 지나치게 단순하기 짝이 없다. 오히려 반대라고 생각한다. 우선 최초에 공동체가 존재하고, 그다음 공동체의 기원으로서 사회계약을 발견해낸 결과 일반의지가 마치 처음부터 존재한 것처럼 가설을 세우는 과정, 즉 **소행적 발견**의 과정을 감추고 있는 것은 아닌가.

구체적으로 설명해보자. 루소는 인간이 자연 상태에서도 행복하다고 생각했다. 그런데 인간이 사회계약을 맺었다면 어떤 변화가 일어났을 것이다. 아쉽게도《사회계약론》은 상황 변화를 거의 언급하지 않았다. "각 개인이 자연 상태에 머무르려는 힘보다 자연 상태 속에서 인간의 자기 보존을 저해하는 장애가 우세해진 시점에 도달했다고 상정해보자"고 잠깐 스치듯 말해놓았을 뿐이다(제1편 제6장).

《인간 불평등 기원론》에는 한 걸음 더 나아간 서술이 있다. 루소는 한마디로 역사의 기원으로 올라가면 불평등이 가속화하는 현상이 벌어졌다는 가설을 세우고 있다.

우선 루소는 언제쯤인지 어딘가에서 농업과 야금술을 발견했다고 상정한다. 그 지역에서는 필연적으로 사적 소유가 생겨나고 부와 폭력이 집중하기 시작해 불평등한 사회가 탄생했다. 그러자 가까운 곳에 사는 사람도 새로운 세력의 대두에 대응하지 않을 수 없었다. 결과적으로 그들도 새로운 기술을 수입하고 불평등해지는 현실에 몸을 맡겼고, 주위도 점점 더 불평등 사회로 휩싸여간다. 《인간 불평등 기원론》에는 "어느 토지를 에워싸고 '여기는 내 것'이라고 최초로 생각하고 믿어버릴 만큼 단순한 사람들을 발견한 인물이야말로 진정으로 정치사회를 창립한 자"라는 유명한 구절이 나온다.[18] 사람은 모두 고독하고 행복하게 살아갈 수 있으므로 사회계약은 본래 필요하지 않다. 그러나 누군가가 사적 소유를 발견하고 불평등을 발명했기 때문에 사회계약을 맺을 수밖에 없었다. 이것이 루소의 기본 발상이다.

그렇다면 루소의 사회계약론은 선행하는 사회계약설을 이어받은 듯 보이지만 본질적으로는 다른 논리를 바탕으로 삼았다고 해야 한다. 토머스 홉스와 존 로크는 인간이 혼자서는 살아갈 수 없기 때문에 사회를 형성한다고 생각했다. 반면 루소는 인간이 혼자서 살아갈 수 있지만 그럼에도 사회를 형성하고 말았다고 주장하기 때문이다.[19]

---

18 《ルソー全集》 제4권, 232쪽.

19 여기에서 내가 루소를 독해할 때 중심축으로 삼은 논리를 형식화하면 다음과 같다. A(자연)는 자족적이다. B(문명)는 존재하지 않아도 좋다. 그러나 A는 A 그대로 있을 수 없었다. A가 A로 있기 위해서는 B가 필요해지고 '말았다'. B의 출현은 어떤 의미에서 필연이 아니지만 다른 의미에서는 필연이다. A가 보기에 B는 어디까지나 '덤'일 뿐이지만 현실에서는 B가 존재하지 않으면 A도 존재하지 않는다.

이러한 굴절된 논리는 루소뿐 아니라 철학사에 빈번하게 나타났다고 알려

앞에서 강조한 '그럼에도'와 '말았다' 같은 논리의 존재는 루소의 정치사상이 이 글의 주제인 '정정 가능성'과 깊이 연관되어 있음을 드러낸다.

져 있다. 1부 각주 65에서 참조한 철학자 자크 데리다는 이 굴절을 '에크리튀르'라는 말로 표현했다. 에크리튀르는 일상어로는 '문자'를 의미하는 프랑스어다. 목소리는 목소리로만 존재한다. 문자는 '덤'이다. 많은 철학자가 그렇게 말한다. 하지만 현실에서는 문자가 없으면 목소리도 기록하지 못한다. 문자로 쓰여 있지 않으면 무엇이 음소인지 알 수 없다. 여기에 모순이 있다. 자크 데리다는 이것을 하나의 양식으로 삼아 수많은 텍스트 안에서 같은 모순을 발견하고 전통적 해석을 뒤집어엎고 새로운 독해(탈구축)를 끌어내고자 했다.

자크 데리다는 루소를 주제로 다루기도 했다. 그는 1967년에 출판한 《그라마톨로지(Grammatologie)》의 후반을 통틀어 루소의 독해에 할애한다. 그는 《인간 불평등 기원론》의 일부를 다루었다고 상정하고 있지만 결국 생전에는 출간의 빛을 보지 못한 《언어 기원론》이라는 논문을 다루었다. 방금 소개한 것처럼 자크 데리다는 루소의 사고에 굴절의 논리(에크리튀르의 논리)가 침투해 있기 때문에 "자기가 이야기하고 싶지 않은 것을 이야기하고 결론 내고 싶지 않은 것을 서술했다"고 지적한다. ジャック・デリダ(자크 데리다), 《根源の彼方に(근원의 저편에)》하권, 足立和浩(아다치 가즈히로) 옮김, 現代思潮社, 1972, 201쪽. 〔본서에서는 《그라마톨로지》(김성도 옮김, 민음사, 2010)에 준하여 책명을 표기했다.─옮긴이〕 루소의 텍스트를 읽을 때 일종의 모순을 고려함으로써 일반의지를 새롭게 해석하려는 본서의 시도는 자크 데리다에게 받은 영향이 적지 않은데, 특히 8장에서 전개하는 '인공 자연'을 둘러싼 논의에 참고했다. 자연과 문명의 관계, 진실과 거짓의 관계, 사랑과 위선의 관계는 바로 목소리(파롤)와 에크리튀르의 관계와 같기 때문이다.

그렇지만 자크 데리다의 저작을 조금이라도 읽어본 사람이라면 잘 알듯, 그의 작업은 원래 결론이나 주장을 일부만 덜어내어 다룰 수 없을 만큼 대단히 복잡하고 난해한 스타일로 쓰여 있다. 그래서 본서에서는 명시적으로 참조하는 일이 거의 없는데, 말하자면 '《그라마톨로지》에서 자크 데리다가 주장했듯이' 하는 식으로 가볍게 적을 수 없었기 때문이다. 다만 그가 제시한 독해의 실천에서 놀랄 만큼 배움을 얻었다는 점은 두말할 필요도 없다.

여기에서 1부의 논의를 떠올려주길 바란다. 2장에서 인간의 커뮤니케이션은 모두 아이의 놀이와 같아 술래잡기인가 싶더니 도둑잡기이고 도둑잡기인가 싶더니 숨바꼭질을 하는 듯한 변화를 피할 수 없다고 논했다. 더구나 그때 기묘하게도 아무리 놀이의 내용이 바뀌더라도 참가자 사이에 '같은 게임'을 계속하고 있다는 착각이 생긴다. 공동체는 이러한 착각을 바탕으로 구성된다. 이것이 비트겐슈타인과 솔 크립키가 도달한 인식이다.

루소의 사회계약설에 숨은 '그럼에도'와 '말았다' 같은 논리도 '같은 게임'이라는 역동성으로 설명할 수 있다. 따라서 이는 단순히 논리의 뒤틀림이 아니다. 방금 인용한 《인간 불평등 기원론》의 구절을 다시 읽어보길 바란다. 사람들은 모두 자연 상태에 만족했다. 소유권 같은 것은 아무도 몰랐다. 그런데 언젠가부터 인근 토지에 울타리가 생겼다. "이 땅은 내 소유야!" 하고 외치는 소유권이라는 새로운 게임을 시작하겠다고 주장하는 인물이 나타났다. 그때 "너도 소유권 게임에 참가하고 있구나!" 하는 말을 듣고 '그 말을 믿어버리는 단순한 사람들'은 반론할 수 없다. 이것이 루소가 말하고 싶은 바가 아닐까.

루소는 사회계약을 '정정'에 의해 나중에 발견했다고 생각한다. 그것은 본래 존재하지 않았다. 그러나 발견 이후에는 실재한다. 회의론자가 문제를 제기함으로써 겹하기가 실재한 것과 마찬가지다.

앞서 나는 루소의 사상에 모순으로 보이는 점을 철학자들이 문제 삼았다고 서술했다. 정정 가능성의 논리에 주목하면 이 의문을 해소할 수 있다. 루소는 사실 온갖 저작을 통해 일관되게 사회는 악이고 자연은 선이라고 주장했다. 이 생각은 조금도 흔들리지 않는다. 마찬가지로 인간이 불평등한 사회를 형성하고 '말았다'는 현상을 개탄하는 점도 변하지 않는다. 다만 그는 《사회계약론》에서 예외적으로 먼저 현실을 받아들이고 나중에 거꾸로 이유를 찾는 방식, 즉 다른 저작과 완전히 반대 순서로 논의를 구성했다. 따라서 《인간 불평등 기원론》에서는 사회계약이 필연적이지 않은데도 《사회계약론》에서는 사회계약이 필연적이라는 표면적 모순이 생겨났다.

루소는 앞서 서술한 바와 같이 무엇이 공적 발언이고 무엇이 사적 저주인지 구별이 의아스러운 인물이었다. 그러나 그도 사회가 존재하고 자유를 제한한다는 것을 알고 있었다. 루소는 그 점을 고민했다. 그래서 그는 앞뒤가 맞지 않는 현실의 기원을 탐구하기 위해 역사를 재구성했다. 바로 《사회계약론》이 그러한 저서가 아닐까.

그렇다면 일반의지도 단순하게 실재한다고 생각해서는 안 될 것이다. 어디까지나 그것은 "만약 현재 불평등한 사회가 성립하고 있다고 **한다면**" 하는 조건에서 거슬러 올라가 찾아낸 가설적 존재라고 이해해야 한다.

불평등한 사회는 어느 곳에서든 성립하고 있으므로 이 가정은 조건절로서 기능하지 못한다. 따라서 《사회계약론》을 평범하게 읽으면 일반의지가 소박하게 실재한다고 이야기하는 것처럼 받아들일 수 있다. 하지만 이렇게 숨어 있는 가정을 상정하느냐 상정하지 않느냐에 따라 이 책의 독해는 대단히 달라질 수 있다.

9

《사회계약론》에는 이런 구절이 쓰여 있다. "각 구성원은 [사회계약을 맺음으로써] 자신의 모든 권리와 함께 자신을 공동체 전체에 완전히 양도하기" 때문에 "우리 각자는 신체와 모든 능력을 공동의 소유로 삼아 일반의지의 최고 지휘 아래 맡긴다"(제1편 제6장).

이 구절도 종종 문제가 된다. 토머스 홉스와 존 로크의 사회계약은 어디까지나 각자가 자신의 이익을 위해 맺는다고 생각했다. 개인은 사회계약을 맺음으로써 자유를 일부 잃는다. 그것은 자유와 안전을 교환하는 것으로 여길 수 있다. 교환이기 때문에 계약이라는 비유를 쓸 수 있다.

그런데 루소는 공동체에 '신체와 모든 능력'을 '완전하게 양도하는' 절대적인 증여의 행위로 사회계약의 의미를 바꾸어 버렸다. 이는 상당히 위험한 정의다. 사회계약의 본질이 증여라고 한다면 시민은 자유의 대가를 아무것도 기대할 수 없기 때문이다. 실제로 그는 그가 내린 정의에 따라 문제 있는 결론을 여럿 이끌어냈다. 개중에서도 가장 악명 높은 것이 다음 문장이다. "통치자가 시민을 향해 '네가 죽는 것이 국가에 도움이 된다'고 말할 때 시민은 죽어야 한다."(제2편 제5장) 시민은 공동체에 모든 권리를 양도한다. 그래서 시민은 통치자의 판단에 무조건 복종해야 하고 통치자의 힘은 생존의 권리도 좌우한다.

여기에서도 루소는 오늘날 상식으로는 이해할 수 없는 주장을 내세운다.

그러나 이렇게 강렬한 주장도 정정 가능성의 논리를 고려하면 어느 정도 이해할 수 있다. 여기에서 루소는 단순히 사회계약이 증여라고 서술한 것이 아니라 꽤 기묘한 논리를 편다.

루소는 사람이 사회계약을 맺어 권리와 재산을 모두 공동체에 양도한다고 단언한다. 하지만 그다음 곧장 권리와 재산이 공동체의 보호라는 형식으로 되돌아오므로 각자는 아무것도 잃지 않는다고 덧붙인다. 루소는 다음과 같이 서술한다. "요컨대 각자는 모든 사람에게 자신을 내어주기 때문에 누구에게도 자신을 내어주지 않는 셈이다. 그리고 각 구성원은 자신에 대한 권리를 타인에게 양도하지만 그만큼 타인에게 권리를 부여받지 않는 구성원은 아무도 없기 때문에 사람은 잃어버린 모든 것만큼 모든 것을 손에 넣고 자신이 갖고 있는 것을 보존하기 위한 힘을 더 많이 얻는다."(제1편 제6장)

권리와 재산을 일단 공동체에 다 내어주면 곧바로 공동체가 돌려준다. 같은 대상이 자신과 공동체 사이를 왕복할 뿐이므로 각자는 아무것도 잃지 않는다. 하지만 그 왕복 행위를 통해 "각자가 모든 사람과 관계를 맺을 뿐 아니라 자기 자신에게만 복종하고 이전과 마찬가지로 자유로운 상태로 있을 수 있는 형태"의 사회가 나타난다(앞과 동일). 이것이 루소의 논리다. 하나 빼기 하나는 제로가 아니라 사회가 남는다는 말이다.

여기에서 루소가 기술하고 있는 것은 정확하게는 증여가

아니다. 증여라고 하기도 어렵고 교환이라고 하기도 어려운 제 3의 행위다. 이 행위의 수수께끼는 그 자체로 철학적으로 탐구할 만하다.

그러나 나는 수수께끼 자체의 분석보다 왜 그러한 논리의 곡예가 필요했는지에 관심이 간다. 이 필연성이야말로 루소의 사회계약이 자연과 문명의 이율배반을 '말았다' 논리로 억지로 이어주고 있다는 점을 이해하면 남김없이 설명할 수 있을 것이다.

토머스 홉스와 존 로크는 사람이 자연 상태에서 안전하게 살아갈 수 없다고 했다. 그래서 사회계약을 안전과 자유의 교환으로 설명할 수 있었다.

하지만 루소에게 사람은 자연 상태에서도 안전했기 때문에 안전과 자유의 교환이 성립될 리 없다. 사람은 자유를 무엇과도 교환할 필요가 없다. 바꾸어 말하면 사람은 사회계약을 맺은 뒤에도 자연 상태에서와 다름없이 자유로워야 한다는 말이다. 그렇지 않으면 사회계약을 맺지 않을 것이기 때문이다. 그래서 루소는 사회계약에 대해 사람은 일단 모든 자유를 양도하는 동시에 자유가 모두 되돌아오므로 사회계약을 맺은 뒤에도 "이전과 마찬가지로 자유로운 상태로 있을 수" 있다고 서술할 수밖에 없었다. 하나 빼기 하나는 제로가 아니라 사회가 남는다는 기묘한 증여의 논리는 루소가 원래 품고 있던 자연 긍정과 토머스 홉스에게 이어받은 사회계약설의 정합성을 이루기 위해 필요했다.

자연 상태에서 사회 상태로 이행해야 한다는 필연성은 없다. 그렇지만 그 일은 일어나고 말았다. 한번 이행해버리면 우리는 소행적으로 사회계약을 발견할 수밖에 없다. 줄곧 사회계약은 기능하고 있었고 공동체도 존재하고 있었다고 인정할 수밖에 없다. 솔 크립키의 회의론자가 나타난 뒤에는 모두 줄곧 겹하기를 했다고 인정할 수밖에 없는 것처럼 말이다. 이것이 루소가 근거로 삼은 '말았다' 논리다.

겹하기 계산식이 지독하게 추상적이었듯 소행적으로 발견한 사회계약도 추상적인 것에 머무를 수밖에 없다. 앞서 소개한 정치적으로 과격한 명제는 추상성의 결과로 나타난다.

다시 말하지만 루소에 따르면 사람은 사회계약을 맺은 뒤에도 자연 상태와 마찬가지로 자유롭다. 동시에 일반의지에 복종하기도 한다. 한마디로 이는 사회 상태에서 개인의 의지는 일반의지의 의지와 동등하다는 뜻이다. 실제로 루소는 개인의 의지와 일반의지가 다를 때는 개인이 '착각'하고 있다고 여겨야 한다고 썼다(제4편 제2장). 다시 말해 루소는 일반의지가 특정 개인에게 죽음을 명할 때 당사자는 이미 자기 자신의 죽음을 원하고 있을 터라고 생각했다. 그래서 통치자가 명령한다면 시민은 죽어야 한다는 명제가 나오고 말았다. 이 명제는 전술한 논리의 곡예에 의해 루소로부터 필연적으로 나올 수밖에 없었다.

10

이 예를 뒤집어 말하면 사회계약의 근저에 놓인 '말았다' 논리＝정정 가능성의 역동성을 잊어버렸을 때 루소의 사회계약을 둘러싼 소행적 사고가 얼마나 정치적으로 위험한 것으로 변모하는지 드러난다.

다른 예를 살펴보자. 6장 서두에도 인용했듯 루소는 일반의지가 항상 옳다고 말했다(제2편 제3장). 왜 그렇게 말할 수 있었을까.

의지라고 하면 보통 인간이 형성해낸다고 생각한다. 그런데 루소는 일반의지를 종종 인간을 초월한 '사물'에 비유한다. 《사회계약론》은 이 비유를 얼핏 내비칠 뿐이었으나 《에밀》에는 명시해놓는다.

이 대목은 《에밀》 중에서도 가장 참고할 만하다. 루소는 어린아이를 교육할 때 '자연에서 유래하는 사물 의존'과 '사회에서 유래하는 인간 의존'을 구별하는 것이 중요하다고 말한다.

여기에서 '자연에서 유래하는 사물 의존'이란 물리적인 환경에 따른 행동의 제약을 말한다. 이를테면 앞에 강이 있으면 나아갈 수 없는 제약 같은 것이다. 한편, '사회에서 유래하는 인간 의존'이란 명령이나 도덕에 따른 제약을 말한다. 진입 금지 간판이 있으면 앞으로 나아갈 수 없는 경우 같은 것이다. 루소는 전자의 제약이 자유를 직접 빼앗을 뿐 해가 없으나 후자는 아이들에게 반항심이라는 '악'을 심어버리기 때문에 위험하다고 주장한다. 루소는 가능하면 교육은 전자의 제약을 이용하는 것이 좋다고 보았다. 이 주장은 자연이 선이고 사회가 악이라는 루소의 일관된 가치관을 반영한다.

루소는 다음과 같이 기술한다. "사회에 이 악을 치료할 방법은 인간 대신 법을 두고 모든 특수의지의 작용을 뛰어넘는 현실의 힘을 일반의지에 부여하는 것이다. (…) [그럼으로써] 인간 의존은 또다시 사물 의존이 된다."[20]

이 구절은 대단히 흥미롭다. 루소는 인간 의존이 악을 낳는다고 생각한다. 다시 말해 특수의지도 악을 낳는다. 따라서 악을 극복하기 위해서는 인간=특수의지 의존을 극복해야 한다. 일반의지의 형성은 인간 의존을 사물 의존으로 바꾸는 일이기에 중요하다.

이 서술을 통해 루소는 개인이 일반의지에 복종하는 것이 인간 의존보다 사물 의존에 가깝다고 상상했음을 알 수 있다. 바꾸어 말하면 루소는 인간이 만들어내는 제약이 아니라 날씨의 좋고 나쁨, 토지의 높고 낮음, 물의 흐름 같은 자연의 제약과 일반의지의 힘을 비교했다.

루소가 왜 '일반의지는 항상 옳다'고 단언할 수 있었을까. 그 이유가 여기에 단적으로 나타난다. 자연에 따른 제약은 '옳은가' 또는 '옳지 않은가'를 판단하는 것 자체가 의미 없다. 자연은 그저 그곳에 있을 따름이다. 날이 맑을 때는 날이 맑고 비가 올 때는 비가 온다. 산과 강도 그곳에 있다. 우리는 환경 안에서 행동할 뿐 비가 오는 것을 '옳지 않아!', 또는 산과 강이 있

20　樋口謹一(히구치 긴이치) 옮김,《ルソー全集》제6권, 88쪽.

는 것을 두고 '옳지 않아!' 하고 외쳐봤자 의미가 없다. 비가 오면 우산을 쓸 수밖에 없고, 산을 넘어가려면 올라가는 수밖에 없고, 강을 건너려면 다리를 찾든지 배를 띄울 수밖에 없다. 그런 점에서 자연은 항상 '옳다'. 일반의지는 자연의 제약과 비슷하니까 일반의지도 항상 '옳다'. 아마도 루소의 발상은 이런 식이 아니었을까.

지금까지 서술한 바에서 알 수 있듯이 이러한 주장도 '만약 지금 일반의지가 존재하고 말았다고 한다면'이라는 가정 아래 소행적으로 도출되었다고 생각해야 한다. 일반의지는 자연의 제약과 비슷하고 항상 옳다. 루소가 그렇게 단언한 이유는 사회계약이 성립하고 일반의지가 존재하고 말았다면 그렇게 생각할 수밖에 없기 때문이다.

몇 번이나 말했듯 루소는 사람이 자연 상태에서 완벽한 행복을 누렸다고 생각했다. 그곳에는 타자 의존이라는 '악'이 없었기 때문이다. 이는 사회계약을 맺고 공동체가 생겨난 다음에도 타자 의존이라는 '악'은 긍정할 수 없음을 의미한다. 그러므로 그가 생각하는 이상적 사회질서의 원천, 즉 일반의지는 새로운 제2의 자연이라는 위상을 부여받을 수밖에 없었다. 일반의지에 대한 종속은 자연에 대한 종속과 같다고 생각함으로써 그는 비로소 자연 상태의 긍정과 사회계약설의 정합을 이루어낼 수 있었다.

이 주장도 조건절이 사라지고 정정 가능성의 역동성을 잊어버리면 매우 잔혹한 것으로 변모한다. 사람은 아무리 자유롭더라도 산불에 휩싸이면 죽을 수밖에 없다. 마찬가지로 시민은 아무리 자유롭더라도 일반의지의 명령을 받으면 죽을 수밖에 없다. 일반의지는 항상 옳고 자연의 제약과 같은 힘을 지녔다는 명제를 단순히 이해하면 결국 이런 뜻이다.

따라서 우리는 루소를 읽을 때 늘 논리의 굴절에 민감해야 한다. 통치자가 명령하면 시민은 죽어야 한다는 것은 얼핏 통치자의 비합리적 명령을 소박하게 긍정하는 듯이 보인다. 하지만 실은 '만약 불평등한 사회가 성립해 있다면'이라는 조건절을 끼워 넣으면 다음과 같이 해석해야 한다.

… 만약 지금 너희들이 불평등한 사회의 존재를 승인한다면 예전부터 사회계약이 성립했다고 볼 수밖에 없다. 그렇다면 너희들은 지금 논리적 필연으로서 스스로 자유롭다고 느끼는 동시에 일반의지의 명령에 무조건 복종해야 하는 상황에 놓여 있다는 말이 된다. 이것이야말로 사회가 성립한다는 말인데, 과연 너희들은 그 잔혹함을 어디까지 알고 있는가? ― 이런 역설적인 물음이 나오는 해석 말이다.

11

이제까지 살펴본 바를 통해 근대 민주주의의 기원을 이루는 루소가 퍽 개성 풍부한 인물이었다는 것, 그의 사회계약설도 매우 복잡하게 뒤얽혀 있다는 것, 그래서 《사회계약론》의 서술에는 굴절이 있고 이 굴절이야말로 민주주의의 역사를 이끌고 왔다는 것, 나아가 이 굴절을 이해하기 위해서는 1부에서 검토한 정정 가능성의 개념이 효과석이라는 것 — 이 점을 설득력 있게 드러낼 수 있었다는 생각이 든다.

마지막으로 루소의 굴절이 21세기 인공지능 민주주의까지 똑바로 곧게 이어진다는 것, 또한 똑바로 곧게 이어짐이야말로 인공지능 민주주의의 약점을 드러낸다는 점을 제시하면서 6장을 끝내고자 한다.

특수의지는 실재한다. 전체의지도 실재한다. 그러나 일반의지는 실재하지 않는다. 그것은 사회의 성립 이후 '정정'에 의해 소행적으로 발견한 데 지나지 않는다. 일반의지는 원래 실재하지 않는데 발견한 이후에는 실재한다. 이 역설은 정정 가능성의 논리에 비추면 역설이 아니다. 이것이 내가 해석한《사회계약론》이다. 이 같은 인식을 바탕으로 나는 지금까지 일반의지의 수수께끼 같은 규정은 정정 가능성의 논리에 대한 굴절의 표현으로 해석해야 한다고 논해온 셈이다.

그런데 흥미롭게도 또는 곤혹스럽게도 일반의지에 대한 이러한 규정은《사회계약론》을 출간한 지 200년이 넘는 21세기 오늘날의 사상이나 기술에 비추어보면 위와 같은 번거로운 해석을 굳이 거치지 않더라도 곧장 합리적으로 읽어낼 수 있다. 일반의지를 둘러싼 루소의 언어는 모순을 품고 있기는커녕 도리어 기술적이고 구체적으로 구현 가능한 민주주의의 알기 쉬운 설계도처럼 보이는 것이다. 도대체 어떻게 된 일일까.

루소는 18세기 사람이다.《사회계약론》을 간행했을 때 프랑스는 아직 절대왕정 치하였다. 미국은 독립하지 않았고 영국은 산업혁명이 겨우 시작되고 있었다. 세계 인구는 10억에 미치지 못했고 거의 농촌에 살았으며 도시는 오늘날보다 훨씬 작았다. 인터넷과 스마트폰은 말할 것도 없고 전화와 전신도 없었으며 산업에 전기를 이용하는 일조차 없었다.

이러한 시대적 한계 속에서 루소는 사회계약과 일반의지를 생각했다. 다시 말하면 그의 언어는 21세기 오늘날 루소 자신이 상상할 수도 없었던 지식과 기술과 연관 지어 재해석할 수 있다.

루소의 재해석을 촉구하는 요소 중 특히 두 가지 변화를 들 수 있다. 하나는 '무의식의 발견'이다. 현대인은 인간의 마음속에 의식할 수 없는 영역이 있다는 생각에 익숙하다. 그 영역을 무의식이라고 부른다.

인간은 지각하는 모든 것을 의식할 수 있지는 않다. 보이지 않는다고 여긴 것이 보이기도 하고, 들리지 않는다고 여긴 것이 들리기도 한다. 욕망의 모든 것을 의식하지도 않는다. 자기가 무엇을 욕망하는지, 무엇 때문에 괴로워하는지, 자각할 수 없을 때도 적지 않다. 따라서 마음의 건강을 유지하기 위해 제3자의 개입이 필요하다. 오늘날 이러한 인식은 상식이지만 의외로 역사는 길지 않다. 루소 이후의 역사이기도 하다.

무의식에 대한 인식 자체는 샤머니즘 같은 근대 이전의 종교 행위로 거슬러 올라간다. 의학사가 앙리 엘랑베르제에 따르면 현대의학으로 이어지는 무의식의 개념을 발견하고 탐구하는 학문은 1770년대에 들어와서야 유럽에서 탄생한 듯하

다.[21]

　무의식 발견의 계기는 1774년 프란츠 안톤 메스머라는 독일 의사가 '동물 자기(animal magnetism)'를 발견한 일이었다. 동물 자기는 인간이나 동물의 내부와 외부를 관통해 흐르는 유동체를 말하는데, 그 흐름을 조작함으로써 정신질환을 치료할 수 있다고 생각했다. 동물 자기라는 가설은 프란츠 안톤 메스머가 논쟁에서 고명한 퇴마사(exorcist)에게 승리하고 나서 유럽 전체로 퍼져나갔고, 현대 정신의학의 길을 열었다. 루소의 사망과 거의 같은 시기다.

　프란츠 안톤 메스머의 활동 기간은 약 10년으로 만년의 행동은 거의 알려지지 않았다. 그러나 제자들이 그의 가르침을 이어받아 19세기 동안 최면술, 강령술, 낭만주의의 유행 등에 호응하면서 주로 독일, 프랑스, 미국에서 영향력을 키웠다. 19세기 후반에 이르면 최면술을 핵심 기술로 삼고 히스테리, 몽유병, 간질 등을 분석하는 신세대 학자들이 등장한다. 개중에도 장 마르탱 샤르코라는 프랑스 의사가 가장 영향력 있는 인물이었다. 1880년대 그는 파리에 있는 살페트리에르 병원의 정신질환 치료를 일종의 구경거리로 바꾸어 거대한 부와 명성을 거머쥐었다. 그의 공개 진료는 지금도 과학사와 미디어의 역사에서 종종 다루어진다.

　현대인에게 친숙한 지그문트 프로이트, 카를 구스타프 융,

21　アンリ・エレンベルガー(앙리 엘랑베르제),《無意識の発見(무의식의 발견)》상권, 木村敏(기무라 빈)·中井久夫(나카이 히사오) 감역, 弘文堂, 1980, 제2장 참조.

피에르 자네, 알프레드 아들러 같은 20세기 정신의학의 선구자들은 사실 19세기 이후에야 비로소 나타났다. 프로이트가 장마르탱 샤르코의 공개 진료를 참관한 일은 유명하다.

한마디로 우리가 알고 있는 무의식의 개념은 루소 시대에 존재하지 않았다. 따라서 당연하게도 루소는 무의식이라는 말을 쓰지 않았다.

하지만 현대의 지식을 바탕으로 루소를 다시 읽으면 앞에서 소개한 일반의지의 몇 가지 규정, 그러니까 의지이면서도 사물과 같이 느껴진다든가, 논의와 합의를 거치지 않고 행동을 제약한다는 루소의 서술이 무의식의 개념을 모르는 상태로 사회의 집합적 무의식을 이야기하려고 시도한 고투의 흔적으로 읽힌다. 무의식도 의지인 동시에 의지가 아니고 논의와 합의를 거치지 않고 행동을 제약하기 때문이다.

특수의지는 의식할 수 있다. 전체의지도 의식할 수 있다. 하지만 일반의지는 의식할 수 없다. 그것은 무의식의 의지일 뿐 아니라 사회 전체의 집합적 무의식이다. 따라서 일반의지와 전체의지는 다르다. 이렇게 해석하면 소행적 발견 운운하며 복잡한 이야기를 끼워 넣지 않더라도 《사회계약론》을 비교적 시원하게 이해할 수 있다.

예를 들어 앞에서도 거론한 '입법자'에 관한 기술이 있다. 독재의 긍정으로 악명 높은 대목인데, 루소는 그곳에서 "공중(公衆)은 행복을 원하더라도 행복을 알지 못하기" 때문에 "공중에게는 그들이 원하고 있는 것을 가르쳐주어야 한다"고 서술한다(제2편 제6장). 시민은 자신의 욕망을 알지 못하기 때문에 입법자가 가르쳐주어야 한다는 말인데, 여기에서 시민을 환자, 입법자를 정신과 의사로 바꾸어 읽으면 어떨까. 환자는 자신의 욕망을 알지 못하기 때문에 정신과 의사가 분석해주어야 한다는 뜻으로 해석하면, 이것은 이것대로 그럴듯한 주장이라는 생각이 든다.

12

루소를 재해석할 때 또 하나 '통계의 정비'라는 관점이 중요하다. 현대 세계에서는 정부가 정기적으로 국민에 대한 데이터를 수집하고 기업이 시장의 동향을 조사함으로써 정책 입안이나 상품 개발에 활용하는 일을 당연하게 여긴다. 자신의 재산 상황이나 건강 상태를 통계에 비추어 판단하는 일도 습관처럼 여긴다. 그러나 데이터 활용의 역사도 짧다.

국세조사(國勢調査)를 영어로 census(센서스)라고 한다. 이 말의 어원은 고대 로마로 거슬러 올라간다. 수량적 조사를 정치에 활용하려는 사고는 17세기 영국의 경제학자 윌리엄 페티의 《정치 산술(Political Arithmetic)》(1690)에서 유래되었다고 한다.

유럽에서는 19세기에 들어설 때까지 인구조사조차 제대로 시행하지 않았다. 미국에서 첫 국세조사를 실시한 것이 1790년, 프랑스와 영국에서는 1801년이다. 그 이전에도 국세조사는 프로이센이나 스웨덴에서 실시되었으나 부정기적이거나 결과를 비밀에 부치는 등 오늘날과는 양상이 달랐다.

이는 다르게 말하면 루소를 비롯해 18세기 유럽 학자들은 거의 데이터에 근거하지 않고 사회의 실태를 이야기했다는 것을 의미한다. 실제로 토머스 맬서스는 유명한 《인구론》에서 잉글랜드와 웨일스의 인구를 700만 명이라고 추측한다. 이 책의 출판이 1798년이니까 출간 3년 후에야 첫 국세조사를 실시한 셈인데, 결과는 940만 명이었다. 무려 30퍼센트나 차이 난다.[22]

그런데 19세기에 들어오면 상황이 급격하게 변한다. 1830년부터 1850년까지 20년 동안 국세조사뿐 아니라 공업, 상업, 농업, 의학, 보건위생, 교육, 범죄학 등 온갖 영역에서 통계를 이용하기 시작한다. 통계라는 학문 자체가 유행처럼 되어 소설과 연극에서도 취급하기에 이르렀다. 프랑스의 수학자 올리비에 레이는 《통계의 역사》에서 통계 열광에 빠진 현상이 도시화의 진전과 관계있지 않을까 추측한다.[23] 당시 영국과 프랑스에서는 산업혁명으로 사회구조가 격렬하게 변하는 바람에 다수 노동자가 고향을 떠나 도시에서 이름 없는 사람으로 살아갔다. 그들은 사회 전체를 파악할 새로운 이미지가 필요했고, 통계

---

22   マルサス(맬서스), 《人口論(인구론)》, 斉藤悦則(사이토 요시노리) 옮김, 光文社古典新訳文庫, 2011, 36쪽. 또한 토머스 맬서스는 정확히 '이 섬나라'밖에 서술하지 않았고, 일본어판 옮긴이도 '잉글랜드'만 보충했다. 따라서 웨일스를 제외했을 가능성도 있을지 모르는데, 당시는 '잉글랜드'라는 지명으로 웨일스를 포함한 듯하다. 이 부분은 올리비에 레이 저작의 해석에 따랐다. オリヴィエ・レイ(올리비에 레이), 《統計の歴史(통계의 역사)》, 池畑奈央子(이케하타 나오코) 감역, 原書房, 2020, 73쪽.
23   《統計の歴史》, 69쪽 이하.

숫자야말로 그 요청에 부응했다.

이 열광을 대표하는 인물이 벨기에의 통계학자 아돌프 케틀레다. 그는 키와 가슴둘레 같은 신체 특징의 분포, 범죄율과 자살률의 추이 등을 연구하고 물리 현상과 마찬가지로 사회 현상에도 통계의 법칙이 나타난다는 점을 발견했다. 1835년 저작을 발표하고 통계 법칙을 연구하는 학문을 '사회물리학'이라고 이름 붙였다. 인간은 자신의 의지로 행동한다고 믿고 있으나 사회 전체를 보면 일정한 법칙에 따른다. 실제로 범죄와 자살 건수는 어느 정도 예측할 수 있다. 그의 발견은 동시대 사람들에게 엄청난 충격을 안겨주었다. 통계의 시대가 비로소 막을 열었다.

나는 루소의 서술이 미래를 선취했다고 생각한다. 통계의 시대는 루소 사후에 열리기 시작했다. 그의 생전에는 통계의 기초인 데이터가 모이지 않았다. 따라서 일반의지의 특성을 통계로 유추해 설명할 수 없었다.

오늘날의 지식을 바탕으로 다시 읽어보면 일반의지의 규정은 마치 통계를 이야기한 듯 읽힌다. 일반의지는 인간의 의지인 동시에 인간 질서의 바깥에 있어 사물 질서에 가까운 강제성이 있다고 그는 말했다. 통계 법칙성은 실로 이 같은 규정에 들어맞는다. 자살, 교통사고, 성범죄 등 당사자는 각각 다른 동기와 사정으로 자살을 시도하거나 사고를 당하거나 범죄에 가담한다. 여기에는 반드시 개인의 의지가 작동한다. 따라서 개별 사례는 의지로 회피할 수 있다. 하지만 전체의 발생 건수는 놀랄 만큼 정확하게 예측할 수 있다. 마치 인간의 힘이 미치지 않는 제2의 자연 같다.

루소는 일반의지가 사물이라고 썼으나 19세기 말이 되면 사회 자체를 사물로 인식해야 한다는 사상이 나온다. 에밀 뒤르켐은 1895년 출판한 《사회학적 방법의 규칙들》에서 사회학의 원리는 "사회적 사실을 사물처럼 고찰하는 것"이라고 썼다.[24] 일반의지에 대한 종속을 사물에 대한 종속에 비유한 《에밀》의 기술은 통계의 시대를 거쳐 약 130년 후 새로운 학문의 기초로 부활한 것이다.

사람이 모여 사회계약을 맺고 공동체를 형성한다. 일반의지는 이 결사의 행위를 통해 직접 생겨난다. 따라서 특수의지와 전체의지와는 달리 공공성을 담당한다. 이것이 루소가 강조한 점이었다.

이를 현대풍으로 해석하면 이렇다. 사람이 어느 정도 모이면 인간 행위의 집적에 통계 법칙성이 필연적으로 나타난다. 이 법칙은 개인의 의지로는 바꿀 수 없으므로 초월적 공공성이 담긴다. 우리는 루소의 주장을 이렇게 이해할 수 있다. 그렇다면 이는 별로 의아스러운 이야기가 아니다.

루소는 일반의지에 저항할 수 없다고 주장했다. 확실히 우리는 통계에 저항할 수 없다. 저항해도 별 의미가 없다. 만약 당

---

[24] デュルケム(뒤르켐), 《社会学的方法の規準(사회학적 방법의 규준)》, 宮島喬(미야지마 다카시) 옮김, 岩波文庫, 1978, 71쪽. 〔본서에서는 《사회학적 방법의 규칙들》(민혜숙 옮김, 이른비, 2021)에 준하여 책명을 표기했다.─옮긴이〕

신이 자살을 생각하고 이제까지 자살이 전혀 일어나지 않은 시간과 장소를 선택해 실행했다고 해도 이는 아무런 저항이 되지 못한다. 당신의 자살이 새로운 사례가 되어 사망 통계가 풍부해질 뿐이다. 통계는 이렇듯 잔혹하다. 루소는 이 잔혹함을 가리켜 일반의지가 죽음을 원할 때 개인도 죽음을 원하고 있다는 역설로 기술했다고 볼 수 있다.

13

특수의지는 실재한다. 전체의지도 실재한다. 그러나 일반의지는 실재하지 않는다. 일반의지는 사회가 생겨난 다음 '정정'에 의해 소행적으로 발견한 데 지나지 않는다. 따라서 루소는 일반의지에 관해 굴절한 표현으로 이야기할 수밖에 없었다.

나는 이것이 루소의 일반의지를 충실하게 해석한 것이라고 믿는다. 하지만 루소의 서술은 21세기 지식에 비추어보면 그러한 굴절을 고려하지 않고 집합적 무의식과 통계 법칙성을 이야기했다고 곧장 해석할 수 있다.

이는 현재 일반의지의 개념을 통해 정정 가능성을 완전히 축출할 수 있다는 것을 의미한다. 나는 2020년대 현재 대두하고 있는 인공지능 민주주의가 실로 **정정 가능성이 없는 일반의지**에서 생겨난 사상으로 규정할 수 있다고 생각한다.

루소는 일반의지를 통해 통치를 이끌어야 한다고 주장했다. 일반의지는 집합적 무의식과 통계 법칙성이라고 해석할 수 있다. 이 해석에 따르면 루소는 집합적 무의식과 통계 법칙성을 통해 통치를 이끌어야 한다고 주장했다고 볼 수 있다.

이와 같은 이상은 어떻게 실현할 수 있을까. 특수의지와 전체의지는 인간이 의식할 수 있다. 특수의지는 개인의 의지이고 전체의지는 다수결이기 때문이다. 하지만 일반의지는 의식할 수 없다. 그것은 통계 법칙성으로서만 표면으로 떠오르고 대량의 데이터 숫자를 처리해야만 가시화할 수 있기 때문이다. 여기에서 참된 일반의지를 통해 통치를 이끌기 위해서는, 즉 참된 민주주의를 실현하기 위해서는 인간보다 기계의 지시에 따르는 편이 낫지 않을까 하는 의심에 가 닿는다. 일반의지는 기계로만 파악할 수 있다.

인공지능 민주주의는 실로 이와 같은 발상에 근거한 제안이다. 그래서 5장에서도 서술했듯 인공지능 민주주의라는 사상은 2010년대 인간의 민주주의에 실망해서 생겨난 동시에 민주주의의 핵심에서 필연적으로 생겨났다고 말할 수 있다. 루소는 인간의 질서가 악이라고 되풀이하여 주장했다. 이 저주에서 출발한 근대 민주주의가 최종적으로 인간을 신용하지 않는 기계에 의한 민주주의로 귀결하는 것은 당연하다.

싱귤레리티의 꿈은 꿈에 지나지 않는다. 하지만 인공지능 민주주의의 꿈은 그렇지 않을지도 모른다. 5장에서는 유발 하라리와 오치아이 요이치의 장대한 문명론을 소개했다. 그러나 더욱 현실적으로 인공지능 민주주의를 가능하면 빨리 구현해야 한다고 주장하는 논자도 나타난다. 경제학자 나리타 유스케는 2022년 간행한 《22세기 민주주의》라는 저작에서 '무의식

데이터 민주주의'라는 구상을 내세운다. 이는 본서가 인공지능 민주주의라고 일컫는 바와 거의 동일하다.

나리타 유스케에 따르면 무의식 데이터 민주주의는 "인터 넷이나 감시 카메라가 포착한 회의, 거리, 집안의 언어, 표정, 반응, 심박수, 편안한 잠의 정도 … 선거뿐 아니라 무수한 데이 터"로 이루어진 '민의(民意)'를 바탕으로 '알고리즘'에 의해 다양 한 정책을 자동으로 결정하는 통치 형태를 말한다. 이것을 여 태까지 살펴본 언어로 표현하면 인공지능이 대량의 데이터를 통계로 해석하고 법칙성=일반의지를 추출해 인간 없이 공정 한 통치를 실현한다는 것을 의미한다. 미래 사회가 도래하면 "민주주의는 인간이 수동으로 투표소를 방문해 의식적으로 실 행하는 것이 아니라 자동적이고 무의식적으로 실행하는 것이 되어갈 것"이라고 나리타 유스케는 서술한다.[25]

그는 루소를 거의 언급하지 않는다. 그러나 그가 내세우는 이상은 루소와 곧바로 이어진다. 루소도 선거와 정치가를 믿지 않았다.

그러나 이러한 사상에는 근본적인 결함이 있다고 생각한 다. 7장부터 어떤 결함이 있는지 논의할 것인데, 논점을 간단하 게 제시해보면 우선 무엇보다 '정정 가능성'을 둘러싼 복잡한

25　成田悠輔(나리타 유스케), 《22世紀の民主主義(22세기 민주주의)》, SB新書, 2022, 17·20쪽. 〔한국어판은 《22세기 민주주의》(서유진·이상현 옮김, 틔움출판, 2024)로 출간되었다. — 옮긴이〕

역동성을 전혀 고려하지 않고 단적으로 무시하고 만다는 문제가 있다. 이러한 단순화는 루소 사상의 정치적 위험성과 어떻게 거리를 두어야 하느냐는 문제와 밀접하게 연관된다.

인공지능 민주주의는 소박하게 민의를 추출할 수 있으면 이상적인 민주주의를 실현할 수 있다고 생각한다. 또한 민의의 추출은 기술적으로 가능하므로 인간은 필요하지 않다고 생각한다. 이러한 단순함은 나리타 유스케의 인용문에 알기 쉽게 드러나 있다.[26] 다시 말하건대 이는 확실히 민주주의의 전통에 따르고 있다. 일반의지의 이념은 집합적 무의식과 통계 법칙성

---

26 나중에 9장에서도 언급하겠지만, 나는 사실 《일반의지 2.0》 전반부에서 마찬가지로 소박한 주장을 펼쳤다. 이 책은 나리타 유스케 저서의 주석에도 들어 있다. 당시 내게는 수수께끼가 있었다. 빅데이터와 알고리즘에 의한 사회 통치는 집단 무의식에 의한 사회 통치를 의미한다. 그러면 전쟁과 같이 일시적이고 강렬한 감정이 들끓어 오르는 사태에 대응할 수 없다. 무의식이 늘 공공의 이익을 가리키는 것은 아니다. 그래서 나는 《일반의지 2.0》에서 한편으로 인공지능 민주주의의 가능성을 제시하면서도 다른 한편으로 그 가능성을 부정함으로써 분열의 인상을 풍기는 논의를 전개할 수밖에 없었다. 본서는 《일반의지 2.0》을 반성하며 썼다. 여기에 정정 가능성의 개념을 실마리로 삼은 까닭이 있다. 이 개념을 사용하면 일반의지와 그 폭주를 억제하는 길항 관계에 대해 더욱 명확하게 설명할 수 있다고 생각했기 때문이다.

이렇게 보면 나리타 유스케의 저서에 망설임이 없다는 점은 놀랍다. 그는 진심으로 모든 욕망을 데이터로 작성하고 인공지능에 분석을 맡기면 모두 행복해진다고 믿는 듯하다. 2011년 《일반의지 2.0》을 간행한 시점부터 나리타 유스케의 저서가 나온 시점까지 세월이 11년이나 흘렀다. 7장에서 서술하겠지만 그 세월은 말하자면 스마트폰과 SNS의 보급으로 개인 정보를 급속하게 수집하고 사람들이 감시와 사생활 문제에 관심을 잃어간 시기였다. 나는 인공지능 민주주의가 실현 불가능하다고 생각한다. 나와 나리타 유스케의 온도 차는 시대의 변화를 반영할지도 모른다.

이라고 해석할 수 있다.

그렇지만 이는 다른 한편으로 민주주의의 초기 구상에 루소가 집어넣은 까다로운 논리의 굴절을 삭제한다는 선택이기도 하다. 이 선택은 단지 사상 해석의 옳고 그름에 그치지 않고 엄청난 정치적 귀결을 불러온다.

왜냐하면 본서에서 루소를 다룬 출발점에는 애초부터 근대 민주주의의 기원에 서 있는 이 사상가가 민주주의의 아버지라는 이미지와는 반대로 실제로는 개인의 자유를 억압하고 전체주의를 초래하는 위험한 명제를 이것저것 기술해놓았기 때문이다. 그 위험성은 역사적으로 여러 번 지적받았다. 그래서 새삼스레 일반의지를 소박한 실재라고 받아들이고 기술의 구현 가능성만 추구하려는 선택은 루소의 위험성도 소박하게 그대로 받아들인 상태로 민주주의의 구현 가능성을 추구한다는 것을 의미한다. 알기 쉽게 말하자면 민주주의를 독재와 동일시하는 카를 슈미트 같은 해석을 부정하지 못한 채 인공지능을 통치에 이용하려는 것을 의미한다.

나는 이 생각을 지지할 수 없다. 그렇다고 이제 손쉽게 루소의 논의를 파기할 수도 없다. 따라서 우리는 루소의 텍스트를 다른 방식으로 읽는 방법을 탐색해왔다.

다음으로 또 하나, 인공지능 민주주의의 옳고 그름을 생각할 때 제기하고 싶은 물음이 있다. 아무리 기술 수준이 고도로 발달한다고 해도 정치에서 인간을 배제하는 것이 가능한가라는 의문이다.

"무의식 민주주의는 살아 있는 인간 정치가가 불필요한

구상이기도 하다"고 나리타 유스케는 소리 높여 외친다.[27] 그의 구상에서는 미래의 정치가 '여론의 김 빼기'를 위한 아이돌이나 마스코트 역할밖에 맡지 않는다. 따라서 그것은 가상 유튜버(Virtual YouTuber)라도 좋고 애니메이션 캐릭터라도 좋고 애완동물 고양이라도 좋다. 미래 사회는 '캐릭터'가 말하는 것과 관계없이 조용하게 기계가 통치한다고 그는 말한다.

그러나 내 생각에 이러한 이상은 절대로 실현하지 못한다. 무엇보다 단순히 우리가 인간이고, 인간인 만큼 우리가 정치의 영역을 얼마든지 '정정'하고 재정의할 수 있기 때문이다.

이는 원리의 문제다. 또다시 비트겐슈타인과 솔 크립키의 논의를 떠올려보길 바란다. 그들은 인간의 커뮤니케이션이 원리적으로 결점과 말썽을 배제할 수 없다는 점을 제시했다. 인간은 덧셈조차 완벽하게 정의하지 못한다. 전부 겹하기였다고 거칠게 항변하는 문제 제기의 출현을 배제할 수 없다. 실로 이 조건이야말로 통치를 기계에 맡기고 인간이 관여하는 정치를 단순한 의식으로 환원하려는 나리타 유스케의 구상을 넘어뜨릴 것이다. 일반의지를 아무리 정확하게 추출하고 그것을 통치로 바꾸어내는 알고리즘이 아무리 완벽하다고 해도,[28] 이와 상

---

27 《22世紀の民主主義》, 218쪽.

28 현실에서는 이 가정 자체가 괴이쩍다고 지적해두어야 할 것이다. 나는 경제학 전문가가 아니니까 굳이 언급하지 않겠지만, 계산 능력이 아무리 발달한다고 해도 빅데이터를 통해 인간의 욕망을 추출하고 모든 자원을 가장 적절하게 배분하도록 계산하는 작업을 진정 실현해낼 수 있을지 의심스럽다. 이 가정은 비전문가의 눈으로 보기에 20세기 전반의 '사회주의 경제 계산 논쟁'과

관없이 알고리즘과 인공지능의 선택에 문제를 제기하고 제노
를 새롭게 해석해 '정정'을 요청하고 일반의지 자체를 재정의
하려고 시도하는 사람은 반드시 등장할 것이다. 인간사회는 원
래 그러하고, 정치가란 본래 문제를 제기하는 사람을 의미한
다. 나리타 유스케는 문제를 일으키는 사람의 입을 어떻게 막
을 것인지 거의 아무 생각도 하지 않는다. 다르게 말하면 인공
지능 민주주의는 인간의 모든 커뮤니케이션이 정정 가능성으
로 가득 찬 불안정한 게임이라는 점을 잊어버린, 그야말로 질
적으로 비인간적인 구상이다.

다시 말해두는데, 이는 기술의 한계에 관한 이야기가 아
니다. 오히려 인간의 한계에 관한 이야기다. 인공지능 민주주
의자는 루소 사상의 계승자로 볼 수 있으나 필시 루소 자신이
훨씬 더 그 한계를 이해하고 있었다.

루소는 낭만주의 문학의 창시자이기도 하다. 낭만주의는
인간의 모순을 그려냈다. 루소의 《사회계약론》과 《신엘로이
즈》가 나온 지 거의 100년 후 도스토옙스키는 소설 《지하생활
자의 수기》를 발표했다. 이 작품은 본서의 마지막 장인 9장에
서 다시 언급하려는데, 도스토옙스키가 이 작품에서 묘사한 바

깊이 관련 있는 듯하다. 이 논쟁은 상품의 가격을 시장 메커니즘에 의한 조정과
중앙정부에 의한 계산 중 어느 방법으로 결정하는 것이 효율적이냐는 물음을
둘러싸고 벌어졌고, 프리드리히 하이에크가 시장 메커니즘에 손을 들어주는
것으로 끝을 맺었다. 오치아이 요이치와 나리타 유스케는 이 가정을 어떻게 생
각하고 있을까? 인공지능의 결정은 진정 시장보다 효율적일까. 결국 가장 강력
한 계산기는 우리가 살아가는 현실의 세계(자연) 자체가 아닐까.

는 한마디로 인간은 이상사회가 도래해도 이상사회라는 이유만으로 반항할 수 있는 아주 골치 아픈 존재라는 것이다. 이렇게 까다로운 인간에게 어떻게 대응할 것인가. 이 점을 사고하지 않는다면 정치사상은 성숙할 수 없다.

나는 앞에서 루소가 '커뮤니케이션 장애'에 '정신질환·심신장애가 있는 사람'이라고 썼다. 그러나 이것은 루소 개인의 심리 문제라고 치부하고 말 일이 아니다. 사상의 문제로 이해해야 한다. 그래서 나는 루소의 모순을 쉬지 않고 생각해왔다.

루소는 인간이 불평등한 사회를 받아들이는 동시에 사회를 증오하기도 하는 등 아주 제멋대로 구는 존재임을 잘 알고 있었다. 사회계약을 맺고 스스로 자유를 양도하는 동시에 모든 것을 부수고 자연으로 돌아가고 싶다고 외치는 변덕스러운 존재임을 잘 알고 있었다. 《사회계약론》은 인간의 이러한 양면성을 전제로 구상했다. 따라서 루소는 '일반의지는 항상 옳다', 즉 일반의지는 어떤 것이든 언제나 소행적으로 옳다고 여겨지고 만다고 서술할 수밖에 없었다. '일반의지는 항상 옳다'는 루소의 명제는 '일반의지는 항상 옳다고 여겨지고 만다'는 숨겨진 부(副)명제와 함께 이해해야 한다. 그 '옳음'은 늘 회의론자의 출현으로 계속 '정정'을 받는다. 정치란 정정이 이루어지는 자리를 가리킨다.

일반의지는 소박하게 실재하지 않는다. 일반의지는 인간이 항상 이미 휘말려 있는 정정 가능성의 게임 안에서 소행적으로 발견되어 '옳은 것'으로 여겨지고 만다. 그러한 역설적 이념일 따름이다. 나는 루소를 이렇게 읽는 일이야말로 오로지 민주주의의 미래로 나아갈 수 있다고 생각한다. 일반의지라는 구상은 정정 가능성의 사상으로 보완해야 한다.

루소의 《사회계약론》은 실제로 순탄하게 다루기 곤란한 책이다. 이 책 덕분에 민주주의는 두 가지 혼란을 맞이하고 말았다.

루소는 인민의 의지에 따라 사회를 이끌어야 한다고 서술했다. 그런데 인민의 의지가 어디에서 어떻게 나타나는지는 서술하지 않았다. 그래서 다들 멋대로 민주주의를 정의할 수 있었다. 이것이 첫 번째 혼란이다.

이 서술의 공백은 루소가 한편으로 자연 상태를 높이 평가하면서도 다른 한편으로 사회계약을 이야기하려고 한 모순 때문에 발생했다. 루소는 인간이 자연 그대로 살아가야 한다고 말하는 동시에 자연 그대로는 살아갈 수 없다고 주장한 사상가였다. 이 모순이 그대로 일반의지의 정의 및 민주주의에 혼란을 일으켰던 것이다.

나아가 그 모순으로 생긴 서술의 공백이 현재는 기술적으로 해결 가능한 문제 제기로 보인다는 또 다른 혼란을 야기했다. 18세기에는 이해할 수 없었던 일반의지에 관한 서술이 21세기에는 빅데이터 분석의 출현을 예견한 것처럼 읽을 수 있다. 두 번째 혼란을 통해 인공지능 민주주의가 탄생했다. 6장에서는 루소에서 싱귤래리티에 이르는 뒤틀리고 복잡한 정치=기술 사상의 논리를 살펴보았다.

7장부터는 이상의 논의를 이어받아 인공지능을 통치에 응용하는 현실이 뚜렷해지는 오늘날, 정정 가능성의 관점을 결

여하면 왜 위험한지, 정정 가능성의 구현이란 과연 어떤 일인
지, 도대체 민주주의의 본질이란 무엇인지, 시야를 더욱 넓혀
살펴보고자 한다.

14

특수의지는 실재한다. 전체의지도 실재한다. 그러나 일반
의지는 그렇게 단순하게 실재한다고 말할 수 없다. 왜냐하면
뒤편에 정정 가능성의 논리가 감추어져 있기 때문이다. 인공지
능 민주주의는 정정 가능성을 지워버리기 때문에 위험하다는
것이 내가 본서에서 하고 싶은 말이다.

그러면 정보 기술을 통치에 활용하는 시대에 정정 가능성
이 사라져버리면 도대체 어떤 문제가 일어날까. 7장에서는 재
차 현대의 사례를 구체적으로 검토해보자.

인공지능 민주주의는 빅데이터를 통해 일반의지를 추려
내려고 생각한다. 그러면 우선 빅데이터란 무엇인가.

사실 빅데이터는 명확한 정의가 없다. 온라인에 있는 기술 계통 사전을 찾아보면 "기존 시스템으로는 기록하거나 분석할 수 없을 만큼 거대한 데이터군"이라는 설명이 나올 뿐이다. 특정한 신기술을 지명하는 것도 아니고 정보 환경의 발전에 따라 데이터를 대량으로 수집할 수 있다는 상황에 대해 놀라움을 표현하는 말이라고 이해하면 될 듯하다.

빅데이터라는 말이 유행하기 시작한 것은 2005년 무렵이라고 한다.[29] 레이 커즈와일의 《특이점이 온다》가 출간된 해인데, 2004년에는 '웹 2.0'이라는 다른 유행어도 생겨났다.

5장에서도 언급했듯 2000년대 중반은 스마트폰과 SNS가 나타나 인터넷의 양상이 몹시 변화하기 시작한 시기다. 누구나 언제나 정보 기기를 들고 다니며 네트워크에 접속하는 새로운 환경이 조성되었고, 플랫폼이 수집할 수 있는 개인 정보의 양과 질이 놀라울 만큼 증가하고 향상되었다. 처음에는 일부 학자와 시민이 심각하게 경계심을 품고 감시의 확대와 사생활 침해를 잇달아 비판했다. 그들은 마치 조지 오웰의 《1984》에 나오는 바와 같이 국가와 기업이 시민 개개인의 일거수일투족을 감시하고 분석한다는 감시 사회 모델을 자주 들고나왔다.

그런 비판은 2010년대에 들어 급속히 힘을 잃었다. 각국이 개인 정보 보호법을 정비하고, 사람들이 빅데이터를 통계로

---

29   아래 웹사이트의 설명(2013년에 기술한 것)을 참조했는데, 최근에는 1990년대 이미 사용했다는 설도 나타난 듯하다. Mark van Rijmenam, "A Short History of Big Data," Datafloq. URL=https://datafloq.com/read/big-data-history/

이용하고 익명이 보장된다고 이해하는 등 여러 요인이 작용한 결과였다. 그러나 SNS 및 클라우드 서비스에 점점 더 의존함에 따라 사람들이 더는 감시를 신경 쓰지 않는 분위기로 변화한 것이 본질적인 이유라고 볼 수 있다.

1990년대부터 2000년대에 걸쳐서는 번화가의 감시 카메라 설치와 휴대전화 GPS 기능조차 사생활 침해라고 비난받을 때가 있었다. 현재는 번화가뿐 아니라 주택가 및 교통기관에도 무수한 카메라를 설치해놓았다. 플랫폼은 이용자의 위치 정보 및 구매 이력을 연(年) 단위로 보존하고 있고, 클라우드에 보존한 개인 이메일과 사진도 범죄 방지라는 명목 아래 정기적으로 스캔하고 있다. 만약 30년 전으로 돌아가 이 상황을 이야기해주면 오늘날과 같은 미래를 매우 가혹한 디스토피아라고 놀라워했을 것이다. 하지만 대다수 사람은 별 저항 없이 이 현실을 받아들이고 있다.

5장에서는 최근 몇 년 동안 플랫폼의 '검열'에 대한 여론이 변화했다고 언급했다. 오치아이 요이치와 나리타 유스케의 인공지능 민주주의가 지지받는 원인은 사람들이 인공지능 민주주의의 전제인 빅데이터의 수집과 이용을 이미 비즈니스로 받아들였기 때문이기도 하다. 특히 중국에서는 감시 기술에 대한 저항이 희박하다고 한다. 2019년에는 《행복한 감시국가, 중국》이라고 거침없는 제목을 붙인 책이 화제가 되기도 했다.[30]

---

30   梶谷懐(가지타니 가이)·高口康太(다카구치 고타), 《幸福な監視国家·中国(행복한 감시국가·중국)》, NHK出版新書, 2019. 〔본서에서는 《행복한 감시국가,

2020년 이후의 코로나 사태를 맞이하여 감염 확대를 방지하기 위해 감시가 점점 더 심해졌다고도 한다.

이러한 변화에 따라 감시에 대한 우려를 근거로 삼아 빅데이터를 통치에 이용하는 것을 더는 비판할 수 없게 되었다. 생활이 쾌적해지기만 한다면 사람들은 감시를 기꺼이 수용한다는 것을 잘 알았기 때문이다.

그렇다고 빅데이터의 이용에 문제가 없다는 말은 아니다. 별개의 문제가 있는데, 이 문제야말로 정정 가능성이라는 논점과 깊이 관련되어 있다고 생각한다.

빅데이터 이용이 내포한 윤리적 문제에 대해서는 데이터 과학자 캐시 오닐이 《대량살상수학무기》에서 제시해놓은 예가 알기 쉽다.

미국에 'FICO'라고 불리는 금융 신용 평점 모델이 있다. 1990년대에 보급되어 지금도 많은 금융기관이 이용한다. 변제가 밀리면 FICO 점수가 내려가고 변제를 계속하면 점수가 올라간다. 대출 잔액이 많아지면 점수가 또 내려간다. 금융기관은 융자 가부를 판단할 때 이 점수를 참고한다고 한다.

캐시 오닐은 FICO 같은 전통적 평점과 빅데이터 분석을 활용한 새로운 평점을 비교한다. 그는 전자의 이용에 윤리적 문제는 없다고 본다. 특정한 인간의 변제 능력을 판단하기 위해 과거의 변제 기록을 참고하는 것은 당연하기 때문이다.

중국》(박성민 옮김, 눌와, 2021)에 준하여 책명을 표기했다. - 옮긴이〕

그러나 같은 신용 평점이라도 빅데이터 분석을 활용한 새로운 평점 이용에는 문제가 있다고 한다. 왜일까. 그때 이용하는 것이 '대리(代理) 데이터'에 지나지 않기 때문이다.

어떤 사람의 자산 상황을 빅데이터 분석으로 밝힌다는 것은 과연 어떤 의미일까. 그것은 사실 당사자의 자산 자체를 조사한다는 의미가 아니다. 그런 일이 가능하다면 빅데이터를 이용할 필요가 없다. 일반적으로 그런 민감한 정보는 까다롭게 지켜진다. 빅데이터 분석자는 그 사람이 어디에 사는지, 누구와 사는지, 어떤 것을 샀는지, 누구와 사귀는지 등을 조사하고 비슷하게 생활하는 사람들의 자산 상황에 비추어 수학적 모델을 만든 다음, 해당 인물의 자산 상황을 추측한다. 이 경우 활용한 요소는 학력, 가족 구성, 컴퓨터의 위치 정보로 추정한 주소, 상품의 구입 이력, 인터넷 열람 이력 같은 데이터일 뿐, 자산의 숫자 자체는 아니다.

대리 데이터에 의한 판단이 수학적으로 아무리 섬세하다고 해도 인간사회가 예전부터 시행해온 전통적 추측과 본질적으로 다르지 않다는 점을 주의해야 한다. 고급 승용차를 타면 금전 회전이 좋으리라고 추측한다. 가난한 동네에 살면 위험하다고 판단한다. 이는 옛날에 은행가가 얼굴이나 복장을 보고 융자 여부를 결정하던 방식과 별로 다르지 않다. 이러한 추측에는 차별과 편견이 개입하기 쉽다. 따라서 FICO 같은 평점을 발명했는데 도리어 빅데이터의 이용은 시대의 바늘을 돌려놓고 말았다.

캐시 오닐은 빅데이터를 분석할 때 '당신은 과거에 어떻게 행동했는가?' 하는 질문을 '당신과 비슷한 사람들은 과거에 어떻게 행동했는가?' 하는 질문으로 치환한다고 지적한다.

우리는 무수한 개인 정보를 흩뿌리며 생활한다. 하지만 개인 정보를 집적한 빅데이터를 아무리 뒤집어보아도 '나'라는 특정한 개인의 전체를 파악하기는 어렵다. 이름, 주소, 나이, 재산 같은 민감한 정보에 누구나 접근할 수는 없기 때문이다. 따라서 분석자는 당신을 탐구하는 대신 '당신과 비슷한 사람들'을 상대로 계산을 실행한다. 그것은 "[당신과] '비슷한 사람들'이 빌린 돈을 떼어먹거나 범죄를 저지른다면 당신도 '그런 사람'으로 취급받는다"는 말이다.[31]

이 지적은 오늘날 감시의 본질을 날카롭게 파헤치고 있다. 우리는 확실히 강력한 감시의 시대를 살아간다. 그러나 그것은 '나'와 '당신'이라는 특정 개인이 표적이라는 의미가 아니다. 국가 권력이 모든 데이터베이스에 무제한 접근할 수 있는 전체주의적 체제를 상정하지 않는다면 감시는 법적으로나 기술적으로 실시하기 어렵다.

예컨대 나 자신, 즉 이 글을 쓰고 있는 아즈마 히로키가 분석 대상이라면, '심야에 도쿄에서 인터넷에 접속하여 트윗을 다수 올리는 이용자가 한 사람 있다', '어떤 프랑스인 작가의 신

31 キャシー・オニール(캐시 오닐),《あなたを支配し、社会を破壊する、AI・ビッグデータの罠(당신을 지배하고 사회를 파괴하는 AI・빅데이터의 함정)》, 久保尚子(구보 나오코) 옮김, インターシフト, 2018, 218~219쪽. 원제는 'Weapons of Math Destruction'으로 직역하면 '수학파괴무기'가 된다. 〔본서에서는 《대량살상수학무기》(김정혜 옮김, 흐름출판, 2017)에 준하여 책명을 표기했다. - 옮긴이〕

간을 구입한 직후 철학자의 신간을 장바구니에 넣은 이용자가 한 사람 있다', '2019년 여름에는 유럽행 항공권을 석 장 구입했으나 2020년 여름에는 한 장도 구입하지 않은 이용자가 한 사람 있다' 같은 단편적인 행동 이력과 구매 이력을 분석할 것이다. 이러한 이력 하나하나는 그리 대수로운 정보가 아니다. 새어나간다 한들 사생활을 심각하게 침해하지 않는다.

그럼에도 빅데이터 분석이 유용한 까닭은 이질적인 정보 사이에 통계상 의미 있는 상관관계를 발견할 수 있기 때문이다. 일반적으로 트위터와 독서 경향과 휴가 즐기는 방식 사이에는 별 관계가 있어 보이지 않는다. 그러나 수백만, 수천만, 수억쯤 되는 사람들의 데이터를 수집해 분석하면 당사자도 의식하지 못하는 뜻밖의 상관관계를 찾아낼 수 있을지도 모른다. 이를테면 어느 시기에 어느 책에 관해 트윗을 올리는 사람은 장기 휴가를 즐기는 경향이 있다는 식으로 말이다. 그런 일이 실제로 있는지는 알 수 없으나 있다고 한들 그리 이상할 것도 없다.

만약 이러한 관계를 확정할 수 있다면 나를 본보기로 삼아 트윗의 패턴을 분석함으로써 다음에 어떤 책을 살지, 언제 어디에서 휴가를 보낼지, 웬만큼 예측할 수 있다. 만약 그 예측이 맞는다면 내 사생활은 통째로 벌거벗겨지고 머릿속을 누군가 들여다보는 듯한 꺼림칙한 기분을 맛볼 것이다. 하지만 현실에서는 결코 나라는 개인을 감시하는 것은 아니다. 나와 비슷한 트윗을 나와 비슷한 시점에 올리는 사람이 만 명이라면 그중 천 명은 이 책을 살 것이고 백 명은 이곳에 갈 것이라는 확률의 예측에 지나지 않는다.

15

빅데이터 분석은 개인 대상의 예측이 불가능하고 집단 대상의 예측밖에 제공하지 못한다.

이를 뒤집어 말하면 빅데이터 분석은 예외를 늘 집단의 일부로 끼워 넣고 예외성을 소거해버리는 본성이 있다는 것을 의미한다.

도대체 무슨 말일까. 빅데이터 분석은 대리 데이터를 이용해 당신의 등급을 매긴다. 만약 당신이 가난한 사람들이 사는 지역에 산다면 그것만으로 낮은 점수를 받는다. 하지만 실제로 가난한 동네에 사는 사람이 다 가난하지는 않다. 모두 빚 때문에 파산하는 것도 아니다. 오히려 부자 동네에 살아도 범죄에 걸려들어 빚을 갚지 못하는 사람도 있다.

당신은 불만을 품는다. 부당한 점수에 항의하고 자신의 변제 능력을 증명하고 싶다고 하자. 그래서 열심히 일해서 예정대로 빚을 전부 갚았다고 하자.

당신의 노력은 FICO 같은 고전적 점수라면 보답을 받을 것이다. 당신의 점수는 당신 개인의 행동 이력에 근거해 변화했기 때문이다. 다음 심사 때는 높은 점수를 받을 것이고 미래도 열릴 것이다. 그러나 빅데이터 분석은 보답하지 않는다. 같은 지역에 사는 사람들이 변함없이 가난하고 빚 때문에 줄지어 파산하고 있다면 당신 개인의 노력은 그들 = '당신과 비슷한 사람들'의 네이터 속으로 빨려 들어가버리기 때문이다. 낭신의 노력은 예외 값으로 처리될 뿐 다음 심사 때 점수는 거의 변하지 않는다.

이러한 상황을 바꾸려면 점수를 산출하는 알고리즘 자체를 다시 설정하고 주거지 이외의 요소를 변수로 추가해야만 할 것이다. 실제로 현실에서는 끊임없이 알고리즘을 다시 설정하고 분석의 정밀도를 높이는 식으로 빅데이터 분석을 운용한다. 하지만 어느 경우든 혜택을 받는 것은 당신이 아니라 다른 사람이다. 아무리 변수를 늘리고 알고리즘을 정밀하게 설정해도 예외에 놓이는 사람은 계속 나타난다. 예외에 해당하는 사람들은 자기 노력으로 결코 점수를 올릴 수 없다. 알고리즘을 바꿀 수 있는 주체는 결국 엔지니어뿐이기 때문이다.

이 점에서 캐시 오닐은 빅데이터 분석이 내포한 윤리적 결함을 본다. 빅데이터 분석에서는 아무리 '내'가 평균을 벗어나려고 몸부림쳐도 '나와 비슷한 사람들'의 평균에 삼켜지고 만다. '나'는 '나와 비슷한 사람들'을 향한 차별과 편견에서 결코 자력으로 탈출할 수 없는 것이다.

이 문제는 실로 본서가 주제로 삼은 정정 가능성의 논점과 연관 있다. 캐시 오닐이 지적한 바는 요컨대 빅데이터 분석에서 이끌어낸 점수가 개인의 힘으로는 '정정'할 수 없다는 점이기 때문이다.

다시 차분하게 생각해보자. 우리는 덧셈을 한다. 모두 그렇게 믿고 있다. 그곳에 겹하기를 주장하는 회의론자가 나타난다. 우리는 그의 주장을 배제할 수 없다. 그래서 법칙을 바꾸거나 참가 자격을 바꾸고, 다른 한편으로 '같은 게임'을 계속하고 있다고 과거를 '정정'한다. 이것이 정정 가능성의 원리이자 사회의 구성 원리라는 것이 본서가 논의해온 바다.

그러나 빅데이터 분석에 완전히 반대의 사태가 일어나고 있다. 나는 덧셈 공동체에 속해 있다. 하지만 겹하기를 하고 있다. 따라서 나는 더하기가 아니라 겹하기를 해왔다고 주장한다. 논리적으로는 배제할 수 없는 주장이다. 그렇지만 아무도 이야기를 들으려고 하지 않는다. '당신과 비슷한 사람들'은 모두 더하기를 했기 때문에 당신도 더하기를 했을 것이라고 보고 그렇게 처리한다. 아무리 겹하기의 논리적 성립 가능성을 주장해도 당신 같은 일탈자가 나오는 경우는 이미 상정을 끝냈으므로 덧셈 공동체에 있어도 괜찮다고 달랜다. 법칙이 바뀌는 것도 아니고 참가 자격이 바뀌는 것도 아니고 이의를 제기해도 공동체에서 배제당하지 않는다. **아무런 정정도 이루어지지 않는다.** 솔 크립키의 예를 끌어오면 바로 이와 같은 사태가 빅데이터 분석에 일어나고 있다.

왜 이런 일이 발생할까. 정정 가능성의 논리가 고유명의 수수께끼와 연관이 있다는 점을 떠올려보자. 일반명과 고유명은 구별된다.[32] 일반명은 정의의 다발로 환원된다. 따라서 정의를 부정하는 명제는 의미가 없다. 다른 한편 고유명은 정의의

---

[32] 여기에서는 간략하게 이야기했으나 1부에서 서술했듯 엄밀하게는 이 구별을 유지할 수 없다. 1부 각주 33번 참조.

다발로 환원되지 않는다. 따라서 징의를 부정하는 녕제도 의미가 있다. '사실 …였다'라는 소행적 정정이 일어난다. 1부에서 확인한 것이다.

빅데이터 분석은 고유명을 다룰 수 없다. '내'가 아니라 '나와 비슷한 사람들'을 다룬다는 것은 고유명이 아니라 정의의 다발을 다룬다는 말이기 때문이다. 그리하여 나＝아즈마 히로키에 관한 예측은 나라는 인간을 분석해 얻은 다양한 속성, 남성이라든지 일본 국적자라든지 50대라든지 자식이 있다든지 도쿄에 거주한다든지 회사를 경영한다든지 하는 다양한 특징으로 정의할 수 있는 집단에 관한 예측의 집합(논리적論理積*)으로 얻은 데 지나지 않는다. 아즈마 히로키라는 인간의 고유성은 처음부터 문제가 되지 않는다. 그래서 '실은 아즈마 히로키는 …였다'는 소행적 발견＝정정 자체가 성립하지 않는다.

그러므로 빅데이터에 기초한 통치는 인간의 고유성을 다룰 수 없다. 다시 한번 1부의 논의를 상기해보자. 나는 한나 아렌트와 사이토 준이치를 참조하면서 '표상의 공간'과 '현상의 공간'이라는 구별을 소개했다.

표상의 공간에서 시민은 속성의 다발로 나타나고 현상의 공간에서 시민은 고유명으로 나타난다. 이를테면 전자라면 나는 도쿄도에 거주하는 자식 있는 50대 남성으로 나타나고 후

＊ 여러 개의 명제를 접속사 '그리고'나 그 동의어로 연결한 합성 명제를 뜻하는 철학 용어로 논리곱이라고도 한다.

자라면 누구로도 대체할 수 없는 '아즈마 히로키'로 나타난다. 이 구별은 종래의 공공성 논의에서 중요한 역할을 해냈다. 현상의 공간에 대한 지향이 없다면 공공성에 대한 지향도 없다. 하지만 이제까지 살펴본 바대로 빅데이터 분석은 처음부터 표상의 공간밖에 만들지 않는다.

나와 당신이 성별이 같고 젠더가 같고 국적이 같고 경제 계층이 같다고 해도 정치적 견해는 전혀 다를지도 모른다. 거꾸로 성별이 다르고 젠더가 다르고 국적이 다르고 경제 계층이 다르다고 해도 서로 깊이 이해하고 있을지도 모른다. 사람은 각각 고유하기 때문에 소속 집단의 평균을 벗어난 의견을 가질 수 있다. 또한 예외적인 교류와 만남이 있기 때문에 사회는 사분오열 하지 않고 일체성을 지닐 수 있다. 1부에 나온 말을 다시 끌어오면 '오배(배달 오류)' 덕분이다. 빅데이터 분석의 도입은 원리적으로 정치에서 오배 = 정정 가능성을 박탈해버리는 일이다.

16

사상계에서도 표현을 달리하여 같은 문제를 제기하고 있다. 이 점도 살펴보자. 법학자 앙투와네트 루브루아와 정치철학자 토머스 베른은 2013년 '알고리즘 통치성'을 주제로 논문을 발표했다.

알고리즘 통치성은 정치에 빅데이터를 이용하는 것을 가리키는 조어다. '통치성'은 전후 프랑스를 대표하는 철학자 미셸 푸코가 만년에 즐겨 쓰던 말이다. 통치성은 일상에서 쓰이는 '권력'이나 '정치'보다 넓게 법, 경제, 이데올로기 등 사회와 개인을 잇는 다양한 장치의 연대를 의미한다. 두 사람은 통치성에 '알고리즘'을 덧붙여 빅데이터 분석을 통치에 도입하는 일은 사회와 개인의 관계 자체를 변화시키기 때문에 위험하다고 문제를 제기한 것이다.

앙투와네트 루브루아와 토머스 베른은 알고리즘 통치성이 '주체화를 산출하지 못하는' 것이 문제라고 쓴다.

무슨 말일까. 그들은 다음과 같이 서술한다. "알고리즘 통치성은 주체화를 산출하는 일이 없다. 반성하는 인간 주체를 우회하고 회피해버린다. 그것은 개인보다 하위에 있고 그들 자신에게는 무의미한 데이터를 소재로 삼아 행동과 소속에 관해 개인을 뛰어넘는 모델을 각 개인과 관계없이 확립해버린다. 따라서 당신은 어떤 존재인가, 당신은 어떤 존재일 수 있는가를 묻는 일이 결코 없다."[33]

약간 까다로운 표현이지만 여기서는 앞서 검토한 것과 같은 문제를 지적하고 있다. 빅데이터 분석은 인터넷에 흩어져 있는 정보의 단편(개인보다 하위에 있는 데이터)을 마구 모아들여 특정한 사람의 상태와 행동을 어느 정도 예측할 수 있게 한

---

33 Antoinette Rouvroy and Thomas Berns, tr. Liz Carey Libbrecht, "Algorithmic governmentality and prospects of emancipation," in *Réseaux*, vol. 177 issue 1, 2013, p. 10. URL=https://www.cairn-int.info/journal-reseaux-2013-1-page-163.htm 페이지 수는 다운로드판 PDF를 기준으로 했다.

다. 그 예측은 그 사람의 고유성(반성하는 인간 주체)을 전혀 고려하지 않은 채 그/그녀가 속한 집단의 특성(개인을 뛰어넘는 모델)에만 의거한다. 앙투아네트 루브루아와 토머스 베른은 그 과정에 대해 "개인보다 하위에 있고 그들 자신에게는 무의미한 데이터"를 이용하여 "행동과 소속에 관해 개인을 뛰어넘는 모델"을 확립한다고 표현한다. 이때 주체성은 '우회'하고 '회피'해버린다고 한다.

나아가 두 사람은 '우회'와 '회피'가 치안 유지라는 국면에서 나타난다는 점에 경계를 촉구한다. 오늘날 빅데이터 분석은 주로 상업 목적에 활용된다. 하지만 이 기술은 특정 인물이 어떤 범죄를 저지를지, 어떤 정치 활동에 참여할지 같은 치안 목적의 예상을 강화하기 위해서도 활용될 수 있다. SF 같은 이야기인데, 이미 일부 국가에서는 행동 예측과 예측 결과에 기초해 예방 구금을 실시한다는 이야기도 있다.[34]

그러나 여기에는 문제가 있다. 몇 번이나 말한 바대로 빅데이터 분석은 개인과 무관하다. 어디까지나 집단에 대한 예측을 내놓을 뿐이다. 따라서 빅데이터 분석에 의거한 권력은 "당신은 어떤 존재인가, 당신은 어떤 존재일 수 있는가를 묻는 일이 결코 없이" 개인의 자유를 박탈하는 결과를 낳는다.

구체적으로 다음과 같은 일을 거론할 수 있다. 미래 국가에서는 빅데이터 분석을 바탕으로 특정한 사람을 '테러리스트

---

34 ジェフリー・ケイン(제프리 케인), 《AI監獄ウイグル(AI감옥 위구르)》, 濱野大道(하마노 히로미치) 옮김, 新潮社, 2022 참조.

예비군'으로 분류해 예방 구금하는 일이 일상적으로 벌어질지도 모른다. 물론 당신도 거기에 포함될지도 모른다. 이는 알고리즘 통치성이 아직 지배적이지 않은 현재 사회의 상식으로 보면 당치도 않은 인권 침해일 따름이다.

하지만 새로운 사회의 상식으로 보면 그렇지 않을지도 모른다. 그러한 예방 조치는 '당신과 비슷한 사람들', 즉 당신과 같은 민족, 같은 종교, 같은 출신 지역에 속한 집단에 테러리스트가 많다는 '객관적 사실'이 있다면 어느 정도 합리적일 수밖에 없다고 생각할 수 있을지도 모르기 때문이다. 새로운 사회에서는 애초부터 당신 개인을 상대하지 않는다. 권력은 단순히 '당신과 비슷한 사람들' 중에 테러리스트가 많기 때문에 범죄의 위험을 줄이기 위해서는 당신을 포함한 '집단'을 격리하고 관리하는 것이 합리적이라고 설득할 것이다.

뒤집어 말하면 새로운 사회에서는 예방 구금당한 시민이 권력의 시선을 노려보며 '나는 어떤 존재인가'를 성찰하는 일도 어려워진다. 권력이 당신을 범죄자라고 고발하면 그렇지 않다고 반항하는 일도 불가능할 것이다. 범죄란 무엇이냐고 물을 수도 없을 것이다. 하지만 처음부터 문제는 당신 개인의 행동이 아니라 '당신과 비슷한 사람들'의 행동을 예측한 것이고 예방 구금도 죄의 인정이 아니라 합리적 위기 관리의 결과라고 해버리면 저항하기도 어려워진다. '주체화를 산출하는 일이 없다'는 것은 이러한 사정을 의미한다.

나는 6장에서 통치자가 명령하면 시민은 죽어야 한다는 《사회계약론》의 악명 높은 명제에 대하여 일반의지가 특정 개인에게 죽음을 명할 때 당사자는 이미 자기 자신의 죽음을 원하고 있다는 명제로 재해석할 수 있다고 썼다. 알고리즘 통치성의 예방 구금은 실로 루소의 논리에 한없이 가까운 논리로 작동한다. 권력이 특정 개인을 구속할 때 당사자는 이미 스스로 깨닫지 못한 상태로 범죄를 저지르려고 한다고 생각할 수 있기 때문이다.

알고리즘 통치성은 주체화를 소거한다. 내가 앞서 정정 가능성의 소거라고 파악한 문제를 앙투와네트 루브루아와 토머스 베른은 주체화의 소거라고 파악했다. 그들의 지적은 사상사와 사회학사 안에서 알고리즘 통치성이 대두한 현상의 위상을 어떻게 규정해야 하는지에 관해 중요한 시사점을 던져준다.

앞에서 소개했듯 통치성이란 원래 미셸 푸코의 용어다. 그는 '너는 어떤 존재인가' 하는 권력의 작용을 시민이 내면화하는 것, 즉 '주체화' 과정이야말로 근대 국가의 통치를 안정시키기 위해 필요 불가결하다고 생각했다.

일반적으로 권력은 개인의 자유를 빼앗아 질서를 강제하는 힘이라고들 생각한다. 이는 토머스 홉스와 존 로크, 루소의 사회계약설이 기초로 삼은 권력관이기도 하다. 그러나 미셸 푸코는 근대 국가의 권력이 그렇게 단순하지 않다고 여겼다. 유럽에서 태어나 발달한 근대 국가의 권력은 전근대 시대 또는 다른 지역의 국가 권력과 달리 인간의 자유를 단순하게 빼앗는 것이 아니라 오히려 적극적으로 인간의 삶에 개입하고 개인의 자유 자체를 관리하여 사회 전체의 질서를 형성하는 방향으로 매우 교묘하게 변화했다고 한다. 만년에 권력 형태를 연구한 미셸 푸코는 통치성이라는 용어를 낳았다. 그의 마지막 작업은 1976년에 출간한 미완의 역사서 《성의 역사》인데, 이 책 제1권에서는 전근대에서 근대로의 이행을 '죽이는 권리'에서 '살리는 권력'으로의 이행이라고 표현했다.[35]

근대의 권력은 '살리는 권력'이다. 권력과 삶은 단순하게 대립하지 않는다. 개인의 자유로운 삶은 권력이 산출한다. 권력과 자유의 새로운 관계에는 '주체화'가 중요한 역할을 맡는다. 그에 따르면 근대 국가는 사람을 '주체'로 세우고 내면에 권력의 시선을 심어놓음으로써 자유롭게 살아가는 듯하면서도 자발적으로 질서를 형성하는 이중적 존재로 바꾼다. 이로써 유례없이 효율적이고 안정적인 통치를 실현했다. 그는 이러한 통치 방식을 '생-권력(bio-pouvoir)'이라고 불렀다.

그렇다면 알고리즘 통치성은 주체화가 필요하지 않다는

35　ミシェル・フーコー(미셸 푸코), 《性の歷史Ⅰ 知への意志(성의 역사1, 지에의 의지)》, 渡辺守章(와타나베 모리아키) 옮김, 新潮社, 1986, 175쪽. 〔본서에서는 《성의 역사1: 지식의 의지》(이규현 옮김, 나남출판, 2020)에 준하여 책명을 표기했다. ─옮긴이〕 정확하게 인용하면 미셸 푸코는 "죽이든지 아니면 살아 있는 채 둔다는 옛날 권리를 대신하여 살아 있게 하든지 아니면 죽음 속으로 폐기하는 권력이 나타났다"고 서술했다(강조는 원문대로). 프랑스어 faire와 laisser라는 동사를 사용한 이 문장은 일본어로 번역하기 어려운데, 의역을 무릅쓰고 보완해보면 이렇다. 근대 이전에는 '죽음을 안기든지, 그렇지 않으면 마음대로 살아가게 내버려두는(de *faire mourir* ou de *laisser vivre*)' 양자택일로 기능하던 권력이 근대에는 '삶에 적극적으로 개입해 권력이 원하는 대로 살아가게 하든지, 그렇지 않으면 사회 외부로 밀어내 죽이는(de *faire vivre* ou de *rejeter* dans la mort)' 양자택일로 기능하는 권력으로 변했다고 할 수 있다.

앞의 지적은 현대의 권력이 근대의 '생-권력'과 이질적인 것으로 변하고 있음을 시사한다. 근대의 생-권력은 주체를 형성하지만 현대의 알고리즘 통치성은 주체를 형성하지 않는다. 생-권력은 '당신은 어떤 존재인가?' 하고 끊임없이 묻지만, 알고리즘 통치성은 '당신'에게 관심을 두지 않는다.

덧붙이자면 생-권력과 알고리즘 통치성의 단절은 연구자도 그다지 의식하지 않는 듯하다.

오히려 양자를 연속성으로 파악하고 있다. 정치사상사가 오모다 소노에가 지적하듯 미셸 푸코는 만년의 강의에서 19세기 생-권력의 확대와 침투를 동시대 통계의 정비와 관련하여 이야기했다.[36] 정보사회론자 다이코쿠 다케히코가 강조하듯 빅데이터 분석을 뒷받침하는 데이터 과학자의 작업은 아돌프 케틀레를 비롯해 그보다 반세기 후에 활동한 프랜시스 골턴 같은 19세기 통계학자를 직접 계승하고 있다.[37] 그러므로 알고리즘 통치성을 19세기 생-권력의 계승자라고 규정하기는 확실히 가능하다. 원래 수학으로 보면 빅데이터 분석은 통계학의 자손일 따름이다.

그렇지만 앙투와네트 루브루아와 토머스 베른이 주의해야 한다고 했듯,[38] 빅데이터 분석의 정치사상적 중요성은 통계

---

36   重田園江(오모다 소노에), 《フーコーの風向き(푸코의 풍향)》, 青土社, 2020, 특히 제2장과 제4장 참조.
37   大黒岳彦(다이코쿠 다케히코), 《情報社会の〈哲学〉(정보사회의 '철학')》, 勁草書房, 2016, 제2장 참조.
38   "Algorithmic governmentality and prospects of emancipation," p. 3. 정

자체의 이용이 아니라 기존 통계학의 전제인 인간관을 더는 공유하지 않는다는 점이다.

6장에서 언급한 바대로 아돌프 케틀레는 사실 사회물리학의 구상과 나란히 '평균인'이라는 이념을 발명했다고 알려져 있다. 그는 키와 몸무게뿐 아니라 신체 능력과 지능 등 다양한 인간의 속성을 수치로 바꾸는 일에 정열을 기울였다. 그 결과 측정치 분포의 다수가 정규 분포라는 점을 발견하고 그 중심에 있는 인간에게 규범적 의미를 부여하고자 했다. 구체적으로 말하면 키와 몸무게가 평균이고 지능과 연수(年收)와 생활 태도가 평균인 이상적 인물을 상정하고, 그에게 '평균인'이라는 이름을 붙인 것이다. 평균 인물을 규범적이라고, 즉 '정상(normal)'이라고 간주하고 그렇지 않은 일탈을 변이(變異) 또는 열화(劣化)라고 파악한 그의 인간관은 '당신은 어떤 존재인가?' 하고 끊임없이 묻는 생-권력과 호응한다.

이와 대조적으로 방금 검토한 알고리즘 통치성, 즉 빅데이터 분석에 기초한 권력은 규범과 일탈의 대립 자체가 필요하지 않다. 가령 알고리즘 통치성이 당신을 테러리스트 예비군이라고 인정하고 예방 구금을 한다고 해도, 그것은 단지 '당신과

확성을 위해 주석을 붙이자면, 앙투아네트 루브루아와 토머스 베른 자신은 생-권력과 알고리즘 통치성의 차이를 뚜렷하게 기술하지 않았다. 그들은 오히려 만년의 미셸 푸코가 말한 주체화가 발생하지 않기 때문에 다른 해방적 주체화가 일어날 것이라고 말한다. 하지만 그들의 주장은 그다지 명확하지 않다. 알고리즘 통치성의 특징은 생-권력과 마주 놓을 때 이해하기 쉽다. 여기에서는 차이를 강조해 소개했다.

비슷한 사람들'의 분석에 기초해 리스크를 관리하고 있을 뿐 당신이 딱히 평균 시민의 이미지를 일탈한 '비정상(abnormal)'이므로 악이라고 재단한 것은 아니다. 오히려 알고리즘 통치성의 폭력성은 앞서 언급한 대로 당신이 평균치를 벗어난 예외=비정상이라고 해도 새로운 본보기로 보고 탐욕스럽게 집어 삼켜버리는 예외성의 소거 경향에 담겨 있다.

생-권력은 사람들이 정상인지 비정상인지 끊임없이 묻는다. 현재 연구자와 활동가는 생-권력에 매우 민감하고 비판하는 언어도 풍부하다. 이를테면 젠더 연구, 퀴어 연구는 반-생권력의 무기가 된다. 그러나 오늘날은 비정상을 태연하게 방치하고 허용하면서도 조금도 흔들리지 않는 알고리즘 통치성의 문제를 진정으로 생각해야 할 시점이다.

17

다시 앞으로 돌아가보자. 나는 6장에서 인공지능 민주주의가 정정 가능성을 소거하기 때문에 문제라고 썼다.

왜 문제인가. 이제까지 살펴본 논의는 간단한 대답을 마련해준다. 인공지능 민주주의, 알고리즘 통치성, 이를 구현하는 빅데이터 분석의 정치적 이용 등 무엇이라 불러도 상관없으나 이와 같은 구상 아래 정보 기술을 지원하는 권력은 원리상 사람을 고유명으로 취급할 수 없다. 통계에 의한 예측은 아무리 면밀하다고 해도 사람을 개인이 아니라 집단의 일부로 취급할 수밖에 없다. '사실 …였다'는 정정의 논리도 작동하지 않고 시민의 주체화도 일어나지 않고 '현상의 공간'도 성립하지 않는다. 일반의지의 규정을 소박하게 받아들이고 그 역설에 깃든 루소의 갈등을 무시하고 집단으로서 인민의 의지를 빅데이터에서 추출하여 통치의 기반으로 삼는다면, 민주주의는 중요한 것을 빠뜨리고 만다.

인공지능 민주주의에는 정정 가능성이 없다. 한 번 정해진 일반의지는 '옳을' 뿐 정정을 받지 않는다. 따라서 시민은 일단 속성을 부여받으면 영원히 벗어날 수 없다. 아무리 선행을 쌓아도 '당신과 비슷한 사람들'이 범죄자라고 하면 당신은 영원히 위험 집단으로 분류된다. 당신은 남성 또는 여성, 유럽인 또는 아시아인, 다수자 또는 소수자, 가해자 또는 피해자와 같이 한번 규정된 범주에서 영원히 탈출할 수 없다. 당신의 행동은 항상 '당신과 비슷한 사람들'의 범주로 되돌아간다. 이것이 인공지능 민주주의의 세계다.

5장에서 소개했듯 오치아이 요이치는 《디지털 네이처》에서 인공지능이 시민의 속성과 능력을 파악하고 각 인생에 최적의 선택지를 제안함으로써 행복도가 증가한다고 확신한다. 내가 보기에 그런 사태는 지극히 뒤틀리고 행복과 거리가 멀어 보이기만 한다. 이 점은 오치아이 요이치의 고유한 결함이 아니다. 인공지능 민주주의의 사상 자체의 결함이다. 인공지능 민주주의는 정정 가능성의 구현으로 보완해야 한다.

정정 가능성을 구현한다는 것은 무슨 뜻일까. 이 논의로 나아가기 전에 두 가지 새로운 관점을 덧붙여보자.

첫째는 생산관계라는 관점이다. 알고리즘 통치성은 개인의 고유성을 인정하지 않는다. 단지 집단만 분석한다. 이것은 권력의 형태만 바꾸는 것이 아니다. 사회심리학자 쇼샤나 주보프는 2019년 베스트셀러에 등극한 《감시 자본주의 시대》에서 권력 형태의 변화와 맞물려 새롭게 등장하는 경제구조를 '감시 자본주의'라고 파악했다.

감시 자본주의는 쇼샤나 주보프가 창안한 조어다. 이 말은 "인간의 경험을 행동 데이터로 변환하기 위해 무료의 원재료로 일방적으로 요구"하고 '행동 잉여'를 통해 '예측 제품'을 생산하고 최종적으로 원재료인 경험을 제공한 사람들과 아무런 관계도 없는 '행동 선물 시장'에서 그 예측을 판매함으로써 플랫폼이 막대한 이익을 얻도록 해주는 체제를 가리킨다.[39] 한마디로 플랫폼이 개인 정보를 모아 돈을 버는 체제라는 말이다.

쇼샤나 주보프는 우리가 산업 자본주의와 금융 자본주의에 더해 감시 자본주의가 지배하는 시대에 발을 들여놓았다고 한다. 이때 핵심어는 '행동 잉여'다.

행동 잉여도 쇼샤나 주보프가 창안한 조어다. 그는 구글의 비즈니스 모델을 예로 들어 다음과 같이 설명한다.

구글은 현재 이용자에게 거의 모든 서비스를 무료로 제공한다. 이용자는 그 대신 위치 정보와 검색 이력 같은 개인 정보

39　ショシャナ・ズボフ(쇼샤나 주보프),《監視資本主義(감시 자본주의)》,野中香方子(노나카 가요코) 옮김, 東洋経済新報社, 2021, 8쪽. 〔본서에서는 《감시 자본주의 시대》(김보경 옮김, 노동욱 감수, 문학사상사, 2021)에 준하여 책명을 표기했다.-옮긴이〕

를 제공한다. 구글은 제공받은 정보를 바탕으로 서비스를 개선한다. 사람들은 대개 그렇게 믿고 있다. 그러나 실제로는 모아들인 개인 정보 중 목적에 따라 사용하는 것은 극히 일부일 뿐이다. 그러면 나머지 정보는 어떻게 될까? 인공지능에 입력해 이용자가 어떤 생활을 영위하는지, 무엇을 사고 싶은지 등을 예측하기 위해 이용한다.

쇼샤나 주보프는 '나머지' 정보를 '행동 잉여'라고 부른다. 또한 나머지 개인 정보를 통해 예측한 이용자의 행동 예측을 광고주에게 팔 수 있는 형태로 정리하는 과정을 '예측 제품의 생산'이라고 부른다. 구글은 이용자에게 제공하는 서비스로 돈을 벌지 않는다. 사실 구글에서는 아무것도 팔리지 않는다. 구글은 광고주에게 예측 제품을 팔아 돈을 벌고 있다. 그들의 진정한 고객은 이용자가 아니라 광고주다. 쇼샤나 주보프에 따르면 2002년 이 비즈니스 모델을 발명함으로써 구글은 폭발적으로 성장하기 시작했다. 그때까지는 서비스의 수익화에 시달렸고 언제 쓰러져도 이상하지 않은 기업이었다.

쇼샤나 주보프는《감시 자본주의 시대》에서 '고유명을 다루지 않는 것' 또는 '주체화를 산출하지 않는 것' 같은 표현으로 검토해온 문제가 비즈니스에서는 이미 이윤의 원천으로 편입했다는 점을 날카롭게 파헤친다.

되풀이해 말했듯 우리는 강력한 감시의 시대를 살아가고 있다. 겉으로 보면 디스토피아로 보이기에 예전에는 비판을 받았다.

하지만 오늘날 대다수 소비자는 어느 정도 개인 정보 제공에 동의하면 구글뿐 아니라 수없이 편리한 서비스를 무료로 이용할 수 있기 때문에 현재의 흐름을 받아들이고 있다. 이 상황은 이용자가 플랫폼에 개인 정보를 제공하고 그 대가로 플랫폼이 이용자에게 서비스를 제공한다는 일종의 등가 교환으로 파악할 수도 있다. 무료의 출현은 유료 서비스에 새로운 선택지를 더한 것을 의미할 뿐이므로 현대는 소비자의 힘이 더 강해진 시대를 뜻한다. 실제로 2010년대는 그러한 인식을 바탕으로 '무료(free)' 시대의 도래를 환영하는 크리스 앤더슨 같은 논자가 세를 얻었다.[40]

그러나 쇼샤나 주보프의 분석은 무료 긍정론이 근본적으로 천박한 논점 일탈이라고 알려준다. '행동 잉여'와 '예측 제품' 같은 개념의 논의는 이용자와 플랫폼 사이의 등가 교환은커녕 판매자와 구매자의 관계조차 성립하지 않는다는 것을 명확하게 해주기 때문이다.

이용자는 자기들이야말로 구글의 고객이라고 느낀다. 구글도 대외적으로는 그렇다는 듯 행세한다. 그래서 개인 정보와 서비스의 등가 교환이라는 환상이 생겨난다.

그런데 전술했듯 현실에서 구글의 고객은 이용자가 아니다. 광고주다. 이용자는 구글에 한 푼도 내지 않으며 돈을 냈다

---

40 クリス・アンダーソン(크리스 앤더슨), 《フリー(프리)》, 小林弘人(고바야시 히로토) 감수, 高橋則明(다카하시 노리아키) 옮김, NHK出版, 2009 참조. 〔한국어판은 《프리》(정준희 옮김, 랜덤하우스코리아, 2009)로 출간되었다.—옮긴이〕

고 해도 아주 소액이기에 서비스 질에 합당하지 않다. 광고주는 지불하는 자금으로 서비스 개발을 지원하고 있다. 판매자와 구매자의 관계가 성립하는 것은 구글과 광고주일 뿐, 이용자는 아무런 위상도 차지하지 못한다. 구글 이외의 플랫폼도 마찬가지다.

그러면 이용자의 입장은 어떠할까. 쇼샤나 주보프는 다음과 같이 혹독하게 서술한다. "우리는 가치 실현의 주체가 아니다. 또 일부 사람들이 말하는 구글의 '상품'도 아니다. 우리는 구글의 예측 공장에서 원재료를 뽑아낸 다음 몰수당하는 **물건**에 지나지 않는다. 우리의 행동에 관한 예측이 구글의 상품이고 우리가 아니라 이것을 사는 광고주가 구글의 참된 고객이다. 우리는 **타자의 목적을 달성해주기 위한 수단**일 따름이다."[41]

감시 자본주의에서 플랫폼 이용자는 상품의 판매자가 아니다. 물론 구매자도 아니고 제작자도 아니다. 유통하는 상품을 만들어내기 위한 '물건', 즉 소재(素材)에 불과하다.

우리는 빅데이터 분석이 본래 개인을 고유한 존재로 취급하지 않고 속성의 다발로 분해해버리기 때문에 다음과 같이 이

---

41 《監視資本主義》, 104쪽. 강조는 원서에 나온 그대로다. 그런데 이 글은 인공지능 민주주의를 민주주의가 도달할 하나의 귀결이라고 규정하고 있기 때문에 감시 자본주의도 민주주의와 단순히 대립하지 않는다. 일반적으로 감시 사회와 자본주의는 민주주의의 적이라고 생각한다. 쇼샤나 주보프도 일반적 시각으로 논의를 진행하고 있기 때문에 마지막 장에서 감시 자본주의를 반민주주의적이라고 말하고 정치적 저항과 개입이 필요하다고 강조한다. 하지만 내가 보기에 정치적 저항과 개입의 정당화는 그가 상정하는 것보다 훨씬 더 어렵다. 같은 책, 587쪽 이하.

해할 수 있다. 플랫폼은 무료 서비스를 미끼로 던져 다수의 이용자를 모으고 그들에게 방대한 개인 정보를 끌어내어 다른 이용자의 정보와 결합하고 수학적으로 가공한다. 그렇게 '예측 제품'을 생산하여 고객에게 판매한다. 예측 제품 안에는 이용자의 개별성이 조금도 들어 있지 않다. 이용자는 모두 '예측 제품'의 소재인 데이터를 제공하는 이름 없는 존재에 지나지 않는다. 이용자에게는 어떠한 주체성도 주어지지 않는다.

이렇게 정리하면 현대인이 감시 자본주의에 저항하는 일이 왜 어려운지를 쉽게 알 수 있다.

쇼샤나 주보프의 '행동 잉여'는 아마도 마르크스의 '잉여 노동'이나 '잉여 가치'를 의식한 조어인 듯하다. 산업 자본주의에서는 노동자의 잉여 노동, 즉 더 많이 일한 부분이 상품에 잉여 가치를 더해 자본가에게 부당한 부의 축적을 허용했다. 따라서 노동자는 자본가의 '착취'에 저항해야 한다고 했다.

그러나 감시 자본주의에서는 '예측 상품'을 생산하고 상품에 잉여 가치를 더하는 것은 인간이 아니다. 인공지능이다. 이용자인 인간은 노동하지 않는다. 다만 개인 정보를 제공할 뿐이다. 여기에 산업 자본주의의 구도를 끌어와 인간의 위치를 비유하자면 노동자도 아니고 소비자도 아닌 제품 원재료의 제공자, 예컨대 섬유공장에 양털을 제공하는 양과 비슷하다.

인간이라는 양이 개인 정보라는 양털을 인공지능에 제공한다. 양털로 예측 제품이라는 옷감이 만들어진다. 말하자면 구글은 양 목장과 섬유공장을 동시에 경영하는 자본가다. 플랫폼이라는 목장을 설립해 무료라는 먹이로 인간이라는 양을 모으고 시비스라는 울타리 안에 가둔다. 그 후 개인 정보라는 양털을 모아 가공한 다음 인공지능이라는 섬유공장으로 보내 옷감을 만들어 판매한다. 모아들인 양털에 양의 고유성은 없다. 따라서 사생활을 침해하지도 않는다. 내 양털과 당신의 양털은 모두 섞여 한 필의 옷감으로 짜여 나온다.

이때 양은 자본가에게 '착취'를 부르짖을 수 있을까. 내게는 그럴 만한 논리가 떠오르지 않는다. 인공지능 민주주의와 감시 자본주의 세계에서 인간은 착취의 피해자조차 될 수 없다. 주체가 될 수 없다는 말은 피해자가 될 수 없다는 말이고, 저항할 수도 없다는 말이다.

18

둘째로 덧붙이고 싶은 것은 생명과학 또는 '자연'이라는 관점이다. 인공지능 민주주의 자체를 제창하지는 않았으나 2010년대 비슷한 지점에서 민주주의를 생각한 인물로 물리학자 스즈키 겐을 들 수 있다. 2012년 스마트뉴스를 설립한 그는 현재 일본을 대표하는 IT 기업가로 알려져 있다.

스즈키 겐은 2013년 《매끈한 사회와 그 적》을 출판했다. 이 책의 주제는 '분인(分人) 민주주의'다. '분인'이란 저자가 창안한 조어로 개인보다 작은 단위를 의미한다.

개인은 영어로 individual(인디비주얼)이라고 한다. 신체를 가진 인간＝개인은 의사를 결정하는 단위로서 그보다 작게 분할(divide)할 수 없음을 뜻한다.

의사 결정을 개인보다 작은 단위로 나눌 수 없다는 말은 최신 뇌과학과 정신의학에 비추어보면 환상에 지나지 않는다. 인간 한 사람은 모순된 복수의 사고를 품을 수 있고 복수의 공동체에 속할 수 있다. 난해성 인격 장애의 존재가 보여주듯 복수의 인격도 있을 수 있다. 그래서 스즈키 겐은 개인보다 작은 단위로서 '분인'을 도입하고 정치적 의사 결정은 개인이 아니라 분인에 기초해야 한다고 제안한다. 알기 쉽게 말하면 한 사람이 한 표가 아니라 더 작은 단위로 투표할 수 있어야 한다는 말이다. 이것이 '분인 민주주의' 사상이다.

더구나 스즈키 겐에 따르면 유권자가 자신의 한 표를 나누어 복수의 선택지에 투표할 수 있는 것만으로는 불충분하다. 애초에 인간은 무언가를 결정할 때 완전히 스스로 결정할 수 없다. 내 안에는 당신의 의견이 흘러들어오고 당신의 안에도 내 의견이 흘러들어간다. 우리는 그것을 상호 비교하고 따져보며 결정을 내리는데, 모든 의사 결정은 타인과 나의 상호 의존 속에서 생겨난다. 말하자면 내 안에 당신이라는 분인이 존재하고 당신 안에 나라는 분인이 존재하는 상황이다. 의사 결정의 기초를 분인에 두면 복잡한 상호 의존도 그대로 반영한 제도가 바람직하다.

이렇게 요약하면 공상에 가까운 사고실험으로 들리겠지만 스즈키 겐 저작의 중요성은 그러한 사상에 기초해 기술적으로 구현 가능한 새로운 투표 제도를 제안한다는 점이다.

그 제도는 '전파 위임 투표'라고 일컫는다. 유권자는 한 표를 나눌 수 있을 뿐 아니라 다른 유권자에게 위임할 수도 있다. 이를테면 A안, B안, C안 중 하나를 고르는 투표가 있다고 하자. 당신은 A가 가장 마음에 들지만, B안과 C안도 버리기 어렵다. 아니 그전에 처음부터 믿음직한 친구 X에게 모든 것을 맡기고 싶은 기분이 들었다고 하자. 그때 당신은 A안에 0.5표, B안과 C안에 0.1표를 분할해 투표할 수 있을 뿐 아니라 친구 X에게 나머지 0.3표를 '위임'할 수 있다.

위임받은 표는 어떻게 될까. 그는 '전파'라는 사고방식을 제안한다. 이를테면 당신이 0.3표를 위임한 X가 A안에 0.8표를 던지고 당신이 모르는 제3자 Y에게 0.2표를 위임했다고 하자. 그러면 당신의 0.3표는 비율에 따라 A안에 0.24표, Y에게 위임한 0.06표로 나뉜다. Y에게 위임한 0.06표도 Y가 투표하는 대상과 Y가 위임한 곳으로 나뉘고, 그 후 위임한 대상의 표가 없어질 때까지 계속된다. 최종 결과는 모든 유권자의 모든 분할 표수로 계산한 다음 총합을 구해 결정한다.

이 전파 위임 투표의 표수 계산은 쉽게 상상할 수 있듯 일반적인 투표의 표수 계산과 비교할 수 없을 만큼 복잡해진다. 특히 유권자가 늘어나면 계산량이 급속하게 증가한다. 눈 깜짝할 사이에 흩어져 계산이 불가능해질 것 같다. 하지만 스즈키 겐에 따르면 몇몇 제약만 정해놓으면 흩어짐을 억제할 수 있다고 한다.

이 제안은 대단히 매력적이며 현대적이기도 하다.

구글의 창업자 래리 페이지와 세르게이 브린은 1998년

'페이지랭크(PageRank)'라 부르는 알고리즘을 발표했다고 알려져 있다. 페이지랭크는 웹페이지의 중요도를 결정하는 기술이다. 요약하면 더 중요한 페이지에 링크하는 페이지는 더 중요하리라는 추측에 기초해 방대한 수의 페이지에 순위를 매기는 알고리즘이다. 전파 위임 투표는 페이지랭크의 사상을 정치에 응용했다고 할 수 있다. 페이지랭크에서는 중요도가 링크로 전파되지만, 전파 위임 투표에서는 신뢰가 위임으로 전파된다. 구글 알고리즘이 혼돈에 빠진 인터넷에 질서를 잡았듯 스즈키 겐의 제안이 포퓰리즘을 해결할 가능성도 없지 않다.

그러나 만약 이것을 실제로 실현하면 앞서 인공지능 민주주의와 알고리즘 통치성에 대해 지적한 바와 같은 우려가 나올 것이다. 전파 위임 투표도 확실히 유권자가 투표한다. 의사도 표명한다. 그래도 그 행위는 '주체화를 산출하지 않는' 것이 아닐까.

왜 그럴까. 현재 민주주의 국가에서 선거는 유권자의 의사를 집약하기 위해서만 실시하는 것은 아니다. 사회를 통합하는 의식이라는 역할도 있고 교육 기능도 있다. 투표한 당이 정권을 잡으면 아무리 소극적 선택이라도 책임감이 약간은 싹튼다. 그릇된 정치가 이어지면 후회하기도 한다. 이런 경험이 유권자의 성장을 독려하기도 한다.

그러나 스즈키 겐의 제안에 따르면 투표에 담긴 여러 계기가 완전히 지워진다. 만약 현재 국정 선거가 있다고 해도 당신이 여당에 0.5표, 야당에 0.2표를 던지고 새로운 세대에 기대를 건다는 의미로 나머지 0.3표를 젊은 친구에게 위임할 생각이라고 하자. 매우 그럴듯한 배분인 것 같지만, 이 투표는 당신에게 거의 감정적 부담을 주지 않을 것이다. 왜냐하면 결국 그것은 세상의 정세에 맞추어 표를 분산하겠다는 이야기밖에 되지 않고 개인으로서는 아무것도 '선택하지' 않았기 때문이다. 결과적으로 여당의 그릇된 정치가 계속되어도 다음에는 배분 비율을 좀 줄이자는 생각으로 끝날 것이다. 전파 위임 투표에서 투표는 투자 포트폴리오와 비슷해진다. 더구나 리스크도 없고 리턴(회수)도 없는 투자인 셈이다.

전파 위임 투표에서는 유권자가 주체화하지 않는다. 생각해보면 당연하다. 애초에 분인 민주주의란 개인의 단독성과 통일성을 해체하고 분인의 다발로 분해하는 것을 이상으로 삼는 사상이기 때문이다. 그러므로 이렇게 비판한다 해도 스즈키 겐은 어쩌면 분인 민주주의가 주체를 형성하지 않는 것이 그런대로 괜찮지 않느냐고 대답할지도 모른다. 나는 이제까지 논의해왔듯 주체화의 회피는 사회를 유지하고 운영하는 데 심각한 문제가 있다고 생각한다.

분인 민주주의는 인공지능 민주주의로 분류할 수 없다. 스즈키 겐은 빅데이터와 싱귤레리티를 거의 언급하지 않았을 뿐 아니라 계산 능력의 성장도 기대하지 않기 때문이다.《매끈한 사회와 그 적》은 5장에서 소개한 2010년대의 '거대 서사'와 선을 긋는 책이다.

그렇지만 내가 7장의 마지막 부분에서 스즈키 겐을 검토한 이유는 바로 근대에 민주주의를 추구하는 것이 도리어 인간의 해체와 배제로 이어진다는 위태로운 역설을 그의 저작이 새삼스레 또렷하게 제시해주었기 때문이다.

사실 스즈키 겐의 저작에는 분인 민주주의 이외에도 '구성적 사회계약론'이라는 또 다른 중심 개념이 있다. 한마디로 그 개념은 생명과학과 네트워크 이론을 끌어다가 근대 민주주의의 기원을 이루는 사회계약설을 근본부터 다시 구성하려는 시도라고 볼 수 있다.

스즈키 겐은 다음과 같이 서술한다. "토머스 홉스, 루소, 존 로크 같은 계몽사상가는 사회 체제의 자연 상태를 상정할 때 인간이 자아를 지닌 개별 인간으로서 최초부터 존재하는 것으로 보았다. 그러나 현대의 생명과학이 밝힌 바에 따르면 인간은 세포로 이루어진 동물이자 생태계의 일부이고 진화의 규정을 받는 하나의 생명이다. (…) 우리는 우선 생명을 이야기하고 나서 생명의 연장선에 있는 존재로서 인간과 사회제도를 이야기해야 한다."[42] 그는 주장한다. 인간은 최초부터 개인으로 존재하지 않았다. 다수의 세포로 '구성'되어 있을 뿐이다. 사회가 개인의 집합이라면 개인은 세포의 집합이다. 그렇다면 세포가 개인을 '구성'하고 개인이 사회를 '구성'하는 것처럼 그들 집적의 과정을 통일적으로 이해하고 나서 사회계약에 대해 생각해야 하지 않을까.

그래서 그의 구상으로는 필연적으로 민주주의의 기초 단

42　鈴木健(스즈키 겐).《なめらかな社会とその敵(매끈한 사회와 그 적)》, 勁草書房, 2013, 10쪽.

위가 인간 개체가 아니다. 민주주의의 범위가 더 넓다.

스즈키 겐은 민주주의의 조건으로 '자기 자신의 일을 자기 스스로 결정하는' 자율성을 중시한다.[43] 자기 일은 자기가 정한다. 당연한 말처럼 들리기도 하지만 이때 '자기'란 무엇인가. 자기가 있으면 자기 이외도 있다. 하지만 그가 보기에 그 경계의 실재는 의아스럽다. 오히려 생명과학으로 보면 자기와 자기 이외의 경계는 국면에 따라 동적으로 생성한다고 볼 수 있다. 이러한 사고방식을 '오토포이에시스(autopoiesis)'*라고 부른다. 그는 이렇게 다양한 앎을 참조한 끝에 최종적으로 개인뿐 아니라 지역, 기업, 국가 같은 온갖 경계가 모두 '매끈하게' 횡단하고 의식과 욕망이 네트워크로 연결되어 사회라는 커다란 체제가 성립한 '새로운 민주주의'라는 전망에 도달한다. 그곳에서 민주주의는 인간을 뛰어넘어 세계를 구성하는 질서의 원리 자체가 된다. 자연 자체가 된다. 스즈키 겐 자신은 언급하지 않았으나 그의 사상은 실로 일반의지를 사물의 질서에 비유한 루소 사상을 계승했다고 말할 수 있다.

그가 제시한 전망은 무척 아름답다. 하지만 민주주의가 자연과 일체화한다는 것은 그곳에 인간이 있을 자리가 없다는 뜻이다. 그는 분인 민주주의가 '자기의 결정화(結晶化)'를 '부정'하는 '새로운 사회 규범'의 사상이라고 서술한다. 그 안에서 '"나라는 형태'가 다양한 부분 그래프가 되어 소셜 네트워크에 섞

---

43 위의 책, 130쪽.
* 자신이 스스로 자신을 제조하거나 재생산한다는 것을 의미한다.

여 들어간다"고 한다.[44] 민주주의의 이상을 이루어내기 위해서
는 개인, 주체, 고유명을 해체하고 사람들은 집단 안에 섞여 들
어가야 한다고 생각한 점에서 분인 민주주의는 인공지능 민주
주의와 가치관을 공유하고 있다.

권력은 당신에게 죽음을 명령한다. 전쟁터에 나가 적과 싸
우라고 명령한다. 당신은 가고 싶지 않다. 하지만 가야 한다. 가
고 싶지 않다는 생각은 당신의 '착각'일 뿐 실은 가고 싶을 것이
라고들 말한다. 왜냐하면 빅데이터 분석에 의하면 현재 '당신
과 비슷한 사람들' 대다수가 전쟁터에 나가 적과 싸우기를 원
하고 있기 때문이다. 이것이 인공지능 민주주의의 논리이자 알
고리즘 통치성의 논리이자 현실에서 가동하고 있는 감시 사회
의 예방 구금 논리다.

실로 소름 돋는 논리다. 분명히 인공지능의 관점으로 보면
'나'와 '나와 비슷한 사람들'은 별반 다를 바 없다. 따라서 행동
예측이 가능하다.

그러나 현실에서 살아가는 내 관점으로 보면 '나'와 '나와
비슷한 사람들'은 달라도 아예 다르다. '나와 비슷한 사람들'은
아무리 죽어도 내 인생에 영향이 없지만 '나'는 죽으면 끝이다.
인간은 통계의 일부가 아니라 고유한 삶을 살고 있다. 사람은
한 번밖에 살 수 없고 한 번밖에 죽을 수 없다. 적어도 사람들
은 거의 그렇게 느낀다. 이것은 이념이나 철학의 문제가 아니
라 인간이 실제로 어떻게 느끼고 어떻게 살아가느냐 하는 지극

---

44   위의 책, 174~175쪽, 226~227쪽.

히 구체적인 현실 이야기다.

그러므로 나는 인간의 사회를 생각할 때 '나'라는 고유성의 감각과 똑바로 마주하지 않는 사상은 모두 원리적 결함이 있다고 판단한다. 인공지능 민주주의는 현행 민주주의보다 효율적일지 모른다. 의사 결정이 신속하고 자원 배분이 더할 나위 없기에 사람들에게 행복을 안겨줄지 모른다. 그러나 그것이 삶의 일회성을 무시하고 사람들의 의사를 집단의 표현으로만 이해한다면 결코 지속적인 통치를 실현할 수 없다. 아무리 인간을 가축처럼 관리하는 것이 합리적이라고 해도 인간은 가축이 아니기 때문에 호된 되갚음이 돌아올 따름이다. 이것이 언어게임의 가르침이다. 그래서 우리는 정정 가능성의 철학이 필요하다.

자연과 정정 가능성

19

2020년대인 오늘날 세계에는 통치에서 불안정한 인간을 추방하고 정치적 의사 결정을 알고리즘과 빅데이터에 맡기는 편이 좋다는 사상이 대두하고 있다. 나는 이것을 인공지능 민주주의라고 이름 붙였다. 이것이 2부의 출발점이었다.

인공지능 민주주의는 무엇이 문제인가. 인민의 의지가 사회를 이끌어야 한다. 이것은 민주주의를 민주주의답게 만드는 중요한 테제다. 그러나 이것은 위험한 테제이기도 하다. 이때 상정하는 '인민의 의지', 즉 일반의지는 사실 소행적으로 발견한 통계 법칙성일 수밖에 없기 때문이다. 인공지능 민주주의는 일반의지의 관념을 단순하게 파악하고 함께 있어야 할 '정정 가능성'의 계기를 삭제해버린다. 이 점을 나는 결함이라고 생각한다.

비트겐슈타인과 솔 크립키의 언어게임론을 가지고 오면 이제까지 살펴온 논의를 다음과 같이 요약할 수 있다. 루소에 따르면 일반의지는 흡사 자연의 질서인 듯 인간 사회의 외부에 절대적으로 군림한다. 이는 게임할 때 규칙이 게임 플레이 외부에 절대적으로 군림하는 것과 마찬가지다. 루소는 시민이 일반의지에 복종해야 한다고 썼는데, 이것도 게임의 플레이어가 규칙에 복종할 수밖에 없는 것과 마찬가지다. 이러하다면 일반의지와 규칙은 단지 절대적이고 초월적인 존재에 지나지 않는다. 통치를 잘하는 것, 게임을 잘하는 것은 절대적 존재에 접근하느냐 아니냐로 정해진다.

그러나 이렇게 이해하는 것도 결함이 있다. 규칙은 플레이어를 제어하는 동시에 플레이어가 생성해내는 것이기도 하기 때문이다. 이것이야말로 언어게임론이 명확하게 밝힌 점이다. 인공지능 민주주의는 규칙이 플레이어 위에 있는 것과 마찬가지로 일반의지가 특수의지 위에 있다고 생각한다. 따라서 빅데이터를 통해 그 초월적 의지를 끌어내기만 한다면 이상적인 통치로 나아간다는 발상이 나온다. 이 발상에는 루소의 갈등, 즉 일반의지는 특수의지를 초월하는 것(자연)인 동시에 특수의지에 의해 생성되는 것(사회)이기도 하다는 점이 깨끗하게 지워져 있다.

일반의지는 절대적 힘의 원천으로서 사회 외부에 군림하는 동시에 사회 내부로부터 정정 가능한 것이기도 하다. 이는 얼핏 모순되는 듯 보인다. 하지만 이제까지 반복해왔듯 사실은 모순되지 않는다. 게임의 규칙은 게임 플레이 외부에 존재한다. 플레이어는 규칙에 일방적으로 따를 수밖에 없다. 그러나 규칙 자체는 플레이어의 예상을 벗어난 플레이나 제안에 의해 유연하게 경신할 수도 있다. 이렇듯 게임은 정정 가능성에 의해 지속된다. 일반의지를 정적이고 계획 가능한 집합적 무의식이 아니라 동적이고 정정 가능한 언어게임으로 파악해야만 우리는 전체주의 경향을 저지하고 새롭고 원대하게 《사회계약론》의 구상을 미래에 펼칠 수 있다.

일반의지는 인민 주권에 근거를 부여하는 절대적 힘의 원천인 동시에 항상 정정의 역동성에 열려 있어야 한다. 일반의지의 이중성을 제대로 이해하지 않고 소박하게 실체화함으로써 전위당의 지도, 독재자의 직감, '의식 높은' 시민의 숙의, 인공지능이 생성하는 새로운 알고리즘 같은 것에 의해 '옳은' 일반의지를 파악할 수 있고, 일반의지에 복종하면 정의의 정치를 실현할 수 있다는 생각은 인간의 커뮤니케이션에 깃든 게임의 본질을 무시한다는 점에서 매우 위험하다. 그렇게 생각하면 민주주의는 손쉽게 폭력으로 변한다. 20세기 공산주의야말로 알기 쉬운 예일 것이며, 21세기 인공지능 민주주의도 새로운 예가 되어가고 있다. 본서는 이러한 위기감을 바탕으로 쓰였다.

그러면 일반의지가 정정의 역동성에 열려 있다는 것은 구체적으로 무슨 의미일까. 8장과 9장에서는 인공지능과 정보기술이라는 화제를 떠나 다시 인문 사상의 언어로 사유를 전개하고자 한다.

일반의지의 이념을 보충하는 정정 가능성의 사상적 싹은 루소 자신의 저작에도 감추어져 있다. 8장에서는 우선 그 점을 탐구해보자.

20

루소에 대해서는 이제까지 《사회계약론》을 중심으로 읽어왔는데, 6장에도 언급했듯 그는 동시기에 《신엘로이즈》라는 소설도 썼다. 서간집 형식으로 번역본으로는 두 권에 달할 만큼 장대한 작품이다. 루소는 이 작품을 제외한 다른 소설을 발표하지 않았다.

이 소설을 출판할 때 루소는 늘 그렇듯 약간 기묘한 행동을 보인다. 《신엘로이즈》에는 '제2의 서문'이라고 불리는 긴 문장이 달려 있다. 제2라고 부르는 이유는 따로 '제1의 서문'이 있기 때문인데, 1761년 1월 암스테르담에서 간행한 초판에는 제1의 서문만 달려 있다.

제1의 서문은 짧은 글이다. 이 책에 쓴 이야기가 실화인지 가공인지, 독자의 판단에 맡기겠다는 내용이 간결하게 쓰여 있을 뿐이다. 그런데 초판을 낸 지 한 달 후, 1761년 2월 파리에서 간행된 판본에는 제2의 서문이 등장한다. 이것은 매우 긴 글이었고 대화체였다. 《신엘로이즈》의 출판을 비난하는 가공의 대화 상대를 향해 작가 또는 '서간집의 엮은이'인 루소가 질문에 대답하고 출판을 옹호한다는 내용이다.

《신엘로이즈》는 이른바 연애소설이다. 스위스 어느 호반에 사는 시골 귀족의 딸 '쥘리 데탕주'와 그녀의 가정교사인 평민 청년 '생 프뢰'가 주고받은 편지를 중심으로 그 밖의 관계자가 남긴 기록을 통해 두 사람의 연애를 그려냈다. 두 사람의 연애는 10년 동안 지속과 중단을 되풀이하다가 쥘리의 갑작스러운 죽음으로 끝을 고한다. 도덕과 종교에 관한 기술이기도 하지만 기본적으로는 단순한 연애 이야기다. 그런데 왜 장황한 서문이 필요했을까.

한마디로 그때까지 루소는 소설 집필을 비롯해 예술 활동에 부정적인 견해를 표명하고 있었기 때문이다. 그는 인간이 자연 상태로 온전히 행복했는데 문명이 인간을 타락시켰을 뿐이라고 주장했다. 이리하여 필연적으로 예술도 인간을 타락시켰다는 견해가 나온다.

실제로 루소는 명시적으로 그렇게 주장했다. 철학자라는 이력의 시작이었던 《학문 예술론》에는 예술이란 "인간을 묶고 있는 쇠사슬을 꽃다발로 뒤덮어버리는 것"에 지나지 않는다는 서술이 나온다.[45] 이런 사람이 젊은 남녀의 연애 이야기를 소설로 쓴다는 것은 명백히 모순으로 보인다. 그 자신도 이 점을 자각하고 있었다. 《고백》에는 다음과 같은 대목이 쓰여 있다. "내가 당혹스러워한 점은 그런 식으로 아주 확실히, 그것도 공공연하게 자기 자신과 모순을 일으킨다는 부끄러움이었다. (…) 연애소설 또는 유약함을 안겨주는 여성적 글에 반대해 그토록 격렬하게 매도하다가 정작 본인이 엄중하게 비난하던 글을 쓴

---

45   山路昭(야마지 아키라) 옮김, 《ルソー全集》 제4권, 16쪽.

저자로서 스스로 이름을 적어 넣는 꼴을 보는 것만큼 예상을 벗어나고 비위가 상하는 일을 상상할 수 있을까."[46]

루소는 창작의 가치를 부정했다. 그런데도 창작을 시작했다. 《신엘로이즈》는 이 모순에 대한 변명으로 시작한다. 실제로 모순을 지적하고 비난한 사람도 자신이고 반론을 편 사람도 자신인데, 여하튼 시작은 변명이다. 루소를 읽는 작업의 번거로움은 소설이라고 해서 별반 다를 바 없다. 루소 저작에서 정정 가능성의 사상을 발견하는 작업은 우선 여기가 출발점이다.

루소는 왜 이런 변명을 준비하면서까지 소설을 썼을까. 일반적으로 단순히 변덕이 일어났기 때문이라고들 한다. 사교계에 염증을 느끼고 조용한 시골로 이사한 곳에서 마침 청춘시대의 정열이 새삼 타올라 이야기를 지어낼 마음이 들었다는 것이다.

덧붙이자면 루소는 이 소설을 집필할 때 실제로 연애도 했다. 당시 이미 40대 중반이었던 그에게는 사실혼의 아내도 있었다. 하지만 스무 살 어린 백작부인과 사랑에 빠졌다. 여성에게는 백작 남편 이외에도 애인이 있었는데 그는 루소의 친구였다. 루소와 백작부인의 관계는 정신적 사랑에 머무른 듯하지만 이 경험은 《신엘로이즈》에 대단히 영향을 미쳤다. 이 소설에는 삼각관계가 여럿 등장한다. 일부 묘사는 자기 자신의 체험을 반영했다고 한다.

여기에서는 루소의 전기적 사실은 괄호에 넣고 그가 기술

46　小林善彦(고바야시 요시히코) 옮김, 《ルソー全集》 제2권, 48쪽.

한 변명의 논리를 따라가보자. 루소의 논의는 언제나 뒤틀려 있는데 그래도 요약하면 다음과 같다.

루소의 주장은 두 가지다. 첫째는 앞서 말했듯 서사가 실화인지 허구인지 판단할 수 없는 점이 좋다고 한다. 그는 제1의 서문에서 이 소설은 연인들의 편지를 모은 것이고 그 자신은 엮은이에 지나지 않는다고 미리 못을 박아놓는다. 그렇다고 수록한 편지의 실재를 적극적으로 증명하지 않고 있기에 실제로는 루소가 창작했다는 것은 누구라도 알 수 있다. 그래도 일단은 그런 '척'을 하고 있다.

왜 그런 척을 했을까. 제2의 서문에서 루소가 상대하는 가공의 비판자는 《신엘로이즈》의 이야기가 "지극히 자연스럽고 단순하며 (…) 예상을 벗어난 일은 아무것도 없지만" 등장인물의 언어만은 "실로 꾸며낸 티가 나고 허풍스러운" 점이 좋지 않다고 비난한다.[47] 한마디로 말해 이것은 전개가 멜로드라마적인 데다 문체도 달착지근하기 때문에 봐줄 수 없다는 비난이다. 이 지적은 현대 독자의 눈으로 봐도 고개를 끄덕일 만하다. 루소는 자기 작품의 약점을 정확하게 파악했다.

루소는 이런 비판에 대해 도리어 그 약점이야말로 소설의 도전을 보여주는 것이라고 반론한다. 그는 소설이 서투르고 변변치 못하다는 점이야말로 소설에 진실성을 부여하고 독자의 마음을 움직인다고 본 것이다. 루소는 다음과 같이 서술한다. "사람이 정력을 다해 이야기하는 것을 배울 기회가 있는 곳은

47　松本勤(마쓰모토 쓰토무) 옮김, 《ルソー全集》 제10권, 436~437쪽.

사교계뿐이다. (…) 신실로 사랑이 쓰게 만든 편시, 신실로 정열이 담긴 연인의 편지는 야무지지 못하고 장황하고 지루하며 실로 투덜투덜 뒤죽박죽 똑같은 말만 되풀이한다. (…) 그들의 오류는 현자의 지식보다 가치가 있다."[48] 교묘한 말은 그것만으로도 거짓말 냄새를 풍기며 독자의 마음을 붙잡지 못한다. 따라서 소설은 실화인 척해야 한다. 그러기 위해서는 치졸한 문체로 쓸 필요도 있다. 제2의 서문에 따르면 루소는 이 소설을 쓸 때 일부러 단어 철자를 틀리거나 지명을 잘못 기재하기도 한 듯하다.

둘째는 자기 작품이 도시가 아니라 시골에서 읽히기를 바랐고, 그렇기 때문에 좋다고 루소는 주장한다.

제2의 서문에서 루소는 반복적으로 도시와 시골을 대비한다. 도회의 문학은 무력하다. 도회 사람은 작품 자체와 제대로 마주하지 않고 "읽었다는 것을 남에게 보여주기 위해 서둘러 읽는 일"밖에 하지 않기 때문이다. 도시에서 작품은 사교의 수단에 불과하다. 하지만 시골은 사정이 다르다. 시골에는 사교의 공간이 없다. 그래서 사람들은 남에게 보여주기 위해서가 아니라 있는 그대로 작품과 제대로 마주할 수 있다. 작가도 '커다란 사회의 도덕'이나 '자기와 다른 처지의 매력'에 휘둘리지 않고 현실의 '독자가 완수해낼 수 있는 의무'를 묘사할 수 있다. "명성을 좇으려고 한다면 파리에서 읽혀야 한다. 사람들에게

---

48 위의 책, 438~440쪽.

도움을 주고 싶다면 시골에서 읽혀야 한다."[49]

이 두 가지 주장은 깊이 연관되어 있다. 루소에게는 진실과 거짓, 자연과 문명, 도회와 시골이라는 이항 대립이 서로 이어져 있기 때문이다.

제2의 서문 말미에서 루소는 비판자에게 다음과 같이 말하게 한다. "이것이 모두 지어낸 이야기에 불과하다면 당신은 확실히 나쁜 책을 지어낸 것이 된다. 그런데 두 여성이 실제로 존재했다고 당신이 말한다면 나는 죽을 때까지 매년 이 서간집을 다시 읽겠다."[50] 나아가 비판자인 상대는 다시 거짓인지 진실인지 묻는다. 하지만 루소는 대답하지 않는다. 즉, 《신엘로이즈》는 진실과 거짓이라는 이항 대립으로 들어가지 않겠다는 선언으로 시작하는 소설인 셈이다.

왜 이항 대립을 피할까. 앞에서 서술한 대로 그렇게 해야 소설이 더욱 설득력 있어 보이기 때문이다.

그러나 그것만은 아니다. 기묘하게 얼버무리기는 루소의 철학 전체에서 비롯한다. 다시 말하지만 그의 철학에서는 자연과 문명, 자연과 사회, 자연과 인위, 사물과 사회 같은 이항 대립이 선과 악, 진실과 거짓 같은 가치 판단과 떼어내기 어려울 만큼 밀접하다. 자연은 선이고 진실, 문명은 악이고 거짓, 모든 불평등은 인위에서 생겨나고 사람은 자연으로 돌아가야 한다

---

49   위의 책, 443·446·447쪽.
50   위의 책, 454쪽.

는 것이 루소의 기본 구조였다. 이는 매우 알기 쉽다. 그러니까 그는 도시를 떠났고 학문과 예술도 부정했다.

그렇지만 루소는 40대 중반에 소설을 쓰고 말았다. 다시 말해 거짓에 손을 담그고 말았다. 이 선택은 그에게 독특한 뒤틀림을 강요한 셈이다.

루소는 제2의 서문에서 "[이상적인 소설에서는] 모든 인위적인 것을 멀리해야 한다. 모든 것을 자연으로 돌려놓아야 한다"고 서술한다. 대화 상대의 말이지만 그 자신의 생각을 표현한 것이기도 하다. 소설은 말할 것도 없이 인위적이다. 그래도 '모든 것을 자연으로 돌려놓아야 한다'는 것은 명백한 모순으로 들린다. 이 모순을 어떻게 해결할 수 있을까. 루소는 "공상에 의한 저작에 있을 수 있는 유일한 효용을 위해서는 저자가 지향하는 바와 반대 방향으로 작품을 이끌어야 한다"고 쓴다.[51] 독자를 작가의 의도대로 유도하기만 해서는 인위적인 것이 승리한다. 작가의 의도를 넘어선 곳으로 독자를 유도할 수 있어야 소설은 비로소 인위적이면서도 '자연으로 돌아가는' 효과가 있다. 루소는 그렇게 생각했다. 그래서 그는 서문에 자신은 《신엘로이즈》의 저자가 아니라고 주장한 것이다.

여기에서 《사회계약론》의 독해를 떠올려보자. 6장에서 논한 바와 같이 루소는 자연이 선이고 문명이 악이라고 말하면서도 사회계약설을 계승하고자 했다. 그 결과 일반의지는 인위의 산물이면서 자연의 산물이라고 주장할 수밖에 없었다. 바꾸

---

51 위의 책, 445쪽.

어 말하면 일반의지는 자연과 문명의 이항 대립을 흔드는 독특하고 왜곡된 개념이 될 수밖에 없었다.

이와 비슷한 뒤틀림이 《신엘로이즈》에도 작용한다. 루소는 자연이 선이고 문명이 악이라고 말하면서도 소설을 쓰고 말았다. 그 결과 그는 텍스트 자체가 일반의지와 마찬가지로 창작이면서 창작이 아니라고, 다시 말해 인위의 산물이면서 자연의 산물이라고 주장할 수밖에 없었다.

이는 루소의 '자연'에 깃든 개념적 뒤틀림이라고 파악할 수 있다. 루소는 자연을 찬양하고 '자연으로 돌아가라!'고 주장한 철학자로 알려져 있다. 하지만 이 유명한 슬로건은 사실 그의 말이 아니다. 루소의 자연관은 훨씬 복잡하게 뒤얽혀 있다.

이 뒤틀림을 이해하기 위해서는 《신엘로이즈》와 비슷한 시기에 쓰인 《피그말리온》이라는 짧은 각본이 중요하다. 음악 반주가 딸린 이 촌극은 마지막에 몇 단어만 주인공이 아닌 인물의 대사일 뿐 대체로는 독백극으로 분류되어 있다. 《사회계약론》을 간행한 1762년에 쓰였고 1770년에 리옹에서 초연되었다. 당시는 음악 반주가 딸린 독백극이라는 형식 자체가 새로웠기 때문에 상업적으로 큰 성공을 거두었다.

표제에 나오는 '피그말리온'은 그리스 신화에 등장하는 조각가의 이름이다. 그는 자기가 조각한 작품인 '갈라테이아'를 사랑하여 결국 아내로 삼았다. 이 신화에서 발상을 얻은 루소는 피그말리온의 사모하는 마음에 응답해 갈라테이아가 생명을 얻는 기적의 순간을 그려낸다. 요컨대 이 작품의 주제는 창작불이 자연으로 변하는 순간이다.

다만 루소의 각본은 거기에서 끝나지 않는다. 루소는 갈라테이아가 자신의 새로운 몸을 만진 뒤 피그말리온의 몸을 만지는 관능적 장면을 설정하고 조각가가 자신의 피조물을 부둥켜안고 일체화하는 순간을 이상적으로 그려냈다. 피그말리온은 고독한 천재다. 그가 이상적인 여성과 만나 하나가 되어 행복해진다. 《피그말리온》을 단순히 요약하면 그런 이야기다. 자연=여성으로 회귀하는 일을 더할 나위 없이 낭만적으로 긍정하는 듯 보인다. 하지만 지금 소개한 내용으로 알 수 있듯 자연=여성은 애초에 피그말리온이 제작한 인공물이다. 이처럼 루소에게 자연과 인위의 대립은 때로 뒤틀려버린다.

루소는 분명히 자연을 예찬했고 문명을 비판했다. 그러나 그의 글을 곰곰이 읽어보면 예찬하는 자연 안에 복합적인 뒤틀림이 숨어 있을 때가 적지 않다. 《피그말리온》이 전형적이다.

비슷한 뒤틀림을 《신엘로이즈》에서도 발견할 수 있다. 루소는 제1의 서문 첫머리에서 "대도시에는 연극이 필요하고 부패한 국민에게는 소설이 필요하다"고 서술한다.[52] 여기에서 연극은 문명을 상징한다. 국민은 시골 사람을 의미한다. 도시와 시골의 대립은 문명과 자연의 대립과 연동되어 있다.

도시 사람은 사교에 물들어 있고 자연스러운 사랑을 잊고 있다. 따라서 하다못해 시골 사람만이라도 그의 소설을 읽고 '부패'를 벗어나 자연으로 돌아가기를 바란다. 루소는 이러한

52　松本勤(마쓰모토 쓰토무) 옮김, 《ルソー全集》 제9권, 13쪽.

희망을 품고 있기에 시골 사람들이 그의 소설을 읽어주었으면 좋겠다고 썼다.

그러나 돌아가야 할 곳으로 설정한 자연은 처음부터 루소 자신이 만들어낸 것에 지나지 않는다. 시골이 진정한 자연이 아니라 인위적으로 만들어낸 자연일 수밖에 없듯 말이다. 나중에 논의하듯 《신엘로이즈》의 후반은 '만들어진 자연'을 주제로 삼는다. 자연의 위치는 실로 피그말리온이 만들어낸 갈라테이아와 같다.

21

루소는 자연과 인위를 대립시키는 철학자였다. 하지만 때로 자연을 지키기 위한 인위＝창작을 이용하는 모순된 과제를 떠맡았다.

모순의 구조를 명확하게 밝히기 위해 잠시 《신엘로이즈》를 떠나 동시기에 쓴 다른 저작을 참고하기로 하자. 그 저작의 주제는 연극이다. 제1의 서문 첫머리에도 나와 있듯 루소는 때로 연극과 소설을 대립시킨다. 그래서 그의 연극론을 따라가다 보면 소설에 대한 기대를 엿볼 수 있다.

루소는 《신엘로이즈》를 간행하기 3년 전인 1758년 《연극에 관해 달랑베르 씨에게 보내는 편지》*를 내놓았다. 이 저작

＊　한국어판은 《공연에 관하여 달랑베르 씨에게 전하는 편지》(이효숙 옮김, 지식만드는지식, 2023)로 출간되었지만, 여기서는 아즈마 히로키의 논지를 이어가기 위해 일본어 번역본의 제목을 그대로 따른다.

은 제목에 있는 바와 같이 달랑베르라는 인물에게 보낸 공개 서한이다. 여기에서 '연극'이라고 번역한 말은 spectacle(스펙터클)이라는 프랑스어인데 오늘날에는 '구경거리'라고 자주 번역된다. '연극'과 '구경거리'는 어감이 다르지만 일본어판 전집에는 그렇게 되어 있다. 또 théâtre(테아트르)라는 프랑스어는 '극장' 또는 '연극'이라고 번역해놓았다.

편지를 보내는 장 르 롱 달랑베르는 루소보다 여섯 살 아래의 파리 출신 철학자다. 당시 그는 같은 연배의 드니 디드로와 더불어 《백과전서》라는 거대한 백과사전의 편찬 사업을 벌이고 있었고, 그는 제7권에 '제네바' 항목의 해설을 집필했다. 여기에서 달랑베르는 제네바가 좋은 도시임에도 연극을 금지하는 것이 결함이므로 연극을 일으켜야 한다고 썼다.

루소는 이 제언에 강하게 반발했다. 제네바는 그가 태어난 고향이고 각별한 마음이 드는 곳이기도 했다. 그는 달랑베르에게 반론을 담은 긴 편지를 쓰고 나중에 출판했다. 이것이 바로 《연극에 관해 달랑베르 씨에게 보내는 편지》다. 루소는 편지에서 극장 설립에 반대할 뿐 아니라 연극의 사회적 효용을 거의 전면적으로 부정한다.

루소는 왜 연극을 부정했을까. 전집에 붙인 옮긴이 해설에 의하면 정치 때문인 듯하다.[53] 연극을 인정하느냐 인정하지 않느냐는 당시 제네바에서 종교, 계급, 외교 등과 관계있는 민감한 화제였다. 연극을 지지하는 쪽에는 계몽사상에 익숙한 상류

53　《ルソー全集》 제8권, 554쪽 이하.

계급이 많았고 연극의 위험을 주장하는 쪽에는 종교적 전통을 지지하는 하층 시민이 많았다. 당시 독립한 작은 공화국이었던 제네바는 16세기 종교개혁까지 거슬러 올라가는 프로테스탄트 전통을 자랑했다. 그 역사 속에서 연극 금지라는 정책이 생겨났다. 뒤집어 말하면 연극의 해금은 열강의 세속문화 수용과 직결된 문제였다. 이 상황에서 프랑스인 달랑베르가 연극을 일으키라고 한 제언은 정치적 함의가 강했다. 루소는 그 점에 반발하여 이른바 애국자로서 달랑베르를 비판한 것이다.

그렇지만 여기에서도 전기적 사실은 좀 괄호에 넣어두고 일단 루소가 구성한 논리에 집중해보자. 그는 어떤 논리로 연극을 부정했을까.

루소의 논의는 요약하기 어렵지만 그래도 애써서 정리해보면 다음과 같은 두 가지를 끌어낼 수 있다.

첫째, 연극은 거짓이다. 배우는 "자기 자신을 속이는 기술, 자신의 성격과 다른 성격을 뒤집어쓰는 기술, 현실에 존재하는 자신과 다르게 보이는 기술"이 뛰어난 사람이다.[54] 배우가 아무리 무대 위에서 슬픔을 연기하고 정의와 공정을 외친다고 해도 관객은 결코 참이라고 받아들이지 않는다.

루소가 생각하기에 연극의 표현이 힘을 가지면 건전한 통치를 위협하는 부정적 효과를 미친다. 왜냐하면 그 힘은 공과 사의 갈등을 은폐해버리기 때문이다.

---

54 西川長夫(니시카와 나가오) 옮김, 위의 책, 98쪽.

루소는 다음과 같이 서술한다. "인간의 마음은 자신과 개인적으로 관련이 없는 일에는 언제나 옳다." 그러나 "우리 자신의 이해관계가 섞여 들어갈 때 우리의 감정은 곧바로 부패"한다. 이렇게 날카로운 모순이 있는데도 연극을 볼 때 사람들은 "추호도 아무런 부담도 느끼지 않고 허구에 눈물을 흘릴 수" 있다.[55]

《사회계약론》의 언어로 바꾸어 표현하면 이는 특수의지와 일반의지의 갈등을 둘러싼 문제에 대한 지적이다. 특수의지는 사적 이해일 뿐이다. 통치를 유지하기 위해서는 공공의 일반의지가 필요하다. 따라서 특수의지와 일반의지는 때로 충돌한다.

그런데도 연극을 볼 때 사람은 자신의 특수의지(사적 이해)가 위협받는다는 위험을 의식하지 못한 채 일반의지(공적 감정)에 동조해버릴 수 있다. 루소는 여기에 속임수가 있다고 생각한다. 그는 다음과 같이 이어나간다. "그[관객]는 자신에 대해 조금도 미덕을 바라지 않습니다. 왜냐하면 미덕은 자신에게 비싸게 먹히기 때문입니다. 그러면 도대체 그는 무엇을 보러 연극 공연에 갈까요. 정말 그가 곳곳에서 보기를 바라는 것은 바로 그 자신은 포함하지 않는 공중(公衆)을 위한 미덕에 관한 다양한 교훈, 나아가 그 자신에게는 아무것도 요구하지 않고 그들의 의무를 위해 모든 것을 희생하는 사람들입니다."[56]

---

55   위의 책, 36~37쪽.
56   위의 책, 36~37쪽.

둘째, 연극은 친밀하고 자율적인 논의의 공간을 파괴한다. 루소에 따르면 당시 제네바의 시민들은 여기저기에서 세르클(cercle, circle)이라고 부르는 소규모 모임을 만들었다. 이때 '모임'이라고 번역한 프랑스어 société(소시에테)는 '사회'라고 번역할 수도 있다.

세르클 모임은 12명에서 15명쯤 되는 남성 시민으로 구성된 '작은 사회'다. 주로 식사와 소풍 같은 오락을 위한 모임이고 '끝날 줄 모르는 수다'가 특징으로, 정치 토론의 모체가 되기도 했다. 루소는 그곳에 "공화주의적 습속에 어울리는 단순하고 소박한 것"이 있고 작은 사회가 흩어져 있음으로써 제네바의 통치는 건전해졌다고 기술한다.[57]

실로 연극의 도입은 '작은 사회'를 파괴하고 건전한 통치를 파괴한다. 그는 다음과 같이 주장한다. "이 [연극의] 성공은 우리 [제네바의] 습속을 공격함으로써 간접적인 방식으로 우리의 정치체제를 공격할 뿐만 아니라 집단 전체를 건전한 상태로 유지하기 위해 국가의 다양한 부분에 골고루 퍼져야 할 형평을 무너뜨림으로써 직접적인 방식으로 우리의 정치체제를 공격한다."[58]

왜 연극은 친밀한 사회를 파괴할까. 실은 이 점에 대해 《연극에 관해 달랑베르 씨에게 보내는 편지》에는 별다른 설명

---

57 위의 책, 120~121쪽.
58 위의 책, 136쪽.

이 없다. 굳이 말을 보태자면 이렇다. 모두 연극을 보러 가면 소수 인원이 모이는 시간이 없어진다. 모두 연극에만 관심을 기울이면 동료 사이에 화제가 없어진다. 모두 연극에만 돈을 쓰면 빈부 격차가 커진다….

이제 다른 저작을 참고해 보완해보자. 당시 연극은 새롭게 나타난 거대한 오락 산업이었다. 연극의 도입은 사회 전체를 변화시키는 힘이 있었다. 대형 극장을 건설할 필요가 있었고 다수 시민이 매일 밤 연극을 보는 새로운 습관도 필요했다.

루소는 이 같은 변화로 사교의 필요성이 늘어나리라는 우려를 여러 번 표명한다. 이를테면 《신엘로이즈》에는 주인공 생프뢰가 파리에서 연극 문화를 접하고 감상을 적은 편지가 몇 통 실려 있다. 거기에는 다음과 같이 신랄한 비판이 적혀 있다. "[파리에서는] 모두 연극을 즐기기 위해 극장에 가는 것이 아니라 사람들이 모여 있는 것을 보러 가거나 사람들에게 보여주기 위해, 또는 연극이 끝난 다음 이야깃거리를 주우러 가는 것입니다. 그리고 보고 있는 것을 마음에 담아두는 까닭은 나중에 말할 거리를 찾아두기 위해서일 뿐입니다."[59] 연극을 본다는 것은 사교계에 가는 일일 따름으로 실은 아무도 무대를 보고 있지 않다. 주인공의 감상을 적는 형식이지만 누가 보더라도 루소 자신의 관찰일 것이다.

사교의 확대가 왜 문제일까. 이는 《사회계약론》의 논의와

---

59 《ルソー全集》 제9권, 292쪽. 제2부 서한 17. 이하 《신엘로이즈》 본문 인용에는 서한 번호를 붙인다.

관련 있다. 6장에 서술했듯 루소는 일반의지가 토의와 합의를 통해 생겨난다고 생각하지 않았다.

일반의지는 확실히 특수의지의 집합이다. 다만 사회계약에 따라 한꺼번에 출현할 뿐 시민의 논의를 통해 생겨나는 것이 결코 아니다. 루소는 오히려 시민이 모여 논쟁하거나 당파를 형성하여 상호 이해를 조정하는 과정이 특수의지의 표출을 왜곡하고 일반의지의 형성을 방해한다고 생각했다(제2편 제3장). 사교에 관해서도 똑같이 말할 수 있다. 사교란 타자의 시선을 의식하기에 시민 한 사람 한 사람이 특수의지의 표출을 왜곡하는 행위이기 때문이다. 연극은 실로 사교를 강화하는 행동이므로 일반의지의 형성을 저해하고 건전한 통치를 가로막는다는 결론이 나온다.

이와 같은 우려는 21세기에도 유효하다. 연극이 사회를 무너뜨린다는 주장에 당황하는 독자도 앞서 인용한 구절, 즉 "모두 연극을 즐기기 위해 극장에 가는 것이 아니라"를 "모두 작품의 질을 추구하기 위해 링크를 클릭하는 것이 아니라"로 치환하면 웬만큼 상상력이 작동하지 않을까. 루소의 염려는 현대 오락에도 적용할 수 있다. 트위터나 유튜브의 도입으로 사람들이 '좋아요'와 리트윗만 신경 쓴다. 요컨대 허식과 사교만 추구할 뿐 친밀한 대화와 감상의 공간이 부서져 사회가 황폐해지는 사태에 이르고 있다. 이는 실로 오늘날 세계가 직면하고 있는 포퓰리즘 문제 자체가 아닌가.

22

그러면 다시 《신엘로이즈》로 돌아가자. 여기까지 살펴본 연극론을 뒤집으면 루소가 왜 소설 집필에서 가능성을 발견했는지, 왜 서문에서 '진실'과 '시골' 문제에 매달렸는지, 그 이유를 감지할 수 있다.

첫째, 루소는 연극이 거짓이니까 사회를 무너뜨린다고 주장했다. 연극의 언어는 완전히 거짓이다. 의심할 바 없이 배우가 눈앞에서 타인처럼 행동하고 말하고 있기 때문이다.

그러나 소설은 그렇지 않다. 적어도 루소의 소설은 그렇지 않다. 《신엘로이즈》는 서간집이고 겉으로 봐서는 진실인지 거짓인지 결정할 수 없다. 그래서 그는 소설이 연극처럼 뻔한 괴리를 일으키지 않고 일반의지의 형성을 방해하지 않는다고 생각할 수 있었다.

둘째, 루소는 연극이 '소규모 사회'를 무너뜨리기 때문에 사회를 무너뜨린다고 주장했다. 하지만 소설은 그런 파괴력이 없다. 적어도 《신엘로이즈》에는 없다. 이 책은 도시에서 읽히지 않을 것이기 때문이다.

루소에 의하면 도시에서는 "책을 읽는 사람이 책을 읽는 정도로는 끊어낼 수 없는 쇠사슬로 사회의 악덕에 얽매여 있다". 이때 악덕이란 사교를 가리킨다. 하지만 "사람이 북적거리는 사회에서 멀어질수록 장애도 줄어들고", 어느 지점을 넘어 시골로 들어가면 "고독하게 살 수" 있기에 "책이 얼마간 효용을 지닐 수 있다".[60] 여기에서 고독은 글자 그대로 혼자라는 뜻이 아니라 세르클 모임 같은 작고 친밀한 자리에 있는 것을 의미한다. 루소는 자기 작품이 이상적으로 받아들여지는 상태를 다음과 같이 서술했다. "나는 남편과 아내가 함께 이 서간집을 읽고 공동의 일을 견뎌내는 새로운 힘을 길어내고 일을 효과적으로 해내기 위한 새로운 관점을 찾아낼 것이라고 기꺼이 생각합니다."[61] 그는 《신엘로이즈》라는 소설을 어디까지나 작고 친밀한 관계에서 읽히기를 기대하고 써냈다. 그렇게 읽힌다면 허구를 수용해도 사교를 산출하지 않을 테고, 그러면 일반의지의 형성을 저해하지 않기 때문이다.

도회지는 거짓과 사교로 가득 차 있다. 연극은 이 상태를 강화할 수밖에 없다. 한편, 시골에는 진실한 사랑이 남아 있다. 소설은 사랑을 지키고 키울 수 있다. 이렇듯 연극과 소설의 대립은 거짓과 진실, 도시와 시골, 문명과 자연이라는 대립과 연관되어 있다. 《연극에 관해 달랑베르 씨에게 보내는 편지》에 나오는 연극 부정론과 《신엘로이즈》에 실린 서문은 거울처럼 서로를 비추는 텍스트다.

루소는 원래 창작을 부정하는 철학자였다. 창작이란 본질적으로 거짓을 지어내고 거짓의 유통은 자연을 왜곡하고 일반의지도 왜곡해버리기 때문이다. 그런데 그는 소설을 쓰고 말았다. 그는 진실인지 거짓인지 알 수 없는 말로 친밀한 '소규모 사

---

60 《ルソー全集》제10권, 443쪽.
61 위의 책, 447쪽.

회' 안에서만 유통하는 작품을 쓴다면 폐해도 최소화할 것이라고 주장했다. 이것이 바로《신엘로이즈》제2의 서문에 담은 내용이다.

그러면 루소는 왜 무리하게 방어선을 그으면서까지 창작에 손을 담그고 말았을까. 다시 이 최초의 물음을 생각해보자.

전술한 바와 같이 일반적으로 루소의 창작 동기에 대해서는 전기적 사실을 바탕으로 작가의 심리가 변화했기 때문이라고 설명한다. 하지만 이제까지 살펴왔듯 거기에는 특별히 사상적 문제의식도 깔려 있는 것으로 보인다.

나는 6장에서 루소의 사상을 떠받치는 '말았다' 논리를 언급했다. 인간은 자연 상태에서도 행복했다. 그런데 사회 상태로 이행하고 '말았다'. 자연 상태에서 사회 상태로 이행한 것은 결코 필연적이지도 않았고 바람직하지도 않았다. 그저 일어나고 말았기 때문에 어쩔 수 없다. 인간은 소행적으로 사회계약의 필연성을 재구축할 수밖에 없다. 나는 루소 철학의 핵심에 이러한 굴절이 담겨 있다고 이해하고 있다.

'말았다'의 과정은 결코 과거에 생겨난 것만은 아니다. 지금도 생겨나고 있고 앞으로도 생겨날 수 있다. 루소는《연극에 관해 달랑베르 씨에게 보내는 편지》에서 이렇게 부르짖었다.

제네바에는 소박한 사람들이 살고 있다. 시민은 세르클 모임을 만들어 친밀하고 공화주의적인 관계를 즐긴다. 그런데 일단 극장을 설립해버리면 그들은 허식과 사교의 유혹에 빠지고 악덕에 물들어 건전한 통치를 왜곡하고 '말' 것이다. 이것이 1750년대 중반 루소가 우려한 바였다. 그러므로 그는《연극에 관해 달랑베르 씨에게 보내는 편지》에서 '말았다'에 대해 경종을 울리는 동시에 악덕의 진행을 저지하기 위해 다른 대항 수단을 마련하려고 생각했다. 이때 떠오른 것이 《신엘로이즈》의 창작이 아니었을까. 나는 그렇게 추측한다.

이 소설은 인위로 자연을 지키고 거짓으로 진실을 지키고 창작으로 순수한 사랑을 지킨다는 모순적인 과제를 떠안았다. 그래서 실화처럼 보이는 서간 형식의 연애소설 형식을 취했다. 이미 루소는 자연의 가치를 칭송하기만 하는 이론가가 아니다. 자연을 지키기 위해서는 인위가 필요하다는 역설을 딛고 자연을 날조하려는 실천가로 탈바꿈하고 있다.

또다시 《피그말리온》을 참조하면 이러한 루소의 행보는 대리석 여신에게 거짓 생명을 불어넣은 피그말리온의 모습 자체이기도 하다. 독백극의 주인공은 《신엘로이즈》를 쓴 작가 자신의 자화상이기도 하다.

그렇다면 《신엘로이즈》는 본서가 '정정 가능성'이라고 부르는 문제와 정면으로 맞붙은 저작이라고 볼 수 있다.

여기에서 정정 가능성이란 일반의지의 옳음, 오늘날 맥락으로 말하면 **자연의 순수함**이 절대적인 것으로 나타나는 동시에 소행적으로 재구성할 수도 있다는 이중적 성격을 의미한다. 《신엘로이즈》의 집필은 분명히 그러한 이중적 실천의 산물이다. 생 프뢰와 쥘리의 이야기는 누가 보더라도 거짓이다. 루소의 창작에 지나지 않고 무엇 하나도 자연이 아니다. 그런데도 루소는 거짓을 유통시켜 사람들의 자연을 지킨다고 주장한다.

루소는 《사회계약론》과 《신엘로이즈》를 거의 동시에 출판했다. 전자는 논리적으로 일반의지를 논의하고 후자는 창작을 통해 정정 가능성을 실천했다. 오늘날 대다수 철학자나 정치학자는 정치사상의 루소와 낭만주의의 루소를 지나치게 명확하게 분리하고 양자의 상보 관계를 간과하고 있지는 않을까.

23

그러면 소설 자체를 읽어보자. 《신엘로이즈》는 내 생각에 자연의 절대성을 부르짖는 동시에 절대성 자체가 정정 가능하다는 것을 제시하려고 한 작품이다. 루소는 이 주제를 어떻게 표현했을까.

다시금 되풀이해서 말하지만, 《신엘로이즈》는 연애소설이다. 그것도 아주 달콤한 연애소설이다.

주인공은 생 프뢰라는 청년과 쥘리라는 소녀다. 생 프뢰는 평민이고 쥘리는 귀족이다. 이야기가 시작될 때 청년은 19세, 소녀는 17세, 청년이 소녀의 가정교사라는 설정이다.

소설의 무대는 스위스의 보(Vaud) 지방으로 레만 호수가 있는 브베(Vevey)라는 지방 도시와 주변 지역이다. 소설 후반의 중심 배경은 브베 근처 클라랑(Clarens)이라는 작은 마을이다. 도중에 생 프뢰가 발레(Valais) 지방(알프스)과 파리로 가서 쥘리에게 편지를 보내는 일이 있으나 대체로 브베 주변의 작은 지역으로 한정된다. 덧붙여 레만 호수 근처에는 루소가 태어난 고향 제네바가 있고, 브베는 루소의 첫사랑 프랑수아즈-루이즈

드 바랑 부인이 태어난 고향이기도 하다.

소설은 두 사람이 10대 말부터 30대가 될 때까지 10여 년 동안 주고받은 편지를 모은 서간집 형식을 취한다. 두 사람 이 외의 인물, 쥘리의 친구이자 동갑인 사촌 자매 클레르, 생 프뢰의 친구인 영국 귀족 봄스턴 경(卿) 등이 보낸 편지도 서사적 전개에 관련해서 수록되어 있다. 우편함에 넣지 않고 쓰다 만 메모를 수록하기도 한다. 이른바 '지문'이 존재하지 않고 루소의 이야기는 드물게도 '엮은이' 주석이라는 형태로 삽입했을 뿐이다.

소설 안에 날짜는 명시하지 않았으나 연구자는 서사적 전개 기간이 13년, 즉 1723년부터 1745년까지라고 추정한다. 이는 소설 첫머리를 출판한 지 30년쯤 지난 과거로 설정했음을 의미한다. 루소가 실화일지도 모른다고 쓴 까닭은 설정이 그러했기 때문이다. 이 계산에 따르면 생 프뢰는 루소와 나이가 거의 비슷하다.

줄거리는 다음과 같다. 생 프뢰와 쥘리는 서로 한눈에 반했다. 독자는 소설 앞머리에 들어서자마자 갑자기 길게 이어지는 민망하고 간질거리는 연애편지를 읽어야 한다.

그러나 밀월의 시간은 길지 않다. 쥘리의 부친 '데탕주 남작'이 딸과 생 프뢰의 교제를 인정하지 않기 때문이다. 부친은 외국 출신의 친구 '볼마르'를 약혼자로 지명한다. 볼마르와 쥘리는 부모와 자식만큼 나이 차가 난다. 쥘리는 내키지 않지만 부친의 명에 따를 수밖에 없다. 쥘리와 생 프뢰의 서신 교환은 서서히 비극성을 띠어가지만, 클레르 같은 협력자 덕분에 몰래 교제를 이어간다. 그러다가 육체적 관계도 맺는다. 2년쯤 시간이 지났을 때 1735년 쥘리의 부친에게 밀회가 발각되는 바람에 생 프뢰는 브베를 떠나야만 했다. 두 사람은 결혼할 수 없는 현실을 깨닫는다. 하지만 편지는 계속 주고받으며 정신적 연대를 확인한다. 앞서 인용한 파리에 대한 편지는 생 프뢰가 머문 곳에서 보낸 것이다.

이윽고 이런 상황도 길게 이어지지 못한다. 비밀 교제가 알려져 데탕주 남작이 격노했기 때문이다. 결혼을 강제로 밀어붙이려는 부친의 뜻을 쥘리도 받아들일 수밖에 없다. 이리하여 1738년 봄부터 여름에 걸친 시기에 쥘리는 볼마르와 결혼한다.

생 프뢰는 쥘리가 보낸 마지막 편지를 통해 볼마르와 결혼했다는 사실과 함께 과거에 그녀가 아이를 두 번 임신한 적이 있으나 그에게 알릴 틈도 없이 불행하게도 유산했다는 사실을 알았다. 생 프뢰는 충격을 받고 자살을 생각하지만 봄스턴의 설득으로 자살을 멈춘다. 그는 1740년 가을 봄스턴의 소개로 영국 해군의 세계 일주 항해에 동행하면서 오랜 기간 유럽을 떠난다.

《신엘로이즈》는 꽤 긴 소설이다. 일본어판 전집에서는 두 권이나 차지하고 이와나미 문고판에서는 네 권으로 발간했다. 지금까지 요약한 내용은 전반부일 뿐이다.

후반부는 전반부의 마지막 편지가 오간 지 4년 후인 1744년 봄부터 시작한다. 쥘리와 클레르는 스물여덟이 되었다. 각각 자식도 낳았다. 볼마르와 쥘리는 자식 셋을 낳고 클라랑에 살고 있다. 남편과 사별한 클레르는 브베를 떠나 다른 마을에 산다. 클레르는 쥘리와 달리 연애와 결혼에 무심하고 미망인으로서 당당하다.

후반부는 두 여인의 편지로 시작한다. 마침 생 프뢰가 클레르 앞으로 세계 일주를 마치고 돌아왔다는 편지를 보냈다. 클레르는 이 소식을 쥘리에게 알렸고 남편 볼마르는 생 프뢰에게 클라랑으로 초대하는 편지를 보낸다. 초대를 수락한 생 프뢰는 그해 여름 드디어 쥘리와 재회한다. 이미 두 사람의 관계를 알고 있었던 볼마르는 생 프뢰를 '친구'로 여기고 싶다고 말한다. 그의 환대에 생 프뢰는 감동한다.

후반부는 전반부와 분량이 거의 같은데 서사의 내적 시간은 비대칭적이다. 전반부에서는 8년의 세월이 흐른 데 비해 후반부에서는 1년 반밖에 시간이 흐르지 않는다.

이 비대칭성은 전반부 편지가 구체적 사건을 중심으로 기술된 것에 비해 후반부 편지는 복잡다단한 심정의 동요를 묘사하고 사랑이나 덕행 같은 추상적인 화제를 비중 있게 논의하고 있기 때문이다. 그래서 후반부는 사실 요약하기 까다롭다. 다만 루소 자신의 종교관과 사회관을 반영한다는 점을 따로 참조할 수 있다. 이를테면 후반부에는 쥘리가 신앙을 이야기하는 편지가 몇 통 수록되어 있는데 이것은 《에밀》에 실은 〈사부아보좌 사제의 신앙고백〉을 미리 선보인 것으로 볼 수 있다. 또 생 프뢰가 볼마르 부부의 농지 경영을 이야기한 편지는 루소의 자연관과 이상사회, 경제 도덕 등을 표현한 중요한 글이라고 볼 수 있다.

아무튼 사건의 전개만 단순하게 요약해보면 후반부의 줄거리는 다음과 같다. 쥘리와 재회한 뒤 생 프뢰는 세 아이의 가정교사로서 볼마르 부부와 공동생활을 시작한다. 당연하게도 생 프뢰와 쥘리 사이에는 옛 정열이 되살아나는 여러 사건이 일어난다. 하지만 표면적으로는 연애 감정이 이미 사라지고 단순한 친구가 되었다는 말이 계속 오고 간다. 가을에는 클레르가 클라랑으로 이사를 오고 겨울에는 여행을 떠났던 봄스턴도 돌아와 이들 친구들은 가족처럼 친밀한 시간을 누린다. 그러는 동안 쥘리는 생 프뢰와 클레르가 결혼하는 꿈을 꾼다. 클레르도 아주 싫지는 않다는 반응을 보인다.

해가 바뀌어 1745년 봄이 되자 생 프뢰와 봄스턴은 일 때문에 이탈리아로 떠난다. 생 프뢰가 길을 떠나자 쥘리는 7년 만에 그에게 편지를 보내 클레르와 교제하라고 적극적으로 권유하기 시작한다.

그러나 쥘리의 그러한 시도는 9월에 갑자기 중단된다. 가족과 함께 소풍을 갔다가 사소한 사고로 호수에 빠진 그녀가 열병에 걸려 생사를 넘나드는 지경에 이르러 세상을 떠나버린 것이다.

쥘리가 죽어갈 때 생 프뢰와 봄스턴은 마침 귀국하는 길이었다. 볼마르는 쥘리의 죽음을 알리는 편지를 발송할 때 쥘리가 죽음의 병상에서 써내려간 편지를 동봉한다. 이 편지가 마지막에서 두 번째로 실려 있다.

《신엘로이즈》의 독자는 그 사연에 놀라지 않을 수 없다.

왜냐하면 쥘리는 볼마르와 결혼한 이후 생 프뢰와 클레르에게 해온 모든 말을 손바닥 뒤집듯 뒤집어버리기 때문이다. 그녀가 진정으로 사랑한 사람은 생 프뢰뿐이었다고 고백한다. 또한 지금 죽을 수 있는 것이 기쁘다고도 한다. 왜냐하면 죽음을 통해 드디어 도덕을 떠나 진실한 감정으로 돌아갈 수 있기 때문이다. 그녀는 다음과 같이 적는다. "나는 이 감미로운 기대를 품고 죽어갑니다. 내 목숨을 대가로 내놓는 대신 죄를 짓지 않고 언제까지나 당신을 사랑할 권리를 얻을 뿐 아니라 다시 한번 당신을 사랑한다고 말할 권리를 얻기 때문입니다. 내 마음은 기쁨으로 가득 차 있습니다."[62] 이 고백을 듣고 생 프뢰가 어떤 반응을 보였는지 알려주는 편지는 실려 있지 않으므로 독자는 상상할 수밖에 없다.

마지막 편지는 그 후 몇 개월이 지났을 때 클라랑으로 돌아오지 않는 생 프뢰에게 클레르가 발송한 것이다. 클레르는 그를 사랑하는 마음은 분명하나 쥘리가 죽은 마당에 두 사람이 맺어지는 일은 없을 것이라고 말하며 자신의 죽음을 암시한다. 이 편지에 대한 생 프뢰의 반응도 소설에는 나오지 않는다.

《신엘로이즈》의 줄거리는 이상과 같다. 이 소설이 그려낸 연애는 표면적으로 보면 아주 단순하다. 생 프뢰와 쥘리는 처음부터 서로 사랑한다. 클레르와 봄스턴, 주위 친구들도 두 사람을 응원한다. 완고한 쥘리의 부친과 시대의 편견에 가로막히

---

62   위의 책, 427쪽. 제6부 서한 12.

는 바람에 두 사람은 결국 맺어질 수 없었으나 마지막 편지를 통해 그들이 끝까지 진실한 사랑을 나누었음을 알 수 있다. 이 사랑의 일관성이야말로 감동적이다.

그렇지만 더 자세히 읽어보면 이 소설의 연애 묘사가 뜻밖에도 복잡한 구조를 띠고 있다는 것을 깨달을 수 있다. 우선 첫째, 이 소설에는 삼각관계가 여럿 등장한다. 생 프뢰와 볼마르는 쥘리를 사랑한다. 쥘리와 클레르는 생 프뢰를 사랑한다. 위의 줄거리에는 생략했으나 봄스턴도 쥘리에게 구애하려고 생각한 적이 있다.

8장 앞부분에 언급했듯 루소는 이 소설을 집필할 때 친구의 연인에게 사랑을 품는다. 자주 나오는 삼각관계는 전기적 사실에서 유래한 경험이 영향을 미쳤다고 볼 수 있다. 그와 동시에 삼각관계는 루소가 이해하는 욕망의 본질을 드러냈다고 이해할 수도 있다.

예전에 철학자 르네 지라르가 분석했듯, 루소가 기원을 이루는 낭만주의 문학에는 타자의 욕망을 욕망한다는 '욕망의 삼각형'이 자주 나온다.[63] 사람은 무언가를 직접 욕망하지 않는다. 누군가 욕망하기 때문에 점점 더 욕망하는 일이 있을 수 있다. 남녀의 삼각관계가 전형적이다. 말하자면 클레르는 단지

---

63 ルネ・ジラール(르네 지라르), 《欲望の現象学(욕망의 현상학)》, 古田幸男(후루타 유키오) 옮김, 法政大学出版局, 1971. 〔한국어판은 《낭만적 거짓과 소설적 진실》(김치수·송의경 옮김, 한길사, 2001)로 출간되었다. ─ 옮긴이〕 원서 출판은 1961년이고, 이 저작의 원제를 직역하면 《낭만적 거짓과 로마네스크적 진실(Mensonge romantique et vérité romanesque)》이다.

생 프뢰를 사랑하는 것이 아니다. 생 프뢰를 사랑하는 쥘리, 그녀를 사랑하기 때문에 생 프뢰를 사랑하는 것이다. 바꾸어 말하면 생 프뢰를 향한 사랑이 쥘리를 향한 사랑의 보완물에 지나지 않는다는 말이다. 이 소설의 사랑은 등장인물이 믿고 있는 만큼 순수하지 않다.

둘째, 이 소설에는 어떤 장애가 사라지기 위해 다른 장애가 필요하다는 역설적인 모티브가 되풀이하여 나타난다. 앞서 인용한 쥘리의 마지막 말이 전형적이다.

쥘리의 사랑은 오랫동안 도덕이라는 장애에 가로막혀 있었다. 최후에 장애는 소멸하기는 해도 죽음이라는 새로운 장애의 출현에 불과하다. 쥘리의 사랑은 결국 생 프뢰에게 그대로 닿지 못한다.

여기에서는 언급만 하고 지나가겠지만 비평가 장 스타로뱅스키는《장 자크 루소 투명성과 장애물》에서 이 소설에 숨어 있는 '투명'과 '장애'의 갈등을 상세하게 분석했다.[64] 이 갈등을

---

[64] J・スタロバンスキー(J. 스타로뱅스키),《ルソー 透明と障害(루소 투명과 장애)》, 山路昭(야마지 아키라) 옮김, みすず書房, 1993. 〔본서에서는《장 자크 루소 투명성과 장애물》(이충훈 옮김, 아카넷, 2012)에 준하여 책명을 표기했다.〕원서는 1957년 출판되었다. 실은 자크 데리다는《그라마톨로지》를 장 스타로뱅스키의 논의를 이어받아 집필했다. 부분적으로는 반론도 있으나 전체적으로는 대단히 영향을 받았다. 투명을 추구한 나머지 거꾸로 장애를 불러들이고 말았다는 독해의 구도 자체가 6장 주석 19에서 소개한 에크리튀르의 논리와 똑 닮았다. 장 스타로뱅스키의 저작에서는《신엘로이즈》의 독해가 중요한데, 쥘리가 죽는 장면에서 얼굴에 베일이 덮는 행위가 투명과 장애를 통합하는 은유라고 평가받는다. 위의 책, 190쪽 이하.

파고드는 특성은 루소가 서간집 형식을 선택한 이유를 설명해 주기도 한다. 생 프뢰와 쥘리는 분명히 서로 사랑한다. 하지만 이 소설에서 독자는 두 사람의 언행을 직접 듣거나 볼 수 없다. 생 프뢰와 쥘리 자신의 해석을 통해 그것을 간접적으로 추측할 수밖에 없다. 루소는 사람이 자연 그대로 있어야 한다고 주장했다. 사회와 문명은 장애일 뿐이라고 고발했다. 따라서 젊은 이의 순수한 연애를 묘사했다. 하지만 문명이라는 장애(편지에 의존하기)는 결코 배제할 수 없었다. 사랑은 마지막까지 투명해지지 않는다. 이 불가능성의 의미는 본서에 가끔 이름이 나오는 자크 데리다가 《그라마톨로지》 제2부에서 논의하고 있다.[65]

24

나는 앞에서 《신엘로이즈》의 주제가 자연의 절대성을 유지하면서도 재구성할 수 있다고 제시하는 것이라고 말했다. 이 주제는 사실 어떤 인물의 언행에 집약적으로 나타난다. 그 인

---

65 6장 주석 19를 참조하라. 《그라마톨로지》 제2부는 네 장으로 나뉘어 있는데, 루소를 언급하는 것은 제2장 이하이고 첫 장에서는 레비스트로스를 다루고 있다. 이 책은 구조주의 전성기에 나왔다. 레비스트로스는 루소를 문화인류학의 아버지라고 평가했는데, 자크 데리다는 레비스트로스의 철학에 자연과 문화의 완강한 단절이 있다고 간파하고 그 단절의 자기모순을 루소까지 거슬러 올라가 검증하려고 했다. 제2부의 제목은 '자연, 문화, 에크리튀르'인데(이것은 프랑스어라면 나튀르nature, 퀼티르culture, 에크리튀르écriture와 같이 운이 맞는다), 이 제목은 자연과 문화의 대립 자체가 에크리튀르의 산물이라는 자크 데리다의 사상을 지극히 간결하게 표현하고 있다.

물은 생 프뢰도 아니고 쥘리도 아니고 바로 볼마르다.

볼마르는 생 프뢰의 적이다. 쥘리 본인의 의사에 반해 결혼했기에 독자는 자연스레 반발을 느낀다.

볼마르라는 인물 설정은 친근함을 느끼기 어렵다. 볼마르는 쥘리와 부모 자식만큼 나이 차이가 날 뿐 아니라 머나먼 대국(러시아라고 추측할 수 있다)에서 온 외국인이고 무신론자다. 쥘리는 독실한 기독교 신자이기에 부부 사이에는 갈등이 있다. 쥘리는 남편을 늘 존경하기는 해도 신앙에 관해서는 불만을 토로한다.

나아가 볼마르는 신을 믿지 않을 뿐 아니라 감정이 없는 인물로 그려진다. "나는 선천적으로 영혼이 평온하고 마음이 차갑습니다. 사람을 모욕할 작정으로 아무것도 느끼지 못하는 인간이라고들 말하는데, 내가 바로 그런 사람입니다."[66] 생 프뢰가 젊음과 뜨거움을 상징한다면 볼마르는 늙음과 차가움을 상징한다. 따라서 볼마르의 언어는 루소 자신의 사고와 동떨어져 있다고 여길지도 모른다.

그러나 이야기는 그렇게 단순하지 않다. 왜냐하면 볼마르에게는 다른 역할도 주어지기 때문이다.

앞서도 언급했듯 생 프뢰는 클라랑에서 생활하기 시작한 뒤 볼마르 부부가 가정과 농지를 솜씨 있게 경영하는 모습을

---

[66] 《ルソー全集》 제10권, 122쪽. 제4부 서한 12.

편지 몇 통에 남겨놓는다. 그의 묘사는 매우 상세하다. 하인의 대우, 소작인의 보수, 오락과 요리의 내용, 정원 손질 방법, 자산 운용의 비결, 나아가 지방 소비의 권장에 이르기까지 아주 다채롭다. 한마디로 요약하면 필요성과 친밀함을 중시하는 경영 철학이다. 생 프뢰는 다음과 같이 기술한다. 클라랑은 "모든 것이 풍요롭고 청결한 느낌을 줄 뿐 부유함과 사치스러움을 떠올리게 하는 것은 아무것도 없습니다". 따라서 "[그곳에서는] 서로 필요와 호의로 맺어진 착하고 온화한 소수의 사람들이 이것저것 배려하고 공통의 목적을 위해 협력하고 있으며, 한 사람 한 사람이 자기 신분에 맞게 충분히 만족할 수 있는 바를 찾아내고 있으므로 그곳을 떠나고 싶어 하지 않습니다".[67]

이 내용은 일반적으로 루소의 사회사상이 지닌 측면을 강하게 반영하고 있다고 여겨진다. 루소는 《사회계약론》에서 일반의지는 사회계약을 통해 단번에 성립하므로 일반의지의 실현에 시민의 논의는 도리어 장애가 된다고 주장했다. 그렇다면 시민은 고독한 채 혼자 있는 편이 좋을 터인데, 실제로 그는 그렇게 해석할 수 있는 명제도 써놓았다.

동시에 그는 《연극에 관해 달랑베르 씨에게 보내는 편지》의 독해에서 제시했듯 건전한 통치를 위해서는 '소규모 사회'의 뒷받침이 불가결하다고 주장했다. 이 책의 옮긴이는 이 양면성을 다음과 같이 설명한다. "루소에게는 유토피아를 구축할 때 계약이라는 법률적 관계(강제)에 의해 생각하는 입법자의

사고가 있는 한편, 인간 마음의 자연스러운 결합 같은 결코 강제할 수 없는 관계(자유)를 매개로 생각하는 연인 또는 문학자의 사고가 있다. 이 두 가지 사고는 긴장 관계에 놓여 있다."[68] 《연극에 관해 달랑베르 씨에게 보내는 편지》에 나오는 제네바의 세르클 모임은 실로 '연인'과 '문학자'의 관계를 예로 들었다. 또 《신엘로이즈》 후반에서 길게 묘사하는 클라랑은 그 관계를 포괄적이고 구체적으로 제시했다고 해석할 수 있다.

루소는 《신엘로이즈》 후반에서 《사회계약론》의 '입법자의 사고'로는 감당할 수 없는 '작은 사회'의 이상을 문학으로 제시하려고 시도했다. 볼마르는 실로 이상 사회를 구축하고 운영하는 인물이었다. 그렇다면 볼마르라는 인물에게도 어느 정도 작가의 이상이 투영되어 있다고 봐야 한다.

이런 점 때문에 《신엘로이즈》는 읽는 재미가 있으면서도 난해하다. 줄거리를 따라가면 루소는 확실히 생 프뢰에게 자신을 투영하고 있다. 그들은 거의 동갑이고 평민이고 레만 호수에서 살아간다. 반면 볼마르는 여러 가지로 생 프뢰와 정반대의 인물이다. 그러나 작가는 생 프뢰의 정열만 찬양하고 볼마르의 노련함을 깎아내리거나 하지는 않는다.

두 사람은 다 쥘리를 사랑하고 쥘리의 사랑을 얻으려고 했다. 쥘리의 마지막 고백에서 거슬러 올라가 읽으면 생 프뢰만 사랑의 시도에 성공한 듯 보인다. 실제로 대부분 그렇게 읽

---

68   《ルソー全集》 제8권, 560쪽.

는다.

하지만 그러한 독해는 충분하지 않다. 그렇게 읽으면 소설 후반에 왜 클라랑 마을의 묘사에 그토록 지면을 할애했는지 전혀 설명할 수 없기 때문이다.

우리는 이 이야기를 읽을 때 볼마르도 성공을 거두었다고 이해해야 한다. 그는 '작은 사회' 운영에 성공했고 쥘리와 화목한 가정을 꾸렸다. 생 프뢰가 돌아온 뒤에도 가정은 훼손되지 않았다. 만약 쥘리가 사고로 죽지 않았다면 생 프뢰의 사랑은 마지막까지 성공하지 못했을 것이다. 볼마르의 사랑이야말로 계속 성공했을 것이다. 루소는 이렇게 소설을 썼다고 이해해야 한다.

《피그말리온》에서 갈라테이아는 자연의 은유였다. 마찬가지로 《신엘로이즈》에서 쥘리는 자연의 은유이고 쥘리를 향한 사랑은 자연을 향한 사랑의 은유다. 그렇기에 생 프뢰와 볼마르의 연적 관계를 통해 이 소설에는 생 프뢰 사랑의 목적인 소박한 자연과 볼마르 사랑의 목적인 **인공적 자연**, 이렇게 두 가지 '자연'이 있다는 것도 이해할 수 있다.

생 프뢰와 볼마르는 두 가지 상이한 자연관을 체현한다. 이는 실제로 소설 전반부와 후반부의 무대가 다르다는 점에도 나타나 있다. 생 프뢰의 자연이 알프스산이라면 볼마르의 자연은 클라랑의 농지다.

이 같은 대조는 두 사람의 대화를 통해서도 뚜렷하게 나타난다. 그 둘은 정원 관리 기술에 관해 대화를 나눈다. 볼마르 부부가 관리하는 클라랑의 정원과 숲은 초목이 자연스럽게 자라고 시들어 마치 사람 손을 타지 않고 방치해둔 것처럼 보이지만 그래도 아름답게 지켜지고 있다. 생 프뢰가 이 점을 의아스럽게 여기고 묻자 볼마르는 이렇게 대답한다. "참된 취미, 특히 자연이 만들어낸 것을 다룰 때는 사람의 기술을 감추어야 합니다."[69]

이 글에서 《신엘로이즈》를 해석할 때 이 발언은 지극히 중요하다. 볼마르는 자연에 인위를 더하고 있음에도 흔적을 감추어 자연 그대로인 듯 보이려고 한다. 이러한 그의 철학은 정원뿐만 아니라 클라랑 경영의 근간을 이룬다. 볼마르는 '작은 사회'의 인간관계에도 쉼 없이 관여하는 동시에 작위의 흔적을 감춤으로써 사람들이 자연의 감정이 부추기는 대로 자발적이고 친밀하게 교제하고 있는 듯 꾸미고 있다는 말이다.

여기에서는 직접 언급하지는 않겠으나 쥘리와 나누는 사랑도 그러할 것이다. 생 프뢰와 쥘리 사이에는 자연의 사랑이 성립한다. 볼마르와 쥘리 사이에는 자연의 사랑이 성립하지 않는다. 볼마르는 이 잔혹한 현실을 숙지하고 있다. 그래서 그는 작위의 사랑을 할 수밖에 없다. 하지만 그 흔적을 감추고 마치 두 사람이 자연의 사랑을 하는 듯 위장할 따름이다. 클라랑은 인공적 자연의 유토피아라고 할 수 있다.

루소는 대체로 생 프뢰에게 자신을 겹쳐놓는다. 그렇지만 그는 오히려 작가 자신을 볼마르와 겹쳐놓는다. 《신엘로이즈》는 처음부터 인위에 의해 자연을 지키고, 거짓에 의해 진실

---

69 《ルソー全集》제10권 112쪽, 제4부 서간 11.

을 지키고, 창작에 의해 순수한 사랑을 지킨다는 모순적 과제를 안고 집필한 소설이었다. 그 과제로 인한 어쩔 수 없는 굴절을 생 프뢰에게는 부과할 수 없었다. 생 프뢰는 최초부터 자연의 사랑이 지닌 절대성을 믿었고 최후까지 계속 믿는 인물이었기 때문이다. 그런 점에서 볼마르야말로 그 굴절을 체현한 인물이다.

《신엘로이즈》를 한마디로 말하면 연애소설이고, 쥘리라는 여성을 서로 차지하려는 생 프뢰와 볼마르가 대립하는 이야기다.

하지만 단순한 연애소설은 아니다. 두 남자의 대립은 소박한 자연과 인공적 자연의 대립이고, 사회계약의 절대성과 '작은 사회'의 대립이므로 일반의지와 정정 가능성의 대립이기도 하기 때문이다. 우리는 이 소설을 이러한 철학적 관점으로 읽어야 한다.

25

일반의지는 초월적이고 절대적인 존재다. 자연과 사랑도 초월적이고 절대적인 존재다. 동시에 이들은 정정 가능성에 열려 있어야 한다.

루소는 이렇듯 곤혹스러운 명제를 철학의 언어로 논리정연하게 이야기하지 않고 《신엘로이즈》를 통해 문학의 **실천으로 드러냈다**. 이것이 본서의 결론이다. 클라랑을 경영하고 쥘리와 작위의 사랑을 나누려고 한 볼마르는 거짓 서간집의 출판으로 독자의 자연스러운 마음을 인위로 꾸며내려 한 루소의 자화상인 셈이다.

마지막으로 볼마르의 흥미로운 발언을 하나 더 소개하겠다. 전술한 바와 같이 볼마르는 생 프뢰와 '친구'가 되고 싶다고 말할 뿐 아니라 생 프뢰와 쥘리의 과거를 알고 있으면서도 두 사람이 '친구'가 되어야 한다고 제안한다.

이는 상당히 도덕에 어긋난 제안이다. 실제로 소설을 읽으면 더욱 그런 인상을 받는다. 볼마르는 쥘리에게 생 프뢰와 쥘리가 주고받은 편지를 보여준다. 그는 두 사람의 과거를 알고 있을 뿐 아니라 그들이 주고받은 모든 편지를 손에 넣고 보존하고 있었다.

그는 이 사실을 두 사람에게 알려주고 자기 눈앞에서 친구가 되기를 요구한다. 그는 두 사람의 관계를 확인하기 위해 일부러 방 안에 아내와 생 프뢰만 남겨두거나 저택을 비우고 며칠 동안 출장을 다녀오기도 한다. 특히 숲속 에피소드가 인상적이다. 볼마르는 그 둘이 10년 전 첫 입맞춤을 나눈 나무숲으로 두 사람을 데리고 간다. 모든 편지를 읽은 그는 그 장소를 알고 있었다. 그런데 그는 두 사람에게 자기가 보는 앞에서 다시 포옹하고 입맞춤을 하라고 요구한다.

도대체 루소는 볼마르에게 왜 그런 일을 시켰을까. 이해를 위한 열쇠는 바로 다음과 같은 발언이다.

생 프뢰가 클라랑에 도착해 볼마르와 그의 아내가 된 쥘리와 대면하는 당일, 그는 생 프뢰에게 친구가 되자는 제안과 아울러 이렇게 요구한다. "[쥘리와] 두 사람만 있을 때 내가 그곳에 있는 것처럼 행동할지, 아니면 내 앞에서 내가 없는 것처럼 행동할지" 선택하라고 말이다. 예를 들어 두 사람만 있을 때는 '쥘리'라고 부르고 볼마르와 있을 때는 '부인'이라고 달리 부르지 말아달라고 한다. 만약 쥘리라고 부르고 싶으면 자기 앞에서도 쥘리라고 불러달라는 말이다. 생 프뢰가 당혹스러워하며 '예의'를 언급하자 볼마르는 그런 것은 '악덕의 가면'에 지나지 않는다고 대꾸한다.[70]

이 대목에는 볼마르 욕망의 핵심, 그리고 그 배후에 있는 루소 사상의 난해함이 잘 드러난다. 왜냐하면 볼마르는 자연과 문명, 자연과 사회, 진실과 거짓이라는 루소 사상과 서로 연관되어 있는 이항 대립과 이항 대립의 연쇄 자체를 무효로 돌리려고 시도하기 때문이다.

생 프뢰와 쥘리는 자연의 사랑으로 맺어져 있다. 그들은 둘만 있을 때면 자연 상태로 돌아간다. 즉, 진실로 돌아간다. '쥘리'라는 호칭은 그런 상태를 나타낸다.

볼마르가 있으면 그럴 수 없다. 그와 함께 있으면 생 프뢰와 쥘리는 자연 상태를 떠나 '예의'를 차리고 만다. 즉, 허식과 사교 안으로 들어가고 만다. 거짓을 취하고 만다. 그래서 '부인'이라고 부른다.

볼마르는 어느 쪽도 선택할 수 없다. 왜냐하면 그는 자연의 사랑을 작위의 사랑으로 바꾸어야 하기 때문이다. 자연과

---

70 위의 책, 45쪽. 제4부 서간 6.

작위, '쥘리'와 '부인' 중 어느 쪽을 지정해도 자연은 작위가 될수밖에 없다.

그러므로 볼마르는 앞에서 언급한 요구를 내놓는다. 그는 생 프뢰에게 자기 마음에 솔직해지라고 부탁하는 것이 결코 아니다. 그렇게 하면 자기만 자연에서 소외당하기 때문이다. 그렇다고 거짓말을 하라고 부탁하는 것도 아니다. 그러면 쥘리의 자연은 손에 넣을 수 없기 때문이다. 그는 쥘리가 쥘리 그대로 어디까지나 자연의 마음에 따르는 듯하면서도 그의 품 안에 머물러주기를 바란다. 그는 생 프뢰에게, 그리고 생 프뢰에게 건네는 말을 통해 쥘리에게 진실을 말해도 좋고 거짓을 말해도 좋지만 진실과 거짓의 경계만은 보이지 말라고 명령한다.

루소는 여기에서 또다시 작가인 자신을 볼마르에게 겹쳐놓는다. 진실과 거짓의 경계를 소거하라고 명하는 볼마르는 바로 《신엘로이즈》가 실화인지 허구인지 묻는 질문에 결코 대답하지 않겠다고 말한 루소 자신이다.

진실과 거짓의 경계를 없애야 비로소 자연은 '정정'할 수 있다. 그래야 자연은 인공적이고 소행적으로 발견할 수 있다.

《신엘로이즈》에 감추어진 사상은 진실과 거짓을 구별하고 통치의 정당성을 자연과 진실의 절대성이라는 기반 위에 두려고 한 《사회계약론》의 구상, 나아가 이를 소박하게 계승한 전체주의와 인공지능 민주주의의 구상과 얼핏 보기에 매우 상반된다.

그러나 1부부터 몇 번이나 반복해왔듯 그것은 모순되지

않는다. 오히려 절대성과 정정 가능성의 양립은 루소가 인간의 커뮤니케이션을 깊이 있게 이해하고 있음을 보여준다. 가족과 가족이 아닌 자, 게임과 게임이 아닌 것의 구별이 원리적으로 불가능하듯, 우리는 자연과 자연이 아닌 것, 사회와 사회가 아닌 것, 거짓과 거짓이 아닌 것, 사랑과 사랑이 아닌 것을 구별할 수 없다. 루소의 '작은 사회'는 진실과 거짓의 경계에서 나타나는 인공적 자연을 가리킨다.

볼마르는 생 프뢰와 쥘리 두 사람에게 그들이 처음으로 입맞춤을 한 장소에서 다시 키스하라고 했다. 그것은 자연의 정열을 식힌 인공적 자연에서 과거를 덧칠하는 행위이고, 추억의 절대성을 정정 가능성으로 덧칠하는 행위다. 쥘리는 클레르에게 보낸 편지에서 이 경험을 이렇게 회고한다. "이번 입맞춤으로 난 이 나무숲이 무서워졌어요. 옛날의 입맞춤과는 전혀 달랐습니다. 나는 슬픈 마음으로 기뻐했어요".[71]

쥘리의 사랑은 덧칠당했다. 자연의 사랑은 인공의 사랑으로 '정정'당했다. 쥘리는 그것이 필요하다는 사실을 알고 있는 동시에 슬프다고 느낀다. 그래서 '슬픈 마음으로 기뻐했다.' 루소는 여기에서 절대성의 정정에 대해 인간이 복잡한 심경을 품는 모습을 간결하게 표현해냈다.

사람들은 종종 가족이든 국가든 기업이든 현재의 모습이 영원히 변치 않고 계속되리라고 믿는다. 하지만 현실 상황은 변한다. 가족이든 국가든 기업이든 얼마든지 모습이 바뀐다.

---

71   위의 책, 129쪽. 제4부 서한 12.

그 유연성이야말로 공동체의 지속을 보증한다.

　우리는 이것을 알고 있다. 그래서 변화를 환영한다. 하지만 자신이 영원하다고 믿던 것이 정정되고 과거로 거슬러 올라가 새롭게 쓰였을 때 쓸쓸함을 느낄 수밖에 없다. 이것이 루소가 묘사한 상심한 마음이다. 솔 크립키의 회의론자가 더하기의 기억을 겹하기의 기억으로 바꾸려고 하듯, 볼마르는 정열에 넘치는 첫 키스의 기억을 시시하고 건조한 입맞춤의 기억으로 바꾸려고 한 것이다. 그의 시도는 쥘리가 죽음에 이를 때까지는 성공했다.

26

일반의지는 사회 외부에 위치하는 절대적인 것으로 자연에 견주어진다. 동시에 사회 내부에 위치하고 문명에 의해 정정 가능하기도 하다. 그러면 절대적인 것인 동시에 정정 가능하다는 것은 대체 무슨 의미일까. 이 물음이 본서에 남겨진 마지막 물음이다.

8장에서는 루소의 저작으로 돌아가 《신엘로이즈》에서 그 질문의 대답을 찾아보았다. 자연은 자연 그대로 내버려두면 자연이 아닌 것으로 타락하고 만다. 마찬가지로 일반의지는 일반의지 그대로 내버려두면 일반의지가 아닌 것으로 타락하고 만다. 루소는 자연을 자연 그대로 지키고, 일반의지를 일반의지 그대로 지키고, 통치를 건전한 그대로 유지하기 위해서는 '작은 사회'라는 인공적 자연을 창출할 필요가 있다고 생각했다. 《신엘로이즈》는 이러한 사상을 우화로 지어낸 소설이라고 해석할 수 있다.

일반의지를 단순히 선이라고 이해하면 민주주의 통치는 선만 실현하면 되는 것 아니냐는 단순한 이해에 다다른다. 하지만 이러한 이해는 이제까지 되풀이해왔듯 인공지능 민주주의라는 이름으로 다시 등장했다. 인공지능 민주주의는 정보 기술의 지원으로 데이터로 파악할 수 있는 새로운 자연=디지털 네이처를 일반의지라고 여기고, 그것을 가시화하고 통치의 원리로 삼으면 올바른 민주주의로 이어진다고 믿는다. 이 해석에는 웬만큼 타당성이 있다. 그러나 아무리 최첨단 기술 용어를 동원해 이야기했다고 해도 이 해석은 본질적으로 낡디낡은 루소주의의 재림일 뿐이다. 상식적으로 이해하는 철학사에서는 루소야말로 자연은 선이고 문명은 악이고 인간은 자연으로 이끌기만 하면 행복하게 살아갈 수 있다고 주장한 근대 최초의 사상가였기 때문이다. 오치아이 요이치와 나리타 유스케는 그러한 자각이 없는 루소주의자라고 할 수 있다.

인공지능 민주주의는 현대에 부활한 루소주의다. 그래서 그들은 자연이 선이라고 믿었다. 그러면 우리는 루소까지 거슬러 올라가 사상을 파기해야 할 것인가.

그렇지 않다. 왜냐하면 내 생각에 애초 루소 자신이 자연은 선이고 문명은 악이라는 이항 대립을 단순하게 믿지는 않았기 때문이다. 적어도 그는 몇몇 저작을 통해 선악의 대립이 빚

나가는 주장을 펼치기 때문이다. 그는 문명에 의해 자연을 창작하고 거짓에 의해 진실을 유지할 필요가 있다고 주장하는 듯하다. 이 점이야말로 250년 전에 활약한 이 사상가가 결코 시대에 뒤떨어진 낭만주의자가 아니라 1부의 논의처럼 인간의 커뮤니케이션이 지니는 게임의 본질을 숙지한 현실적인 철학자라는 증거를 보여준다. 우리가 계승해야 할 대상은 소박한 루소주의가 아니라 루소의 인식이다. 루소는 건전한 통치를 유지하기 위해 일반의지를 지도 원리로 삼을 뿐 아니라 무소불위의 '작은 사회'를 존재하게끔 해야 한다고 주장했다.

그의 주장은 《사회계약론》에서는 끌어낼 수 없고, 《신엘로이즈》에서 끌어낼 수 있다. 《사회계약론》에서 루소는 오히려 사회가 작게 나뉘는 것을 비판했다. 일반의지는 인민 주권의 원천이므로 분할이나 대표를 해서는 안 되었다(제2편 제2장, 제3편 제15장). 따라서 그는 스스로 이론적 일관성을 희생시킬 각오를 무릅쓰고 연애소설인 《신엘로이즈》를 통해 '작은 사회'라는 이상을 전개할 수밖에 없었다. 일반의지는 진실의 언어(철학 또는 법의 언어)에 의해 구성되는데 '작은 사회'는 진실인지 거짓인지 알 수 없는 언어(소설 또는 연애의 언어)에 의해 구성된다. '작은 사회'가 완충재로 존재할 때 일반의지는 허식과 사교에 휩쓸려 들어가지 않을뿐더러 진실은 거짓으로 넘어가지 않는다.

가령 진실을 이론적으로 이야기하는 것만으로 건전한 통치를 유지할 수 있다면 '작은 사회'라는 구상도 필요 없고 《신엘로이즈》도 집필할 필요가 없었을 것이다. 그러나 현실에서는 진실을 이야기만 한다면 자연도 부패하고 일반의지도 부패한다. 극장도 생겨난다. 이것이 1750년대 루소가 직면한 문제였고, 그렇기 때문에 《신엘로이즈》를 썼다. 루소의 사회사상은 자연과 문명, 이론과 실천, 진실과 거짓, 철학과 문학을 횡단하는 형태로 복잡하게 펼쳐진다. 하지만 《사회계약론》 같은 철학 텍스트만 읽는다면 전체상은 보이지 않는다.

루소는 정정 가능성의 사상을 '작은 사회'의 도입으로 표현했다. 그러면 여기서 새삼스럽게 '작은 사회'란 무엇인가. 마지막으로 루소와 거리가 있는 사상가 두 사람을 참조하면서 이 기나긴 논의에 종지부를 찍고자 한다.

27

첫 번째 사상가는 러시아/소련의 철학자 미하일 바흐찐이다. 1895년에 태어난 그는 독자적인 문학 이론과 언어철학을 정립한 인물로 알려져 있다. 그는 혁명 직전인 1920년대에 상트페테르부르크에서 벌써 뛰어난 작업을 내놓았는데, 대다수는 정치적 이유로 발표할 수 없었다.

미하일 바흐찐이 널리 이름을 알리기 시작한 시기는 스탈린주의가 막을 내리고 일흔 살 가까운 나이에 이르러 1963년 《도스토옙스키 시학의 제문제》와 1965년 《프랑수아 라블레의 작품과 중세 및 르네상스의 민중문화》를 출판한 이후였다. 전자는 1929년 간행한 적 있는 저작을 증보 개정판으로 낸 것이고, 후자는 1940년에 끝낸 학위 청구 논문을 수정해 25년 만에 출판한 것이다. 이렇게 보면 얼마나 오랫동안 불우한 처지가 이어졌는지 알 수 있다. 두 저작의 출판은 충격적이었다. 1967년 쥘리아 크리스테바가 프랑스에 소개하자 당시 유행하던 구조주의와 결합해 미하일 바흐찐이라는 이름은 일약 세계적 명성을 떨쳤다. 그러나 그 자신은 유명세의 혜택을 거의 받지 못하고 1975년 세상을 떠났다.

미하일 바흐찐이 응한 만년 인터뷰를 읽어보면 압정 치하에서 철학자로 살아가는 일이 얼마나 고통스러운지, 가슴이 옥죄는 듯하다.[72] 그는 참으로 비극의 철학자였다.

한편, 그의 사상 자체는 어두운 비극과 반대로 인간과 문학을 힘있게 신뢰한다는 기조를 보여준다. 이러한 그의 든든하고 힘찬 특징을 표현하는 말이 '다성성(polyphony)'과 '대화'다.

다성성은 문학의 장르를 의미하고, 대화는 문학 장르의 바탕을 이루는 인간의 양상을 가리킨다. 미하일 바흐찐은 인간이 본질적으로 대화적 존재이고 다성성이라고 불리는 소설의 장르는 대화하는 인간이라는 조건을 특히 선명하게 표현한다고 주장한다. 도스토옙스키는 다성성 소설을 대표하는 작가로 여겨진다.

이는 무엇을 의미할까. 그의 사상적 핵심은 한마디로 대화

72　ミハイル・バフチン(미하일 바흐찐), ヴィクトル・ドゥヴァーキン(빅토르 두버킨), 《バフチン、生涯を語る(바흐찐, 생애를 말하다)》, 佐々木寛(사사키 히로시) 옮김, 水声社, 2021.

란 철저하게 '열린' 것이라고 요약할 수 있다. 우리는 언어로 교류하는 한 상대가 무슨 말을 하든 언제나 뒤엎을 수 있고 새로운 화제를 꺼낼 수 있다. 이것이 언어의 본질이기 때문에 그는 인간에게는 자유가 있다고 생각했다.

분명히 일상 회화 속에서 우리는 자주 '너는 이렇고 이래' 하는 일방적 단정과 마주친다. 상대가 힘이 세다면 위축되어 받아들일 때도 있다. 권력 관계는 그런 것이다. 하지만 일방적 단정은 원리적으로 반드시 되받아칠 수 있다. 정면으로 맞받아치기는 어렵다고 해도 무시하거나 슬쩍 얼버무리거나 웃어넘김으로써 반드시 상대의 발화가 지닌 힘을 빼앗고 주체성을 탈환할 수 있다. 미하일 바흐찐의 사상에는 이와 같은 긍정적인 신뢰가 관통하고 있다. 스탈린주의 치하의 소련에서 이러한 철학을 추구한 행위에는 두말할 나위 없이 지대한 정치적 의미가 깃들어 있다.

그에 따르면 도스토옙스키는 인간의 '열린' 조건에 특히 민감한 작가였다. 그는 이렇게 서술했다. "도스토옙스키의 주인공은 항상 그를 일방적으로 단정하고 죽은 사람 취급하는 타자의 평가 기준을 부수어버리려고 한다."[73] 이는 도스토옙스키의 소설이 작가 자신을 포함해 아무도 등장인물의 가치 판단을

---

73 ミハイル・バフチン(미하일 바흐찐),《ドストエフスキーの詩学(도스토옙스키의 시학)》, 望月哲男(모치즈키 데쓰오)・鈴木淳一(스즈키 준이치) 옮김, ちくま学芸文庫, 1995, 122쪽. 강조는 삭제했다.〔한국어판은《도스또예프스끼 시학의 제(諸)문제》(김근식 옮김, 중앙대학교출판부, 2011)이나 본서에서는 외래어표기법에 따라 '도스토옙스키 시학의 제문제'로 표기한다. ─옮긴이〕

일방적으로 단정할 수 없는 구조로 되어 있음을 의미한다.

도스토옙스키의 소설은 관념적 논쟁이 많다고 알려져 있다. 등장하는 인물은 모두 다른 인물의 말에 귀를 기울이고 상대의 생각을 미리 넘겨짚으며 대화의 주도권을 놓고 끊임없이 다툼을 벌인다. 따라서 소설을 마지막까지 다 읽어도 누구 말이 옳은지, 누가 작가의 주장을 대변하는지, 결국 명쾌하게 알 수 없다. 도스토옙스키의 장편소설을 읽은 적이 있다면 대다수 독자가 이러한 인상에 고개를 끄덕이지 않을까 싶다.

미하일 바흐찐은 앞서 언급한 《도스토옙스키 시학의 제문제》에서 이러한 인상을 풍기는 구조를 해명하고자 한다. 그는 문체의 특징과 장르의 역사 등 다양한 분석을 시도하는데, 작품의 구조 전체를 가리키는 용어로 '다성성'을 가지고 온다.

다성성이라는 본래 음악 용어를 문학 분석에 응용하는 것이다. 다성성은 복수의 목소리가 어우러져 하나의 목소리로 수렴하지 않는 상태를 나타낸다. 하나의 목소리로 수렴하지 않는다는 말은 거꾸로 말하면 대화가 끝나지 않는다는 말이기도 하다. 그는 다음과 같이 서술한다. "각각 독립하여 서로 섞이지 않는 머릿속 소리와 의식, 각각 버젓하게 가치가 있는 목소리들로 이루어진 참된 다성성이야말로 도스토옙스키 소설의 본질적 특징이다. (…) [거기에서] 주인공의 언어는 극도의 자립성이 있다. 그것에는 마치 작가의 언어와 어깨를 겯는 언어의 울림이 있고, 작가의 언어 및 자립적 가치가 있는 다른 주인공들의 언어와 독특한 형태로 조합을 이룬다." "도스토옙스키가 그리는 주인공의 자의식은 부단히 대화를 나눈다. 그것은 어떤 경우에도 외부를 향해 있고 자기 자신, 상대, 제3자를 향해 호소한다. 자기 자신 및 타자를 향한 생생한 호소가 없다면 자의식 자체도 존재하지 않는다. (…) 존재한다는 것 — 그것은 대화의 형식으로 접촉하고 교류한다는 말이다. 대화가 끝났을 때 모든 것이 끝난다. 그렇기 때문에 대화는 본질적으로 끝날 리도 없고 끝나서도 안 된다."[74]

여기에서 그가 대화는 '본질적으로 끝날 리 없다'고 기술한 대목에 주의하자. 대화라는 말은 일상적으로 자주 쓰인다. 우선 대화는 정치적 호소의 상투어이기도 하다. 거기에는 정치에 참여하는 사람들이 서로 이야기를 나눈 끝에 모두 동의하는 어떤 결론을 도출해낸다는 전제가 깔려 있다. 어떤 결론도 내지 않는다면 대화는 실패했다고 여겨진다.

그렇지만 그의 대화는 이러한 대화와 전혀 다르다. 그가 상정하는 대화는 끝나지 않는다. 어떤 결론도 잠정적인 데 지나지 않고 나중에 얼마든지 뒤집힐 수 있기 때문이다. 인간의 커뮤니케이션은 모두 동의하는 안정된 '진실'에 결코 이르지 못한다. 그리고 그것은 실패가 아니다. 그가 생각하기에 대화의 완결 불가능성이야말로 인간의 자유를 보증한다.

28

내가 아는 범위에서 미하일 바흐찐은 루소를 단편적으로

---

74 위의 책, 15~16쪽, 527~528쪽. 강조는 삭제했다.

만 언급한다. 비트겐슈타인은 한마디도 언급하지 않는다.

나는 바로 이 대화 개념을 이제까지 살펴온 정정 가능성의 논의와 접속해보고 싶다. 왜냐하면 미하일 바흐찐이 대화의 완결 불가능성과 다성성이라는 이름으로 발견한 문제는 철학적으로 1부에서 소개한 접하기 문제와 같다고 보기 때문이다.

왜 그렇게 말할 수 있을까. 그는 도스토옙스키가 1864년에 발표한 중편소설《지하로부터의 수기》를 대단히 중시한다. 바흐찐에 따르면 이 중편소설은 자기가 생각하는 '출구 없는 대화'의 특징이 가장 '날 것'으로 '명쾌'하게 표현되어 있다.[75]《지하로부터의 수기》는 작가가 40대 초반에 썼는데 만년의 걸작 장편으로 이어지는 전환점이 되었다. 도스토옙스키라고 하면 거대 장편을 썼다는 인상이 강하지만, 이 소설은 부담 없는 분량 덕분에 읽어본 사람이 많을지도 모른다.《관광객의 철학》도 이 작품을 다루고 있다.

이 소설은 2부로 이루어져 있다. 1부는 40대 주인공이 남긴 수기이고, 2부는 주인공이 20년 전 자신의 실패를 떠올리며 쓴 수기다.

독신 남성인 주인공은 옛날에 관청에서 근무했는데 친척의 죽음으로 유산이 굴러 들어오는 바람에 지금은 직업이 없다. 가족도 없고 친구도 없고 인생의 목적도 없고 오직 한가한 시간만 있다. 혼자 방(지하실)에서 세계를 향해 저주를 퍼붓는

---

75   위의 책, 474쪽.

글을 쓰고 있다. 이것이 1부다.

이 설정 자체에 이미 구제할 도리가 없는데 2부에 남긴 20년 전 실패도 구제할 도리가 없다. 사건 자체는 변변치 않다. 피해망상에 빠져 친구와의 회합을 망가뜨리고는 우쭐한 감정을 억누르기 위해 매춘부와 관계를 맺고 그녀에게 우스꽝스러운 설교를 늘어놓는데, 그렇게 행동한 탓에 자책감과 굴욕감에 갇힌다는 이야기일 뿐이다. 다만 그는 굴욕감을 잊지 못한다.

이것이 이 소설의 전부다. 상식적으로 판단하면 지나치게 내향적이고 이야기다운 이야기도 없는 우울한 작품이라고 할 수 있다. 하지만 20세기에는 열광적인 지지를 받고 실존주의 문학의 걸작이라는 평가도 받았다. 오늘날에는 독자가 한정된 작품일 것이다.

《지하로부터의 수기》는 수기라는 설정이므로 일인칭으로 쓰여 있다. 단 일반적인 일인칭은 아니다. 왜냐하면 위의 요약을 보아도 추측할 수 있듯 이 소설의 주인공은 끊임없이 타인의 시선을 의식하고 멋대로 상정한 비난과 반론에 멋대로 응답하는 인물로 그려지기 때문이다. 요즘 식으로 표현하자면 그는 '일인 만담'을 계속하는 인물이다.

미하일 바흐찐은 그 점에 주목한다. 이 소설에서 주인공의 성격은 이미 한 사람의 목소리에 여러 목소리가 들어가 있다. 바꾸어 말하면 일인칭의 내부에 타자와 나누는 대화가 깔려 들어가 있다는 말이다. 그는 다음과 같이 써놓았다. "《지하로부터의 수기》[주인공]는 타자와 나누는 대화와 똑같이 자기 자신과 출구 없는 대화를 나누고 있다. 그는 타자의 목소리를 자기 외부로 내보내 전혀 안으로 들이지 않은 채 자기 자신과 융합한 상태로 철저하게 하나의 단성적 목소리(⋯)가 되어버릴 수 없다."[76]

여기서 단성적 목소리가 될 수 없다는 말을 쉽게 풀이하면 자기 목소리를 자신 있게 발화할 수 없다는 말이다. 《지하로부터의 수기》의 주인공은 지나치게 '일인 만담'을 반복하기 때문에 자기 생각이 무엇인지조차 알 수 없어지고 말았다.

미하일 바흐찐은 이 상태야말로 다성성의 양식이라고 생각한다. 《지하로부터의 수기》는 일인칭 소설이고 상식적으로 판단할 때 주인공 한 사람의 목소리로 성립한다. 그 안에는 다성성도 없고 대화도 있을 리 없다. 그렇지만 그가 생각하기에 도스토옙스키는 우스꽝스러운 주인공의 모습을 통해 하나의 목소리에도 여러 타자의 목소리가 침투하여 대화적 구조를 떠안은 채 마비하고 말 가능성이 있다는 것을 문학적으로 형상화해냈다. 인간은 외톨이로 있더라도 끊임없이 내적 대화, 즉 일인 만담의 목소리 때문에 고민한다. 그것은 인간의 자유가 초래하는 불가피한 부작용이다.

이 글을 읽는 독자 중에는 위 단락을 읽으면서 앞에서 소개한 루소의 피해망상과 자기 언급 버릇을 연상하는 사람이 있을지도 모른다. 실제로 루소는 《루소, 장 자크를 심판하다 ─ 대화》 또는 《신엘로이즈》 제2의 서문에서 가공의 대화 상대를

76　위의 책, 484쪽.

설정해 가공의 비난에 반론하는 병적인 일인 만담을 전개했다. 따라서 충분히 그렇게 연상할 만하다.

애초에 도스토옙스키 문학은 루소에게 지대한 영향을 받았다. 특히 《지하로부터의 수기》에는 루소의 영향이 뚜렷하다. 이 중편소설은 당초에 루소의 대표작과 마찬가지로 《고백》이라는 제목을 붙였다. 서두에는 루소를 간접적으로 언급하기도 한다. 루소에서 도스토옙스키, 또 미하일 바흐찐으로 이어지는 것은 문학사의 표준적 이해로도 이어진다. 미하일 바흐찐의 다성성 분석은 루소의 말에도 적용할 수 있을 것이다.

그러나 본서의 논의를 맺는 단계에서 일부러 미하일 바흐찐을 들고 온 까닭은 이에 그치지 않는다. 다성성의 양식으로 분석한 《지하로부터의 수기》라는 소설이 합리적이고 진보주의적 세계관에 대한 강력한 반발을 담고 있다는 점에 주목해주길 바란다.

《지하로부터의 수기》는 세계를 향한 저주만 그리고 있지 않다. 이 소설이 쓰인 19세기 중반은 유럽에서 공산주의가 발흥하고 러시아에서도 산업혁명이 급속하게 사람들의 생활을 바꾸기 시작한 시기였다. 다시 말해 인류는 현명하고 미래는 밝고 사회악은 이성의 힘으로 물리칠 수 있다는 논리, 즉 21세기 인공지능 민주주의까지 이어지는 '거대 서사'를 철학자, 과학자, 활동가가 힘차게 부르짖기 시작한 시대였다.

도스토옙스키는 그러한 진보주의 담론에 심한 반발을 느꼈다. 미하일 바흐찐은 이 작가의 소설에서 등장인물의 사상이 반드시 작가의 사상을 반영하지 않는다고 분석했으나, 특별히 이 점만은《지하로부터의 수기》의 주인공 입장이 작가의 입장과 명백하게 일치한다. 실은 그 반발이야말로 이 소설의 집필 동기이기도 하다. 주인공은 다음과 같이 말한다. "통계학자라든지 현인이라든지 인류를 사랑하는 사람이라든지, 그들은 인간의 이익을 헤아릴 때 언제나 반드시 어떤 이익을 빠뜨리고 헤아린다. (…) 그것은 다름 아니라 인간은 언제 어느 때든지 어떤 사람이든지, 결코 이성과 이익이 그에게 명하는 바가 아니라 자신의 바람대로 행동하기를 좋아하기 때문이다. 자신의 이익과 어긋나는 바를 바랄 때도 있을 수 있고, 때로는 어쩔 수 없이 그렇게 할 수밖에 없을 때도 있다."[77]

비록 '인류를 사랑하는 사람들'의 제안이 모두 옳고 어떤 방법으로 인류 전체의 즐거움과 행복을 최고로 실현할 수 있다고 해도, 개인으로서 인간은 그 가능성의 전체를 거부하고 파괴할 자유가 있다. 따라서 어떤 유토피아도 결코 모든 사람을 구제할 수 없다. 그것이 도스토옙스키의 철학이다.

여기에서《지하로부터의 수기》라는 소설이 진보주의에 대한 반발을 '2×2'라는 수식에 대한 회의로 표현한 점이 흥미롭

77　ドストエフスキー(도스토옙스키),《地下室の手記(지하실의 수기)》, 安岡治子(야스오카 하루코) 옮김, 光文社古典新訳文庫, 2007, 44·53쪽. 강조는 삭제했다. 〔한국어판은 '지하에서 쓴 수기', '지하생활자의 수기' 등 다수의 판본이 있으나 본서에서는《지하로부터의 수기》(김연경 옮김, 민음사, 2010)를 기준으로 책명을 표기했다. – 옮긴이〕

다. 이 수식은 작품 안에 몇 번이나 나온다.

2 곱하기 2의 답은 4다. 답은 4밖에 없다. 이 압도적인 자명성이 진보에 대한 믿음을 지지한다.

그런데 이 소설에서 작가는 주인공이 이 자명성에 도전하도록 강요한다. 이리하여 다음과 같은 문장을 남긴다. "2, 2가 4라니, 내가 감히 말하건대 뻔뻔스러움에도 정도가 있는 법이다. 잘난 척 우쭐거리며 허리에 손을 대고 사람이 가는 길 앞을 막아서고는 머리 꼭대기에서 사람을 멸시하고 있지 않은가. 좋다! 2, 2는 4가 나무랄 데 없이 훌륭하다고 인정하자. 하지만 처음부터 끝까지 추어올릴 작정이라면 2, 2는 5라고 할 때는 귀엽다고 말할 수 있지 않은가."[78] 한마디로 도스토옙스키는 진보주의자의 유토피아가 순조롭게 굴러가지 않는 이유를 설명하기 위해 2 곱하기 2의 답은 4가 아니라 5라도 괜찮지 않겠느냐는 회의를 적어놓은 셈이다.[79]

---

[78] 위의 책, 69쪽.

[79] 본문에서는 이야기가 복잡해지기 때문에 언급하지 않았으나 2 곱하기 2의 답이 4가 아니라 5라도 괜찮지 않겠느냐는 회의 자체는 결코 황당무계하다고 볼 수 없다. 오히려 이러한 회의가 있기 때문에 수학의 확장이 이루어졌다. 실제로 도스토옙스키가 살았던 19세기에는 비(非)유클리드 기하학의 발견으로 평행선이 여러 개 있는 공간, 평행선이 없는 공간의 기하학을 생각하기에 이르렀다. 도스토옙스키는 이 발견에 매우 관심을 기울였던 듯 《카라마조프가의 형제들》의 유명한 대화에서도 이 일을 다루었다.

다만 흥미롭게도 《카라마조프가의 형제들》에 드러난 수학에 대한 태도는 《지하로부터의 수기》와 정반대다. 《지하로부터의 수기》에서는 수학의 경직성(2 곱하기 2는 4)이 저항의 대상이지만 《카라마조프가의 형제들》에서는 수학의 유연성(비유클리드 기하학의 발견)이 저항의 대상이다. 이반 카라마조프는 알료

2 곱하기 2의 답은 5일지도 모른다. 이 같은 이의 제기는 매우 기묘하게 들린다. 아마도 숱한 독자는 이것이 과학적 사고와 문학적 사고의 대비를 강조하기 위한 일종의 과장 표현이라고 받아들일 것이다. 물론 이렇게 이해하는 것도 어느 정도 타당하다.

그러나 지금까지 살펴본 바에 비추어본다면 이 이의 제기는 결코 역설 따위가 아니라 문자 그대로 이해해야 한다는 것을 알 수 있다. 2 곱하기 2의 답은 5일지도 모른다. 그것은 1부에서 소개한 겹하기의 의심 자체다.

솔 크립키는 '68+57'의 답이 5라고 고집스럽게 말하는 회의론자에 대해 더하기 공동체가 완벽하게 반론할 수 없다는 것을 증명했다. 마찬가지로 우리는 '2×2'의 답이 5라고 완고하게

샤에게 다음과 같이 말한다. "그런데 지금도 모든 우주, 아니 더 넓게 말해 모든 존재가 유클리드 기하학에 따라서만 만들어졌다는 점에 의심을 품는 기하학자와 철학자는 얼마든지 있고, 게다가 엄청나게 유명한 학자 중에도 그런 사람이 있어. 그런 인간들은 말이야, 유클리드에 따르면 지구상에는 절대로 만나지 않는 평행선 두 줄이 어쩌면 무한의 저편 어딘가에서는 만날지도 모른다는 공상을 펼치고 있지. (…) 하지만 비록 그런 일이 다 일어나고 다 실현된다고 해도 난 그런 일을 받아들이지도 않을 테고 받아들이고 싶지도 않아! 평행선이 만나는 것을 이 두 눈으로 보고 확실히 만났구나 하는 말을 내뱉는다고 해도, 난 받아들이지 않을 거라고." ドストエフスキー(도스토옙스키), 《カラマーゾフの兄弟(카라마조프의 형제)》 제2권, 龜山郁夫(가메야마 이쿠오) 옮김, 光文社古典新訳文庫, 2006, 217~219쪽. 〔본서에서는 《카라마조프가의 형제들》(전3권, 김연경 옮김, 민음사, 2012)에 준하여 책명을 표기했다.—옮긴이〕 여기에서는 이른바 '기하학자와 철학자'가 기존 수학에 이의를 제기한 것이야말로 이의 제기의 대상이 되고 있다. 도스토옙스키의 불평은 멈추지 않는다.

말하는 회의론자에 대해서도 결코 완벽하게 반론할 수 없다. 도스토옙스키는 그러한 회의론자가 출현할 가능성을 지적하고 있다. 따라서 그것은 문학이나 실존에 관한 이야기가 아니다. 이과 계열 사고와 문과 계열 사고의 대립 이야기도 아니다. 인간의 커뮤니케이션이 안고 있는 본질적 한계의 이야기이자 전체주의의 본질적 불가능성의 이야기다. 이렇게 볼 때 《지하로부터의 수기》는 무엇보다도 비트겐슈타인과 솔 크립키와 나란히 놓고 읽어야 할 소설이다.

2 곱하기 2의 답은 5일지도 모른다. 그것은 이제까지 쌓아온 곱하기 계산의 축적을 모조리 뒤집어버릴 수 있는 당치도 않은 불평이다. 그러나 이제까지 반복해온 바와 같이 우리는 그런 불평을 토로하는 회의론자를 결코 배제할 수 없다. '지하생활자'의 출현을 막을 수 없다. 따라서 사회주의자가 주장하는 최대 다수의 최대 행복이라는 이상은 원리적으로 실현할 수 없다. 이것이 《지하로부터의 수기》의 주장이다.

미하일 바흐찐의 저작은 무슨 까닭인지 2 곱하기 2라는 예를 들지 않는데, 이것은 그가 펼친 대화 철학의 핵심을 대단히 축약한 형태로 표현하고 있다. 게임의 규칙은 늘 새로운 플레이에 의한 정정 가능성에 노출되어 있다. 대화도 늘 새로운 응답에 의한 정정 가능성에 노출되어 있다. 그러므로 게임도 끝나지 않고 대화도 끝나지 않는다. 거꾸로 말하면 그렇기 때문에 게임도 이어지고 대화도 이어진다. 나는 비트겐슈타인 / 솔 크립키 / 미하일 바흐찐의 게임＝대화의 개념이야말로 루소가 《신엘로이즈》에서 제기한 '작은 사회'를 이해하는 열쇠라고 생각한다.

29

일반의지는 자연이다. 선이다. 공공성의 원천이다. 그러나 내버려두면 허식과 사교에 의해 부패한다. 폭력이 된다.

그래서 '작은 사회'의 개입과 관리와 유지가 필요하다. 루소는 《연극에 관해 달랑베르 씨에게 보내는 편지》에서 제네바의 세르클 모임을 예로 들어 '끝날 줄 모르는 수다'의 마당이라고 표현했다. '수다'의 구조를 이론화한 인물이 바로 미하일 바흐찐이다. 일반의지는 진실인지 거짓인지 알 수 없는 언어로 구성된 대화, 결코 안정된 진실에 도달하지 못하는 대화, 일인만담으로 가득 차 끝날 줄 모르는 대화의 확보를 통해 보완해야만 한다.

일반의지의 이념에는 결함이 있고 무언가로 보완해야 한다는 생각은 별로 특별하지 않다. 독일의 사회철학자 위르겐 하버마스는 1962년 《공론장의 구조변동》에서 다음과 같은 논의를 전개했다. 1부에서도 말했듯 이 저작은 한나 아렌트의 《인간의 조건》과 나란히 근래 공공성 연구의 기초 문헌으로 여겨진다.

공과 사의 대립은 국가와 개인의 대립과 겹칠 때가 많다. 그러나 근대에는 국가가 창출하는 공공성에 더해 시민사회가 창출하는 또 하나의 공공성도 중요하다. 특히 리버럴은 이쪽을 더 강조하는 경향이 있다.

위르겐 하버마스에 따르면 '시민적 공공성'이라는 이념은 17세기부터 18세기에 걸쳐 영국과 프랑스에서 탄생하고 성장했다. 이 이념은 출판과 살롱이 키워낸 '문예적 공공성'이 역할을 확장하고 정치적 화제도 다루게 되면서 탄생한 만큼 무엇보다 열린 논의를 중시한다.

공공성이야말로 시민적 공공성의 토대가 된다는 사상은 18세기 말 칸트가 이론화하여 철학의 차원까지 이르는데, 19세기 중반 대중사회와 소비사회의 출현으로 일찍 해체되기 시작했다. 《공론장의 구조변동》은 공공성의 변질을 비판하기 위해 기원으로 거슬러 올라간 역사서다. 이 책은 루소의 일반의지라는 구상이 시민적 공공성의 중요성을 자각하지 못한 과거 시대의 사상이라고 규정한다. 그는 이렇게 논한다. "루소는 정치에 빠져버린 사회라는 비시민적 이념을 구상하는데, 여기에 자율적 사생활권, 국가로부터 해방된 시민사회는 존립할 여지가 없다. (…) [루소의 구상에 따르면] 비공공적 의견은 '공론'이라는 새로운 이름 아래 유일한 입법자라고 드높인다. 그것도 논의하는 공중(公衆)의 공공성을 배제하는 형태를 통해서 말이다. 루소가 준비한 입법 절차는 이 점에 의심의 여지를 남기지 않는다."[80]

---

80   ユルゲン・ハーバーマス(위르겐 하버마스), 《公共性の構造転換(공공성의 구조전환)》 제2판, 細谷貞雄(호소야 사다오)·山田正行(야마다 마사유키) 옮김, 未來社, 1994, 137쪽. 〔본서에서는 《공론장의 구조변동》(한승완 옮김, 나남출판, 2004)에 준하여 책명을 표기했다.—옮긴이〕

그는 일반의지의 구상이 시민적 공공성을 배제했기 때문에 미성숙하다고 서술한다. 뒤집어 말하면 일반의지의 구상은 근대 시민적 공공성의 이념, 즉 열린 논의의 장(場)이라는 이념으로 보완할 필요가 있다는 말이다.

사회를 잘 통치하기 위해서는 누구에게나 열려 있는 동시에 이성적 논의를 주고받는 장을 정비해야 한다. 이 철학자는 이를 위한 조건의 탐구라는 거대한 주제를 연구한 결과 1980년대에 이르러 '커뮤니케이션의 합리성'을 주제로 위대한 저서를 출판했다.

일반의지는 '작은 사회'로 보완해야 한다는 이 글의 제안은 위르겐 하버마스의 논의와 얼핏 비슷해 보인다.

그래도 결정적으로 다른 점이 있다. 그가 생각하는 '시민적 공공성'은 '커뮤니케이션의 합리성'을 통해 이성적이고 윤리적인 논의를 산출한다고 볼 수 있다. 일반의지의 폭주나 부패는 이성의 힘으로 제어할 수 있다는 말이다. 이는 매우 이해하기 쉬운 주장이다.

반면 내가 중시하고 싶은 '작은 사회'의 대화는 반드시 이성적이고 윤리적이지 않다.

나는 이제까지 솔 크립키의 겹하기, 미하일 바흐찐의 대화,《신엘로이즈》에 나오는 볼마르의 질투,《지하로부터의 수기》의 저주 등을 일반의지=게임의 절대성을 뒤엎는 언어의 예로 들었다. 이런 언어는 결코 이성이 낳은 언어가 아니다. 사적이고 가치 전도적이고 때로는 반사회적일 수도 있는 잡다한 언어다. 미하일 바흐찐의 표현을 빌리면 '작은 사회'의 대화는 결코 '최종 진실'에 도달하지 못한다. 그러므로 좋은 공공성과 좋은 통치에도 도달하지 못한다. 동시에 바로 그렇기 때문에 그런 언어는 일반의지가 강요하는 절대적 진실을 끊임없이 정정하고 '탈구축'함으로써 일반의지의 폭주와 부패를 억제하는 역할을 해낼 수 있다.

이는 다음과 같이 달리 표현할 수도 있다. 일반의지의 폭주는 이성에 의해 올바르게 억제하지 못한다. 그것은 올바름과 관계없이 문학을 통해 억제할 수 있다. 정치의 진실은 문학의 거짓을 동반해야 비로소 통치를 인공적 자연으로 바꿀 수 있다. 따라서 나는 여태까지 《사회계약론》과 《신엘로이즈》의 상호 보완적 특성을 중요하다고 강조한 것이다.

2부 첫머리에 적어놓았듯 나는 2011년에 루소를 다룬 《일반의지 2.0》를 펴냈다.

나는 그 책에서 루소의 일반의지는 빅데이터를 가리킨다고 해석해야 하고 미래의 민주주의는 빅데이터의 분석으로 이끌어야 한다는 주장, 즉 인공지능 민주주의와 가까운 주장을 전개했다. 당시는 그것을 '데이터베이스 민주주의'라고 불렀다. 12년 전 나는 오치아이 요이치나 나리타 유스케와 비슷한 생각을 품고 있었다.

다만 완전히 똑같지는 않았다. 나는 데이터베이스 민주주의의 본질이 인민의 집단적 무의식에 통치를 맡기는 점인 만큼 정치의 폭주를 멈출 수 없고, 그렇다면 정치의 힘은 '숙의(熟

議)'를 통해 제어해야 한다고 지적했다. 당시 나는 그것을 두 가지 민주주의의 조합으로 표현하고 다음과 같이 설명했다. "숙의 민주주의와 데이터베이스 민주주의! 네트워크를 매개로 시민끼리 속을 터놓고 충분히 이야기를 나누면 일이 잘 풀린다고 보는 이상주의와 거대한 데이터베이스를 구축해 방대한 데이터를 모아놓으면 집단 지성에 의해 최적의 해답이 나온다고 보는 또 하나의 이상주의! (…) 본서가 주제로 삼은 일반의지 2.0이라는 구상은 이 둘의 조합이라고 생각할 수 있다."[81]

이 글은 이러한 구상을 이어받아 집필했다. 일반의지는 폭주한다. 그래서 다른 계기를 통해 보완해야 한다. 나는 지금도 이렇게 믿는다.

그러나 그 계기를 숙의라고 표현한 것은 지금 돌아보건대 오류였다. 정치사상의 세계에서 숙의라는 용어는 위르겐 하버마스가 '커뮤니케이션의 합리성'에 기초하려고 시도한 이성적이고 공공적인 논의를 의미하는 낱말로 사용한다. 따라서 숙의 민주주의에도 서로 대립하는 시민이 시간을 들여 서로 대화하면 합의에 도달할 것이라는 근본적인 낙관주의가 깔려 있다. 사실《일반의지 2.0》을 간행한 시기에 일본은 민주당이 집권했고 매스컴은 숙의라는 말을 즐겨 사용했다. 나도 당시 유행을 도외시하지 않았다.

그러나 실제로 숙의가 지닌 힘에는 관심을 두지 않았다. 오히려 전혀 다른 생각이 있었다.《일반의지 2.0》에는 내가 생

---

81   《一般意志2.0(일반의지 2.0)》, 242~243쪽. 강조는 삭제했다.

각하는 숙의가 공적인 것임에도 사적으로만 성립한다는 기묘한 명제가 등장한다. 나는 다음과 같이 서술했다. "민주주의 2.0 사회에서는 사적이고 동물적인 행동의 집적이야말로 공적 영역(데이터베이스)을 형성하고 공적이고 인간적인 행동(숙의)은 밀실 즉 사적 영역에서만 성립한다."[82]

이 명제는 거의 주목을 받지 못했다. 그러나 이 명제야말로 중요하고, 내 주장과 위르겐 하버마스의 공공성 논의 및 숙

---

[82] 위의 책, 227쪽. 이 역설의 명제가 2011년에는 어디까지나 추상적인 문제 제기였으나 2023년 인터넷에서는 명확하게 현실로 드러났다고 할 수 있다. 이를테면 트위터에서는 이용자의 '사적이고 동물적인 행동의 집적'이 일그러진 공공성을 형성하고 있다. 이용자 대다수는 눈앞에 흘러가는 트윗에 동물적으로 반응할 뿐이고 이것의 집적으로 생겨난 '비방 댓글'도 거의 부조리하고 불합리하다. 하지만 정치가, 연예인, 기업은 이것이야말로 공공성인 듯 행동한다. 한편, 상호 신뢰가 필요한 '공적이고 인간적인' 커뮤니케이션은 유료 및 회원제라는 벽이 보호하는 '밀실'에서만 성립한다. 무료의 열린 인터넷이 숙의를 키워간다는 낙관주의는 최근 몇 년 동안 철저하게 퇴조했다.

덧붙여 이 글에서는 언급할 수 없었으나 내 주장은 1부에 나오는 가족 논의와도 밀접하게 연관된다. 나는 가족에 대해 공적이고 인간적인 영역(폴리스)과 사적이고 동물적인 영역(오이코스)의 구별을 유지할 수 없다고 주장했다. 루소에게 특히 이 구별은 유지하기 어렵다. 루소의 사상이 본래 정치(폴리스)와 문학(오이코스)의 왕복으로 성립하고 있다는 이유만은 아니다. 《사회계약론》에서 루소는 공적 의지(일반의지)가 사적 욕망(특수의지)의 집적에서 직접 생겨난다고 정의하는 한편, 일반의지의 공공성과 논의 및 다수결이 생겨나는 다른 공공성(전체의지)도 구별한다. 일반의지, 전체의지, 특수의지라는 삼항 정립(鼎立)은 폴리스와 오이코스라는 이항 대립과 잘 맞지 않는다. 이는 어쩌면 1부 마지막에 언급한 한나 아렌트의 문제와도 관계가 있을지도 모른다. 한나 아렌트의 사상도 활동, 제작, 노동이라는 삼항 정립은 폴리스와 오이코스라는 이항 대립과 잘 맞지 않는다는 곤란함으로 가득 차 있기 때문이다.

의 민주주의의 차이를 드러내준다. 왜냐하면 나는 일반의지의 힘을 이탈시키고 제어하는 말은 결과적으로 공공적 역할을 수행할 뿐 사전에 공공성을 결코 보증하는 것이 아니라고 주장하려고 했기 때문이다.

이성적이고 공적인 언어가 아니라 감정적이고 사적인 언어야말로 일반의지의 폭주, 즉 '자연', '공공', '진실', '정의'의 절대성을 무너뜨린다. 이들의 절대성은 오히려 탈구축에 의해 가능하고 지속한다.

이제까지 본서의 논의를 따라온 독자는 이 역설이 더는 역설이 아님을 잘 이해할 것이다. 그것은 게임의 규칙을 정정하는 러프 플레이(사적 행동)가 사전에는 규칙(공공) 안에 쓰여 있지 않은 것과 마찬가지다. 다른 예를 들어보면 '인류를 사랑하는 사람들'의 유토피아를 전복하는 지하 생활자의 저주를 그 일이 일어나기 전에는 결코 포섭할 수 없는 것과 마찬가지다.

일반의지는 '내'가 필요하다. 정치는 문학이 필요하다. 이는 통치자에게 인문 교양이 필요하다는 감정론의 이야기가 아니다. 인간 커뮤니케이션의 조건 자체로부터 이끌려 나오는 엄밀하게 논리적인 이야기다. 우리 인간은 절대적이고 초월적이고 보편적인 이념을 상대적이고 경험적이고 특수한 사례를 통해 '정정'하지 않고서는 유지할 수 없다. 우리는 그러한 형태의 지성만 갖고 있다. 정치의 구상도 이 한계에 의해 제약당한다.

따라서 우리는 민주주의의 이념을 결코 이성과 계산으로만, 즉 과학적이고 기술적인 수단으로만 실현하려고 해서는 안 된다. 이것이 본서의 주장이자 《일반의지 2.0》으로 전하고 싶은 바였다.

30

이제 슬슬 결말을 향해 다가가고 있다. 지금까지 줄곧 루소의 언어를 실마리 삼아 사고를 전개해왔다. 하지만 민주주의의 철학은 루소만 정립한 것이 아니다. 일반의지의 이념만 중요한 것도 아니다.

마지막으로 본서를 끝맺기 전에 근대 민주주의의 역사를 고찰할 때 빼놓을 수 없는 프랑스의 사상가 알렉시 드 토크빌의 업적을 다루고자 한다. 토크빌은 민주주의에 대해 루소와 다른 관점으로 사고했으나 본서가 정정 가능성이라는 말로 제시한 문제에 근접한 것으로 보인다.

토크빌은 1805년에 태어났다. 프랑스혁명이 일어난 지 16년, 루소가 태어난 지 약 90년 후다. 나는 그를 사상가라고 칭했으나 역사적으로는 정치가 또는 법률가라고 부르는 편이 공평할지도 모른다. 노르망디의 오래된 귀족 가문 출신으로 20대에 판사, 30대에 국회의원, 40대에 외무대신을 역임한 화려한 경력의 소유자다. 다만 짧은 생애였다. 그는 1859년 50대 중반에 병으로 세상을 떠나고 말았다.

토크빌을 사상가로 기억하는 이유는 30대에 출판한《미국의 민주주의》가 후세 사회사상에 지대한 영향을 미쳤기 때문이다. 그는 1831년부터 1832년에 걸쳐 프랑스 정부의 파견으로 미국에 9개월 동안 머무르며 각지를 돌아다녔다. 이 책은 그 경험을 적었는데 민주주의 논의와 미국 논의의 고전으로 알려져 있다.

미국에서는 왜 민주주의가 성공하고 공화제를 유지할 수 있었는가. 이 물음이 이 책을 관통한다. 토크빌은 이 물음에 대해 다양한 관점으로 미국의 고유한 조건을 분석하고 답변을 내놓으려고 했다.

이 물음은 당시 프랑스 독자에게 중요했다. 프랑스에서는 1789년 혁명이 일어나 공화제가 탄생했다(제1공화정). 그러나 곧장 나폴레옹이 권력을 장악하고 황제 자리에 올랐고(제1제정), 황제를 추방했다고 여겼는데 혁명 전의 왕조가 부활했다(복고왕정). 1830년에는 제2의 혁명이 일어나는데, 결국 이것도 새로운 왕을 옹립하고 끝나버린다(7월왕정). 따라서 미국에서는 왜 왕제나 왕이 없는 채 장기간 질서를 유지할 수 있었는지, 프랑스와 어떤 차이가 있는지 하는 물음이 간절했다. 이는 귀족 출신에다 주위에 왕당파가 많았던 토크빌 자신에게도 마찬가지였을 것이다.

미국은 왜 공화제를 유지할 수 있었을까. 한마디로 미국이 권력의 분산에 성공했기 때문이라는 것이 토크빌의 답이었다.

토크빌은 민주화의 본질이 '평등'이라고 생각했다. 귀족과 평민의 경계가 없어지고 모두 대등한 시민이 되는 변화가 미국뿐 아니라 유럽에서도 일어났으니, 역사적 필연이라고 할 수도 있겠다.

다만 여기에는 위험도 도사리고 있다. 모두 대등해진다는 것은 사회가 획일화한다는 뜻이다. 그렇게 되면 한쪽으로 집중하는 거대 권력을 추구하기에 이른다. 토크빌은 이렇게 서술한다. "우리 시대 같은 계몽과 평등의 세기에는 고대의 어떤 주권자가 이룰 수 있었던 것보다 주권자가 용이하게 모든 공권력을 수중에 넣고 더욱 습관적이고 더욱 깊이 사인(私人)의 이해 영역에 침투하는 데 성공할 것임을 나는 의심하지 않는다."[83] 실제로 프랑스에서는 주권자가 '모든 공권력을 수중에 넣는' 데 성공했고 공화제는 무너졌다.

　　뒤집어 말하면 미국의 성공 비결은 권력의 집중을 억제할 수 있었기 때문이다. 미국을 여행하면서 그는 이 점에 가장 놀랐다. 그는 "합중국 행정권의 구조에는 조직의 중심도 조직의 정점도 전혀 보이지 않는다"고까지 말한다.[84]

　　어떻게 그러한 분산이 가능했을까. 토크빌은 우선 지리적 조건에 주목한다. 미국은 구대륙에서 멀리 떨어져 있기 때문에 타국의 침략에 겁낼 필요가 없고 신속하게 움직일 수 있는 강한 군대도 필요하지 않았다. 그래서 중앙집권이 아니어도 나라

83　トクヴィル(토크빌), 《アメリカのデモクラシー(미국의 민주주의)》제2권 (下), 松本礼二(마쓰모토 레이지) 옮김, 岩波文庫, 2008, 255쪽. 〔한국어판으로 는 《미국의 민주주의》라는 제목으로 계명대학교출판부(은은기 옮김, 2011)와 한 길사(전2권, 임효선·박지동 옮김, 1997·2002)에서 출간한 두 종의 판본이 있으며, 《아메리카의 민주주의》(전2권, 이용재 옮김, 아카네, 2018)로 나온 책도 있다. 본 서에서는 '미국의 민주주의'로 책명을 표기했다. ─옮긴이〕
84　《アメリカのデモクラシー》제1권(上), 松本礼二 訳, 岩波文庫, 2005, 116쪽.

의 안전을 지킬 수 있었다고 분석한다. 오늘날 미국은 세계 최대의 군사 국가지만 당시는 군대가 필요 없는 나라로 여겨졌다.

이뿐만이 아니다. 토크빌이 생각하기에 미국의 시민은 애초에 식민지로 이주할 때부터 역사적 경위, 종교적 배경, 민족적 다양성, 경제적 조건 등 다양한 요인 때문에 개인의 자율을 존중하고 권력의 집중을 회피하는 '습속'을 키워왔다. 이 점이 중요하다. 그는 《미국의 민주주의》에서 그 '습속'을 얼마나 제도적으로 구현하고 있는지, 온갖 예를 들어 기술한다. 말하자면 미국에서는 연방과 주(州)에 주권이 분리되어 있고, 타운이라는 기초 자치단체가 강력한 행정권을 쥐고 있고, 결사 및 출판의 자유를 거의 전면적으로 인정하고 있고, 배심제도가 발달하여 거의 시민이 사법에 참가할 수 있다는 것 등이다.

개중에서도 특히 중요하게 여기는 것이 '결사의 자유'다. 결사는 영어로 association(어소시에이션)이라고 한다. 중간 단체라고도 번역한다.

미국의 시민은 금방 모인다. 결사를 만든다. 그 후 신문을 발행하거나 선거운동을 시작한다. 여기에 법적인 제약은 거의 없다. 토크빌은 처음에 놀라움을 금치 못한다. 1830년대 상식으로 볼 때 결사의 자유는 "인민을 무정부 상태로 던져 넣지는 않는다고 해도 이른바 언제나 그런 상태로 몰아넣는" '지극히 위험한' 자유라고 생각했기 때문이다. 하지만 그는 장기간 미국을 돌아다니며 미국 사회를 가까이 관찰함으로써 "무엇이든 할 수 있는 다수의 가능성이 미국 공화국에 심히 커다란 위험"이고 "결사의 자유는 다수의 폭정에 저항하기 위한 필요한 보

증"임을 깨달아간다.[85]

요컨대 이 글의 표현으로 다시 쓰면 토크빌은 결사야말로 일반의지의 폭력을 억제한다고 주장한 셈이다. 200년이나 지난 그의 서술을 사람들은 민주주의의 건전한 양상을 나타낸 것으로 종종 참조한다.

이러한 독해 자체에도 역사적 배경이 있다는 점을 약간 언급해두고자 한다. 나는 바로 앞에서 토크빌의 저작 《미국의 민주주의》가 후세에 지대한 영향을 미쳤다고 말했다. 그러나 정치학자 우노 시게키에 따르면 그것은 어디까지나 미국의 이야기일 뿐 프랑스에서는 이 저작이 상당히 오랫동안 잊혔던 듯하다.

그러다가 20세기 말에 갑자기 이 책이 읽히기 시작했다. 우노 시게키는 이 변화가 "마르크스주의, 나아가 그 배경을 이루는 계급 대립과 혁명을 강조한 담론 일반의 영향력 후퇴"에서 비롯했다고 간파한다.[86] 이와 같은 환경의 변화는 토크빌에게만 일어난 것이 아니다. 나는 1부에서 한나 아렌트를 읽어냈다. 그때 언급한 바와 같이 한나 아렌트의 공공성 논의도 같은 시기에 마르크스주의의 후퇴와 더불어 재발견한 것이다.

20세기는 공산주의가 우세했다. 공산주의는 계급이라는

---

85 《アメリカのデモクラシー》 제1권(下), 松本礼二 訳, 岩波文庫, 2005, 45·44쪽.

86 宇野重規(우노 시게키), 《トクヴィル 平等と不平等の理論家(토크빌, 평등과 불평등의 이론가)》, 講談社学術文庫, 2019, 100쪽.

관점으로 사회를 이해한다. 토크빌과 한나 아렌트는 계급을 이야기하지 않았다. 따라서 그들의 논의에 주목하지 않았다. 공산주의가 실질적으로 소멸하고 정치를 계급투쟁으로 볼 수 없어진 21세기에 들어와 그들의 작업은 재평가받기에 이르렀다. 이 가치 전환은 환영할 만하지만 안이한 담론도 낳았다. '공공성'과 '결사'는 혁명의 서사가 사라진 이후 일부 좌파가 연대를 이야기하기 위한 마법의 언어가 되었다. 여기에서는 굳이 예를 들지 않겠으나 일본에서도 최근 사반세기 동안 결사라는 말이 편리하게 쓰이고 있다.

31

이러한 배경 탓인지 토크빌이 결사에 주목한 일이 공공적 기능의 중시라고 이해하는 일이 빈번하다. 결사를 만든다는 것은 무엇보다 정치에 참여한다는 말이다.

물론 이러한 이해는 틀리지 않았다. 《미국의 민주주의》는 두 권으로 나뉘어 있다. 토크빌은 제1권 제2부 4장 및 제2권 제2부 5장부터 7장 중 두 군데에서 결사를 주제로 다룬다. 제1권은 처음부터 '합중국의 정치적 결사에 대하여'라는 제목이 붙어 있다. 앞서 소개한 것처럼 결사의 자유야말로 '다수의 폭정'을 억제한다는 명제가 여기에 나온다.

제2권 중에는 '시민적 결사와 정치적 결사의 관계'라는 제목이 있는데, 여기에서도 토크빌은 정치적 결사의 자유야말로 시민적 결사를 융성시킨다고 강조한다. 정치적 결사가 있어야 시민적 결사가 있다. 그 반대는 아니다. 결사를 생각할 때 그가 우선 정치적 목적을 위해 결성한 모임을 염두에 둔 것은 확실하다.

《미국의 민주주의》를 꼼꼼하게 읽으면 토크빌이 다른 것도 지적했다는 생각이 든다. 예를 들어 그는 방금 언급한 정치적 결사의 장에서 다음과 같이 서술한다. 약간 길지만 인용해보자.

"미국은 전 세계에서 결사를 가장 많이 이용하는 나라이고 이 유력한 행동 수단을 더할 나위 없이 다양한 목적을 위해 이용하는 나라다. 시, 군, 주 등 법률로 지정해 만들어진 항구적 결사와 별도로 개인의 의지에 따라 발족하고 성장시키는 결사가 무수하게 존재한다. / 합중국의 주민은 인생의 재난이나 고충과 싸울 때 자기 자신밖에 의지할 수 없다는 것을 태어날 때부터 배운다. 사회적 권위를 의심스럽고 불안한 시선으로만 바라볼 뿐 어쩔 수 없이 필요한 경우가 아니면 그 힘에 매달리지 않는다. (⋯) [예컨대] 공공 도로에 장애물이 놓여 통행이 가로막히고 교통이 끊어졌다고 하자. 주민은 곧바로 모여 의논한다. 이 임시 회의체는 집행권을 형성해 금세 재해를 복구할 것이다. 관계자가 모이기 전부터 존재하는 어떤 기관의 힘을 빌리자고 누군가 생각해내는 것은 그다음이다. (⋯) 여러 개인이 힘을 합쳐 자유롭게 활동해서는 달성할 수 없다고 인간 정신이 체념할 만한 일은 아무것도 없다."[87]

미국에서는 시민이 곧장 모인다. 결사를 만든다. 그리고 문제를 자율적으로 해결해버린다. 이 역동성이 국가에 권력이 집중하는 것을 저해한다. 토크빌은 이렇게 썼다.

이 문장은 미국인의 적극적 정치 참여를 써놓은 것으로 보이기도 한다. 분명히 그렇게 읽어도 모순은 일어나지 않는다. 그러나 허심탄회하게 읽으면 토크빌이 묘사하는 인간상은 오늘날 일반적으로 '정치적'이고 '공공적'이라고 여기는 인물상과 매우 격차가 있다는 점을 깨달을 수 있다.

미국인은 자신의 힘만 믿는다. 사회에 기대하지 않는다. 어려운 일은 가능하면 자기 힘으로 해결한다.

이는 토크빌이 관찰한 미국인이 철저한 개인주의자라는 것, 오늘날 어법으로 말하면 공적 부조와 안전망을 전혀 신뢰하지 않고 '자기 책임'을 지향하는 사람들이라는 것을 의미한다. 미국인이 결사를 만드는 이유는 거대한 공공에 참여하기 위해서가 아니다. 오히려 반대다. 그들은 거대한 공공의 가치를 믿지 않기 때문에 '사회적 권위'의 지시를 기다리지 않고 임의대로 연대하여 자신의 이익을 지키려고 하는 것이다. 이러한 자조의 정신은 21세기 미국에서도 생겨나고 있다. 리버테리어니즘이라고 불리는 그것은 오늘날 공화당 지지의 일익을 담당하고 있다. 특히 정보 산업의 종사자 가운데 이것을 신봉하는 사람이 많다고 한다. 오늘날의 미국 기업가 피터 틸과 일론 머스크는 리버테리어니즘과 비슷한 주장을 한다고 알려져 있다.

87　《アメリカのデモクラシー》 제1권(下), 38~39쪽. 줄바꿈은 반영하지 않았다.

그렇다면 토크빌은 위르겐 하버마스가 이론화를 기도한 '시민적 공공성'의 정신이 아니라 공공에는 의지하지 않는 고독하고 탈공공적인 리버테리어니즘 정신이야말로 다수자의 폭정을 제어한다고 지적한 셈이다.

토크빌은 시민의 연대가 일반의지의 폭정을 억제한다고 기술했다. 그러나 그가 말하는 연대하는 시민은 반드시 현대의 리버럴이 상정하는 '정치'와 '공공'을 지향하는 사람이 아니었을지도 모른다.

원래 토크빌은 미국의 정치가를 높이 평가하지 않았다. 앞의 인용에 이어진 장에서 그는 신랄한 어조로 다음과 같이 적는다. "합중국에 도착하자마자 피치자 쪽에는 뛰어난 사람이 얼마든지 있는데 위정자 쪽에는 뛰어난 사람이 얼마나 적은지, 나는 놀라고 말았다. (…) 반세기 동안 미국 정치가의 질이 현저하게 낮아졌다는 것은 분명하다."[88]

따라서 토크빌은 이른바 정치적이고 공공적인 시민이 결사를 만들고 합리적인 토론으로 권력을 감시한다고 단순하게 생각하지 않았다. 오히려 그는 결사에 대해 미국에서는 여하튼 다양한 사람이 다양한 일을 임의대로 한다는 것이 중요하다고 생각하지 않았을까. 결사의 자유는 악을 바로잡기 때문에 중요한 것이 아니다. 현실에서는 올바른 목적의 결사가 존재하는 것과 마찬가지로 나쁜 목적의 결사와 하찮은 목적의 결사도 존재할

---

88 위의 책, 53쪽.

것이다. 그렇지만 그래도 괜찮다. 다양한 결사가 존재하는 것, 자유는 이를 위한 환경을 마련하기 위해 필요하다는 것이 중요하다.

내 생각에는 토크빌의 인식은 '떠들썩함'이라는 무심한 말로 집약할 수 있다. 이 말은 다음 장에 등장한다. 이 장에는 '미국 사회가 민주 정치에서 끌어낸 참된 이익은 무엇인가'라는 제목이 붙어 있다. 이것도 좀 긴 편이지만 인상적인 대목이므로 인용해보자.

"미국 땅에 발을 딛자마자 어떤 떠들썩함[tumulte]에 휘말린다. 곳곳마다 기탄없이 목소리를 낸다. 무수한 목소리가 동시에 귓가를 때리고, 하나하나가 어떤 사회적 요구를 외치고 있다. 주위는 한결같이 소란스럽다. 이쪽에서는 동네 주민이 모여 교회를 건설할지 말지 논의하는가 하면, 저쪽에서는 대표자를 선출한다. 멀리서는 시골의 대표가 지방의 사회 개량이 필요하다고 주장하기 위해 마을로 가는 길을 서두르고 있다. 다른 곳에서는 학교와 도로의 건설 계획을 논의하기 위해 마을 농부가 밭을 등지고 길을 떠난다. 정부의 방침에 이의를 제기하기 위해서만 집회를 여는 사람도 있고, 정권에 몸담은 사람이야말로 조국의 아버지라고 선언하기 위해 모이는 사람도 있다. 다른 사람들은 고주망태야말로 국가 병폐의 주요한 원인이므로 엄숙하게 절주의 모범이 되기로 약속하자고 모인다. 바깥에서 보면 미국의 각 의회를 끊임없이 뒤숭숭하게 만드는 정치의 움직임으로만 보일 테지만, 이는 맨 밑바닥 민중이 시작하여 차츰 모든 계급의 시민으로 번져나가는 전체의 움직임 중

하나의 에피소드, 일종의 꼬리지느러미에 지나지 않는다. 행복을 추구하기 위해 이토록 열심히 노력하는 국민은 없으리라. (…) 이렇게 끊임없이 끓어오르는 떠들썩함[agitation]은 민주정치가 정치 세계에 도입한 것이고 이내 시민사회에도 퍼진다. 민주정의 최대 이점은 결국 이런 것이 아닐까. 내가 민주정을 찬양하는 이유는 정부의 업적 이상으로 정부 아래에서 시민이 이루어낸 업적을 고려하기 때문이다."[89]

토크빌은 여기에서 미국 사회를 가득 채우고 있는 '무수한 목소리'의 예로서 정권의 옳고 그름을 논하거나 교회 건설의 여부를 논하는 공공적 화제와 음주 논쟁을 등가로 놓고 묘사한다. 미국에서는 모든 것이 정치가 된다. 거꾸로 말하면 정치와 정치 아닌 것, 공과 사를 구별하는 감각이 희박하다는 말이기도 하다. 따라서 앞서 말한 자조를 위해 노력하는 정신이 존중받는다. 미국에서는 모든 사람이 자신의 '행복 추구'를 위해 열심히 노력하는 것이 옳은 일이다. 토크빌은 그 상태를 떠들썩함이라고 부르고 이에 놀라움을 표명한다.

토크빌은 민주주의를 노골적으로 찬양하지 않았다. 민주주의의 도입은 통치의 질을 떨어뜨리고 폭정의 위기도 초래한다고 생각했다.

그럼에도 그가 미국의 민주주의를 옹호한 까닭은 앞선 인용에서 웅변한 바와 같이 '떠들썩함'이 있기 때문이다. 그는 공과 사를 관통하는 역동성이야말로 사람들의 능력을 향상하고

---

89 위의 책, 132~134쪽. 줄바꿈 및 번호는 반영하지 않았다.

삶에 풍요로움을 더하고 새로운 사업의 가능성을 열어준다고 보았다. 그는 다음과 같이 말한다. "민주주의를 적대시하는 사람들이 한 사람의 지배가 만인의 통치보다 훌륭한 일을 해낸다고 주장하는 것은 올바르다. (…) 민주 정치는 국민에게 가장 유능한 정부를 제공하지 않는다. 하지만 민주 정치는 가장 유능한 정부가 종종 만들어낼 수 없는 것을 가져다준다. 지칠 줄 모르는 활동력, 흘러넘치기만 하는 힘과 에너지를 사회 전체에 널리 퍼뜨리는 것이다."[90]

토크빌은 민주주의라는 이름 아래 오늘날 정치학자가 가리키는 것보다 훨씬 더 심원한 문제를 이야기하려고 한다. 민주주의는 통치 형태의 명칭이 아니다. 이데올로기의 명칭도 아니다. 무엇보다 민주주의는 사회의 존재 양상을 가리키는 명칭이다. 《미국의 민주주의》는 이러한 통찰에 다다랐기 때문에 민주주의 논의의 고전이 될 수 있었다고 본다.

민주주의의 본질은 떠들썩함이다. 끝날 줄 모르는 대화가 일반의지를 둘러쌈으로써 통치는 건전해진다.

만약 토크빌의 사상을 이렇게 요약할 수 있다면 그것은 이제까지 논의한 정정 가능성의 사상과 매우 근사하다. 토크빌의 결사는 위르겐 하버마스가 언급한 시민, 즉 '커뮤니케이션의 합리성'에 따르는 시민만 구성하는 것이 아니다. 솔 크립키의 회의론자, 질투에 눈이 먼 볼마르, 세계를 저주하는 지하 생

---

90 위의 책, 135~136쪽.

340

활자를 다 포함하는 잡다한 인간의 유대(어소시에이션)인 것이다. 그렇기 때문에 끝날 줄 모르는 대화에 의해 일반의지의 절대성을 제약할 수 있다. 생각해보면 루소 자신도 파리의 사교계에서 쉬지 않고 '떠들썩함'을 부추긴 인물이었다.

토크빌은 결코 민주주의가 가장 바람직한 통치로 이끌어준다고 주장하지 않았다. 오히려 그는 떠들썩함이 있기 때문에 통치자의 잘못을 지속적으로 수정하는 것이 민주주의의 이점이라고 생각했다.

예를 또 하나 들어보자. 그는 '다수의 폭정을 완화하는 직접적 요인'이라는 제목을 붙인 장에서 배심제도를 언급한다.

앞에서 말한 대로 토크빌은 미국의 권력 분산이 배심제도의 발달로 시민이 사법에 참여할 수 있다는 점에 나타나 있다고 주장했다. 하지만 배심제도가 재판의 질 자체를 높인다고는 생각하지 않았다. 그는 도리어 반대로 "배심제도가 소송 당사자를 위한 것인지는 잘 모르겠다"고 말한다.

그는 왜 배심제도를 높이 평가했을까. "배심제도를 통해 모든 계급의 사람들이 법적 사고방식에 친숙해질" 뿐만 아니라 "인민의 판단력 육성, 이해력 증강에 믿을 수 없을 만큼 도움이 된다"고 생각하기 때문이다. 한마디로 토크빌이 배심제도를 판단하는 자리라기보다 커뮤니케이션을 이루는 자리라고 평가했음을 의미한다. 실제로 그는 "배심제도를 사법제도로만 본다면 사고가 현저히 편협해지므로", '인민 주권의 하나'로 분석해야 한다고 여러 번 강조한다.[91] 배심제도는 올바른 판단으로 이끌지 않는다. 하지만 배심원이 떠들썩하게 한다. 그 경험이 시민을 성장시킨다. 이 논리의 구조는 앞서 민주주의를 둘러싼 논의와 완전히 동일하다.

토크빌은 미국에서 끝날 줄 모르는 떠들썩함에 의한 통치의 정정 가능성을 발견하고, 그것에 민주주의라는 이름을 붙였다. 나는 1부 끝머리에서 정의란 정정 가능성을 가리킨다고 적었다. 이 말에 빗대자면 민주주의도 정정 가능성을 가리킨다고 할 수 있다. 일반의지는 항상 정의와 민주주의를 통해 지속적으로 정정해야 한다. 2부의 결론은 바로 이것이다.

＊ ＊ ＊

1부에서 한나 아렌트의 독해를 시도하면서《혁명론》을 살짝 언급했다. 이 책은 미국 독립혁명과 프랑스혁명을 대비하여 고찰한 다음 전자를 높이 평가하고 후자를 낮게 평가한다. 한나 아렌트는 프랑스혁명이 "자유의 확립을 내걸고 출발했으나 인간을 고뇌에서 해방하려는 방향으로 변했을 때" 잘못되었다고 서술한다.[92]

이 자리에서 '자유의 확립'이 무슨 뜻인지 상세하게 논의할 수는 없지만 다음과 같이 말할 수 있다. 한나 아렌트는 새로운 것을 산출하는 일뿐만 아니라 지속시키는 일도 중시한 철학자였다. 그런데 해방에는 시간적 지속의 계기가 없다. 일단 해

91 위의 책, 189·181·188·184·186쪽.

92 《革命について》, 165쪽.

방하면 끝난다. 따라서 그녀는 사람을 고통에서 해방하기만 해서는 혁명의 목적을 달성할 수 없다고 생각했을 것이다.

프랑스는 혁명이라는 불꽃놀이를 쏘아 올리는 것으로만 끝나버렸다. 미국은 혁명 이후에도 공화제를 유지했다. 그래서 혁명과 민주주의의 경험으로 볼 때 미국이 더 우위에 있다. 필시 토크빌도 비슷하게 생각했을 것이다.

토크빌은 《미국의 민주주의》 제1권을 출간하고 나서 약 20년 후, 또한 너무 이른 죽음을 맞이하기 3년 전, 《앙시앵 레짐과 프랑스혁명》이라는 두툼한 역사서를 출판했다. 이 책에서 그는 정성스럽게 역사자료를 제시함으로써 혁명으로 구체제(앙시앵 레짐)가 무너지고 세계는 결정적으로 새로운 시대로 발을 디뎠다는 통설을 부정하려고 시도한다. 사람들은 대개 혁명으로 모든 것이 바뀌었다고 믿는다. 현대적으로 말하면 '리셋'에 환상을 품고 있다. 하지만 토크빌은 그러한 환상과 민주주의의 현실에는 아무런 관계도 없다는 것을 알고 있었다. 그의 냉정한 시선은 《미국의 민주주의》와 《앙시앵 레짐과 프랑스혁명》을 관통하고 있으며, 또한 한나 아렌트도 이를 이어받고 있다.

리셋의 환상은 지금도 세계를 뒤덮고 있다. 싱귤레리티(특이점)의 사상을 하나의 예로 볼 수 있다. 따라서 2부는 인공지능 민주주의의 이야기로 시작했다. 물론 예는 더 있다. 이 책이 나오는 2020년대는 '정치적 올바름'이라는 말에 엄청난 힘이 있는 시대다. 일본에서는 이 말이 사회문제로 알려지기 시작한 지 벌써 10년이 넘었고 인문학 내부에서는 이미 사반세기 이상 맹위를 떨쳤는데, 아직도 그 위력은 사그라들 기미가 보이지 않는다. 물론 올바름을 추구하는 일은 중요하다. 다만 이 말이 지나치게 오랫동안 편리하게 쓰인 결과, 사람들은 오히려 진정한 올바름이란 무엇인지 깊이 생각하지 않는다. 심지어 현재 기준으로 과거를 단죄하는 일을 올바름이라고 믿기에 이르렀다. 대다수 사람은 과거의 세계가 성차별과 인종차별로 가득 차 있고 소수자와 피해자의 목소리를 봉쇄했으나, 다들 의식을 바꾸어 새로워진 '올바름'을 도입하기만 하면 밝고 공정한 미래를 맞이할 것이라고 단순히 믿고 있다. 적어도 그렇게 믿는 시늉을 하고 있다. 이것도 리셋의 환상이다.

나는 이러한 '올바름'의 이해가 철학적으로 잘못되었다고 본다. 올바름을 추구하는 일이 잘못이라는 뜻이 아니다. 당연히 올바름을 추구해야 한다. 하지만 올바름은 오늘날 사람들이 믿고 있는 만큼 강고하고 절대적일 수는 없다. 올바름의 기준은 시대와 문화에 따라 놀랄 만큼 변한다. 본래 그런 것이기 때문에 과거의 잘못을 바로잡는 운동이 가능하다. 올바름이란 올바른 발언과 행위가 확고하게 존재하는 듯 있는 것이 아니라 항상 잘못을 발견하고 올바름을 추구하는 운동으로 있을 수밖에 없다.

정치적 올바름을 영어로는 폴리티컬 코렉트니스(political correctness, PC)라고 한다. correctness는 correct라는 형용사의 명사형이다. correct에는 '올바르다'는 의미의 형용사 말고도 '정정하다'는 동사의 용법도 있다.

따라서 내가 생각하기에 정치적 올바름이란 political correctness가 아니라 political correcting, 즉 '정치적으로 정정해가는' 운동을 가리키는 동사적 형태로만 표현할 수 있었을 것이다. 지금 올바른 것도 언제 정정해야 할지 알 수 없다. 지금 소수자도 언제 다수자가 될지 알 수 없다. 지금 피해자도 언제 가해자가 될지 알 수 없다. 지금 correct한 발언도 언제 'correct'의 대상이 될지 알 수 없다. 이것이야말로 비트겐슈타인과 솔 크립키가 가르쳐준 것이다. 정치적 올바름은 정치적 정정 가능성으로서만 존재할 수 있다.

우리는 언제나 잘못을 저지른다. 그래서 바로잡는다. 또 잘못을 저지른다. 이런 연쇄가 산다는 일이고 만든다는 일이고 책임을 진다는 일이다. 나는 오늘날 잔뜩 긴장한 채 현대사회를 살아가는 사람이 이토록 엄중하고 당연한 인식을 철학과 사상의 언어를 통해 떠올리기를 바라는 마음으로 써내려갔다.

철학이란 무엇인가. 이 물음을 품고 이 글을 썼다. 이 책의 주제인 '정정 가능성'은 이 물음에 대해 현재 내놓을 수 있는 답변이다. 철학이란 과거의 철학을 이어받아 끊임없이 '정정'해나가는 작업이다. 우리는 그렇게 해서만 '정의', '진리', '사랑' 같은 초월적 개념을 안고 살아갈 수 있다. 이것이 이 책의 결론이다.

정의는 존재하지 않는다. 마찬가지로 진리도 존재하지 않고 사랑도 존재하지 않는다. 자아와 자유와 국가도 존재하지 않는다. 모든 것이 환상이다.

우리는 모두 그것을 알고 있다. 하지만 거의 대다수 사람은 그런 것이 존재하는 **것처럼** 행동한다. 이는 무엇을 의미하는가. 인간에 대한 학문은 궁극적으로 모두 환상의 기능을 사유하는 작업이라고 생각한다.

환상의 기능은 자연과학으로도 해명할 수 있다. 인간이 정의의 관념을 지니는 까닭은 필시 그래야 진화 과정에서 우위에 설 수 있기 때문이다. 진리, 사랑, 자아, 미, 자유, 국가도 모두 마찬가지로 설명할 수 있다. 우리는 진화 과정에서 획득한 환상에 둘러싸여 살아간다. 유물론으로 보면 단지 그뿐이다. 머지않은 장래에 우리는 환상의 뇌생리학적 메커니즘도 해명해내고 말 것이다. 그때 우리는 우리 자신의 정의와 사랑의 감각 자체를 기술적으로 조작할 수 있을 것이다. 클릭 한 번으로 사람을 사랑하고 미워하는 일이 가능해질 것이다.

현대는 그러한 미래가 현실로 다가올 듯 보이는 시대다. 이 가능성에 다들 흥분하고 있다. 나도 예전에는 흥분했다.

그러나 최근에 생각이 달라졌다. 만약 아무리 기술적 조작이 가능해진다고 해도 누가 누구를 사랑해야 하고 누가 누구를 미워해야 하는지, 우리는 어떻게 정할 수 있을까? 인공지능에 정치적 판단을 맡긴다고 해도 무엇과 무엇을 맡길 것인지, 어떻게 정할 수 있을까? 환상을 조작하기 위해서는 또 다른 환상이 필요하다. 정의와 사랑의 메커니즘을 해명하고 조작의 가능성을 높인다고 해도 실로 우리 인간은 결코 정의와 사랑의 착각에서 해방되지 못한다. 우리가 환상의 세계에 갇혀 있다는 것을 더욱 엄하게 추궁당할 따름이다.

따라서 나는 언제부터인지 철학자의 사명은 정의와 사랑을 '설명하는' 작업이 아니라 그 감각을 '바꾸는' 작업이라는 생각이 들기 시작했다. 이것이 바로 이 책에서 이야기한 '정정'이다.

인간은 환상이 없으면 살아갈 수 없다. 자연과학은 환상의 메커니즘을 외부에서 설명한다. 이 책에서 참고한 언어게임론에 비유하면 정의와 사랑의 메커니즘을 마치 게임을 통괄하는 규칙인 듯 설명한다.

그러나 아무리 구성의 원리를 해명하더라도 인간이 인간인 이상 우리는 결국 똑같은 환상을 품고 살아갈 수밖에 없다. 같은 규칙으로 같은 게임을 계속 플레이하는 수밖에 없다. 정의와 사랑을 믿을 수밖에 없다. 그렇다면 우리에게는 규칙을 해명하는 힘이 아니라 우선 규칙을 바꾸는 힘, 규칙이 어떻게 바뀔 수 있는가를 드러내는 힘이 필요하지 않을까.

철학은 실로 이러한 변혁 가능성을 드러내는 작업이기에 우리 삶에 필요하다. 이것이 내가 여러분에게 전하고 싶은 바이다.

돌이켜보면 내 나름대로 오랫동안 철학에 몸담아왔다. 처음 내놓은 저서 《존재론적, 우편적》은 25년 전인 1998년에 출간했다.

그 책에도 이 책과 마찬가지로 짧은 맺음말이 붙어 있다. 그 글에 이미 "사람은 왜 철학을 영위할까. 나는 도중부터 진지하게 이 거대한 물음을 생각하기 시작했다"고 써놓았다. 나는 옛날부터 줄곧 같은 고민을 안고 있었다. 젊을 때는 그 고민을 제대로 풀어낼 수 없었다. 그래서 30대가 되자 왜 철학을 연구하는지 알 수 없다는 마음에 저술 스타일을 대대적으로 바꾼 적도 있다. 하지만 현재는 예전에 품은 물음에 명확한 답을 내릴 수 있다. 그것이 바로 《정정 가능성의 철학》이다.

그런 의미에서 이 책은 쉰둘이 된 내가 스물일곱이었던 내 앞으로 보내는 기나긴 편지이기도 하다. 사반세기 전 나는 과연 이 답장에 만족했을까.

이 책은 2021년부터 2023년까지 햇수로 3년을 들여 집필했다. 집필 작업을 지원해준 주식회사 겐론의 동료들과 가족에게 감사드린다.

2023년 6월 28일

アーレント, ハンナ,『カント政治哲学の講義』, ロナルド・ベイナー編, 浜田義文監訳, 法政大学出版局, 1987年.
　—『人間の条件』, 志水速雄訳, ちくま学芸文庫, 1994年.
　—『革命について』, 志水速雄訳, ちくま学芸文庫, 1995年.
東浩紀,『一般意志2・0－ルソー, フロイト, グーグル』, 講談社, 2011年。講談社文庫, 2015年.
　—「アクションとポイエーシス」,『新潮』2020年1月号.
　—『観光客の哲学』増補版, ゲンロン, 2023年.
アリストテレス,『政治学』, 山本光雄訳, 岩波文庫, 1961年.
アンダーソン, クリス,『フリー－〈無料〉からお金を生みだす新戦略』, 小林弘人監修, 高橋則明訳, NHK出版, 2009年.
飯田隆,『言語哲学大全Ⅲ 意味と様相(下)』, 勁草書房, 1995年.
　—『クリプキ ことばは意味をもてるか』, NHK出版, 2004年.
石井洋二郎,『科学から空想へ－よみがえるフーリエ』, 藤原書店, 2009年.
イシグロ, カズオ / 倉沢美左,「カズオ・イシグロ語る「感情優先社会」の危うさ」,「東洋経済オンライン」, 2021年3月4日。URL＝https://toyokeizai.net/articles/-/414929
伊藤穰一,「創発民主制」, 公文俊平訳,『GLOCOM Review』第8巻 第3号, 2003年.
ウィトゲンシュタイン, ルートヴィヒ,『ウィトゲンシュタイン全集』, 第8巻, 藤本隆志訳, 大修館書店, 1976年.
上野千鶴子,『おひとりさまの老後』, 法研, 2007年.
宇野重規,『保守主義とは何か－反フランス革命から現代日本まで』, 中公新書, 2016年.
　—『トクヴィル 平等と不平等の理論家』, 講談社学術文庫, 2019年.
　—『日本の保守とリベラル－思考の座標軸を立て直す』, 中公選書, 2023年.

エレンベルガー, アンリ,『無意識の発見－力動精神医学発達史』上巻, 木村敏,
　　中井久夫監訳, 弘文堂, 1980年.

エンゲルス, フリードリヒ,『住宅問題』, 村田陽一訳, 国民文庫, 1974年.

オーウェル, ジョージ,『一九八四年』新訳版, 高橋和久訳, ハヤカワEpi文庫,
　　2009年.

岡本裕一朗,『ネオ・プラグマティズムとは何か－ポスト分析哲学の新展開』, ナカ
　　ニシヤ出版, 2012年.

落合陽一,『デジタルネイチャー－生態系を為す汎神化した計算機による侘と寂』,
　　PLANTETS, 2018年.

オニール, キャシー『あなたを支配し, 社会を破壊する, ＡＩ・ビッグデータの罠』, 久
　　保尚子訳, インターシフト, 2018年.

重田園江,『フーコーの風向き－近代国家の系譜学』, 青土社, 2020年.

カーツワイル, レイ,『ポスト・ヒューマン誕生－コンピュータが人類の知性を超える
　　とき』, 井上健監訳, NHK出版, 2007年.

梶谷懐, 高口康太,『幸福な監視国家・中国』, NHK出版新書, 2019年.

カッシーラー, E,『ジャン＝ジャック・ルソー問題』, 生松敬三訳, みすず書房, 1997年.

クリプキ, ソール・A,『ウィトゲンシュタインのパラドックス－規則・私的言語・他人
　　の心』, 黒崎宏訳, 産業図書, 1983年.
　　―『名指しと必然性－様相の形而上学と心身問題』, 八木沢敬, 野家啓一訳,
　　　産業図書, 1985年.

ケイン, ジェフリー,『ＡＩ監獄ウイグル』, 濱野大道訳, 新潮社, 2022年.

齋藤純一,『公共性』, 岩波書店, 2000年.

佐々木毅,『プラトンの呪縛』, 講談社学術文庫, 2000年.

サンスティーン, キャス,『インターネットは民主主義の敵か』, 石川幸憲訳, 毎日新聞
　　社, 2003年.

シュミット, カール,『現代議会主義の精神史的地位』, 稲葉素之訳, みすず書房,
　　1972年.

ジラール, ルネ,『欲望の現象学－ロマンティークの虚偽とロマネスクの真実』, 古田
　　幸男訳, 法政大学出版局, 1971年.

鈴木健,『なめらかな社会とその敵－PICSY・分人民主主義・構成的社会契約論』,
　　勁草書房, 2013年.

スタロバンスキー, J,『ルソー 透明と障害』, 山路昭訳, みすず書房, 1993年.

ズボフ, ショシャナ,『監視資本主義－人類の未来を賭けた闘い』, 野中香方子訳,
　　東洋経済新報社, 2021年.

大黒岳彦,『情報社会の〈哲学〉－グーグル・ビッグデータ・人工知能』, 勁草書房, 2016年.

デュルケム, エミール,『社会学的方法の規準』, 宮島喬訳, 岩波文庫, 1978年.

デリダ, ジャック,『根源の彼方に－グラマトロジーについて』下巻, 足立和浩訳, 現代思潮社, 1972年.

　　―『法の力』新装版, 堅田研一訳, 法政大学出版局, 2011年.

トクヴィル, アレクシ・ド,『アメリカのデモクラシー』第1巻(上), 松本礼二訳, 岩波文庫, 2005年.

　　―『アメリカのデモクラシー』第1巻(下), 松本礼二訳, 岩波文庫, 2005年.

　　―『アメリカのデモクラシー』第2巻(下), 松本礼二訳, 岩波文庫, 2008年.

ドストエフスキー, フョードル,『カラマーゾフの兄弟』第2巻, 亀山郁夫訳, 光文社古典新訳文庫, 2006年.

　　―『地下室の手記』, 安岡治子訳, 光文社古典新訳文庫, 2007年.

トッド, エマニュエル,『世界の多様性－家族構造と近代性』, 荻野文隆訳, 藤原書店, 2008年.

　　―『家族システムの起源I ユーラシア』上巻, 石崎晴己監訳, 藤原書店, 2016年.

戸谷洋志, 百木漠,『漂泊のアーレント 戦場のヨナス－ふたりの二〇世紀 ふたつの旅路』, 慶應義塾大学出版会, 2020年.

成田悠輔,『22世紀の民主主義－選挙はアルゴリズムになり, 政治家はネコになる』, SB新書, 2022年.

日本財団ジャーナル編集部,「潜在的な里親候補者は100万世帯！ なぜ, 里親・養子縁組制度が日本に普及しないのか？」,「日本財団ジャーナル」. URL＝https://www.nippon-foundation.or.jp/journal/2019/17667

納富信留,『プラトン 理想国の現在』, 慶應義塾大学出版会, 2012年.

ハーバーマス, ユルゲン,『公共性の構造転換－市民社会の一カテゴリーについての探究』第2版, 細谷貞雄, 山田正行訳, 未來社, 1994年.

バフチン, ミハイル,『ドストエフスキーの詩学』, 望月哲男, 鈴木淳一訳, ちくま学芸文庫, 1995年.

バフチン, ミハイル／ドゥヴァーキン, ヴィクトル,『バフチン, 生涯を語る』, 佐々木寛訳, 水声社, 2021年.

ハラリ, ユヴァル・ノア,『ホモ・デウス－テクノロジーとサピエンスの未来』上・下巻, 柴田裕之訳, 河出書房新社, 2018年.

フーコー, ミシェル,『性の歴史I 知への意志』, 渡辺守章訳, 新潮社, 1986年.

プラトン,『プラトン全集』第11巻, 田中美知太郎, 藤沢令夫訳, 岩波書店, 1976年.

古田徹也, 『はじめてのウィトゲンシュタイン』, NHKブックス, 2020年.

ヘーゲル, G・W・F, 『法の哲学』全2巻, 藤野渉, 赤沢正敏訳, 中公クラシックス, 2001年.

ボストロム, ニック, 『スーパーインテリジェンス－超絶ＡＩと人類の命運』, 倉骨彰訳, 日本経済新聞出版社, 2017年.

ポパー, カール・R, 『開かれた社会とその敵 第一部 プラトンの呪文』, 内田詔夫, 小河原誠訳, 未來社, 1980年.

　　—『開かれた社会とその敵 第二部 予言の大潮』, 内田詔夫, 小河原誠訳, 未來社, 1980年.

本田晃子, 「革命と住宅」第1回, 『ゲンロンβ57』, 2021年.

マルサス, トマス, 『人口論』, 斉藤悦則訳, 光文社古典新訳文庫, 2011年.

ムフ, シャンタル, 『左派ポピュリズムのために』, 山本圭, 塩田潤訳, 明石書店, 2019年.

ラインゴールド, ハワード, 『スマートモブズ－〈群がる〉モバイル族の挑戦』, 公文俊平, 会津泉監訳, NTT出版, 2003年.

ルソー, ジャン＝ジャック, 『ルソー全集』第2巻, 小林善彦ほか訳, 白水社, 1981年.

　　—『ルソー全集』第4巻, 原好男ほか訳, 白水社, 1978年.

　　—『ルソー全集』第6巻, 樋口謹一訳, 白水社, 1980年.

　　—『ルソー全集』第8巻, 西川長夫ほか訳, 白水社, 1979年.

　　—『ルソー全集』第9巻, 松本勤訳, 白水社, 1979年.

　　—『ルソー全集』第10巻, 松本勤ほか訳, 白水社, 1981年.

レイ, オリヴィエ, 『統計の歴史』, 池畑奈央子監訳, 原書房, 2020年.

ローティ, リチャード, 『偶然性・アイロニー・連帯－リベラル・ユートピアの可能性』, 齋藤純一ほか訳, 岩波書店, 2000年.

　　—『アメリカ 未完のプロジェクト－20世紀アメリカにおける左翼思想』, 小澤照彦訳, 晃洋書房, 2000年.

ロスリング, ハンス / ロスリング, オーラ / ロスリング・ロンランド, アンナ, 『FACTFULLNESS－10の思い込みを乗り越え, データを基に世界を正しく見る習慣』, 上杉周作, 関美和訳, 日経BP社, 2019年.

『岩波 哲学・思想事典』, 岩波書店, 1998年.

『世界大百科事典』改訂新版, 凡社, 2007年.

『日本国語大辞典』第2版, 小学館, 2000－2002年.

『日本大百科全書』第2版, 小学館, 1994年.

Arendt, Hannah. *The Human Condition*, Second edition and Sixtieth anniversary edition, The University of Chicago Press, 2018.

Kripke, Saul A. *Naming and Necessity*, Harvard University Press, 1980.

— *Wittgenstein on Rules and Private Language*, Harvard University Press, 1982.

Oxford English Dictionary. URL=https://www.oed.com

Rijmenam, Mark van. "A Short History of Big Data," *Datafloq*. URL=https://datafloq.com/read/big-data-history/

Rouvroy, Antoinette., and Berns, Thomas. tr. Liz Carey Libbrecht, "Algorithmic governmentality and prospects of emancipation," in *Réseaux*, vol. 177 issue 1, 2013.

Rorty, Richard. *Contingency, Irony, and Solidarity*, Cambridge University Press, 1989.

Duden, Deutsches Universalwörterbuch, Dudenverlag, 2015.

Larousse, Dictionnaire de français, Éditions Larousse, 1996.

Большая российская энциклопедия 2004-2017. URL=https://old.bigenc.ru

정정 가능성의 철학

초판 1쇄 2024년 9월 12일 발행

지은이 아즈마 히로키 **옮긴이** 김경원
펴낸이 김현종
출판본부장 배소라 **책임편집** 최세정 **편집도움** 안진영 **디자인** 조주희
마케팅 최재희 안형태 김예리 **경영지원** 박정아 신재철

펴낸곳 (주)메디치미디어
출판등록 2008년 8월 20일 제300-2008-76호
주소 서울특별시 중구 중림로7길 4, 3층
전화 02-735-3308 **팩스** 02-735-3309
이메일 medici@medicimedia.co.kr **홈페이지** medicimedia.co.kr
페이스북 medicimedia **인스타그램** medicimedia

ISBN 979-11-5706-365-9 (93100)